中经"精品课程"系列

中经新文科·财经类系列规划教材

大数据财务报表分析

主　编：蔡友莉　廖　丽　赵桂娟
副主编：甄舒然　陈　鹏　刘文茹　杨净雯　姜琳娜

中国经济出版社　　中国石化出版社

·北京·

图书在版编目（CIP）数据

大数据财务报表分析 / 蔡友莉，廖丽，赵桂娟主编．
北京：中国经济出版社：中国石化出版社，2025.7.
ISBN 978-7-5136-8265-7

Ⅰ.F231.5

中国国家版本馆CIP数据核字第2025JU7749号

选题策划　雷　生
责任编辑　贾轶杰
责任印制　李　伟
封面设计　任燕飞

出版发行	中国经济出版社
印　刷　者	宝蕾元仁浩（天津）印刷有限公司
经　销　者	各地新华书店
开　　　本	889 mm×1194 mm　1/16
印　　　张	11.75
字　　　数	299千字
版　　　次	2025年7月第1版
印　　　次	2025年7月第1次
定　　　价	49.00元

广告经营许可证　京西工商广字第8179号

中国经济出版社 网址 http://epc.sinopec.com/epc/　社址 北京市东城区安定门外大街58号　邮编 100011
本版图书如存在印装质量问题，请与本社销售中心联系调换（联系电话：010-57512564）

版权所有　盗版必究（举报电话：010-57512600）
国家版权局反盗版举报中心（举报电话：12390）　　服务热线：010-57512564

PREFACE 前言

数字经济时代,数据已然与土地、劳动力、资本、技术并列为五大生产要素之一。大数据的大量性和多样性给管理者使用决策模型提供便利,可以得出更加科学合理的结果。大数据不仅能收集到财务信息,也能收集到非财务信息;不仅能收集结构化数据,也能收集到非结构化、半结构化数据;除了企业内部业务数据,更延伸到企业外部,包括所属行业、供应链、竞争对手、监管机构等所有利益相关者的数据。数据和算法通过机器学习的方式不断自我优化,进而用"数据决策"替代"凭直觉经验和拍脑袋式决策"。为进一步提升会计人才的培养质量,提高学生的实践能力、创新能力与就业能力,适应大智移云技术在财会领域的快速应用,本书聚焦智能化、数字化、可视化,以Power BI 财务大数据分析工作的实践过程为主线,以业财融合大数据应用能力所需的技能为目标进行编写,突显学生能力本位特点,助力培养学生的综合能力。

本书具有以下特点:

1. 紧贴职业、寓德于教

本书贯彻党的二十大精神,秉持立德树人的教育目标,构建数据逻辑,聚焦数据分析,发挥数据价值,强调职业精神与职场素养相结合,将"做中学、学中做、做中悟、悟中修"的理念融入教材,有助于学生塑造正确的价值观和人生观。

2. 整合数据、应用为本

在数字化转型的浪潮中,Power BI(简称PBI)已成为企业实现数据驱动决策的核心工具。它不仅打破了数据孤岛的壁垒,更以强大的数据整合与可视化能力,让庞杂的数据转化为直观、精准的商业洞察。本书以多家公司年报为数据源,应用Power BI 工具,通过"数据连接–清洗转换–模型搭建–可视化呈现"的完整闭环教学,结合Excel 等多源数据融合案例,帮助读者掌握动态报表设计、交互式看板制作等核心技能。让学习者可以轻松进行财务大数据分析及可视化设计,通过数据价值链的锤炼,让企业数据真正转化为支撑企业数字战略和经营决策的"金矿"。

3. 岗课一体、赛证融合

本书编排求真务实、内容深入浅出，本书紧扣时代脉搏，深度对接财务数字化转型趋势，将财务报表分析岗位核心技能拆解融入课程体系，精选企业真实案例、行业前沿技术与典型业务场景，帮助读者掌握从数据采集、清洗、建模到可视化呈现的全流程方法。同时，本书有机整合"财务数智化大赛""1+X大数据财务分析职业技能等级证书"等赛证资源，助力读者在提升专业素养的同时，精准对接行业认证标准，实现"课中学、赛中练、证中验"的学习目标。

4. 课程立体，学生为本

全书共分为十章，每一章包含"学习目标""章节导图""案例引入""知识总结""课后练习"等栏目。几乎每一章节都设置有任务实施环节，学生可以按照教材的步骤完成财务报表分析，也可以自主选择上市公司完成资料搜集、指标分析与可视化设计。本书营造开放式的学习氛围，有利于培养学生的资料搜集能力、资料阅读能力、文档整理能力、可视化制作能力语言表达能力、解决问题能力以及团队合作能力。

本书由重庆科创职业学院蔡友莉、廖丽，河北东方学院赵桂娟担任主编，徐州工业职业技术学院甄舒然、重庆财经职业学院陈鹏、重庆科创职业学院刘文茹担、海南工商职业学院姚泽燕、湖北广美城市运维服务有限公司姜琳娜任副主编，重庆科创职业学院万贞渝、陈阳、夏玉婷参与编写。全书由蔡友莉总体规划编写思路并进行统稿。具体分工为：第1章由万贞渝、蔡友莉、赵桂娟负责编写，第2章由陈阳、蔡友莉、赵桂娟负责编写，第3章由夏玉婷、蔡友莉负责编写，第4章和第8章由刘文茹、甄舒然编写，第5章和第9章由廖丽、姚泽燕负责编写，第6章和第10章由陈鹏、姜琳娜负责编写，第7章由蔡友莉负责编写。

本书可用于高等职业本科院校、高等职业专科院校财经商贸大类相关专业"大数据财务分析"等课程的教学，也可作为财会人员的岗位培训及经营管理人员自学的参考用书。在本书的编写过程中，编者参阅了大量的著作和文献资料，得到了有关专家学者的大力支持，在此表示感谢。由于编者水平有限，时间比较仓促，疏漏之处在所难免，欢迎广大读者批评指正。

编者

2025年7月

CONTENTS 目录

第一章　初识 Power BI　001

第一节　商业智能（BI）概述 …………………………………………… 002
第二节　Power BI 概述 …………………………………………………… 007
第三节　Power BI Desktop 概述 ………………………………………… 013
第四节　Power BI 与财务大数据分析 …………………………………… 018

第二章　使用 Power BI 开展财务报表分析的流程　023

第一节　报表数据获取与整理 …………………………………………… 024
第二节　报表数据建模 …………………………………………………… 039
第三节　报表数据可视化 ………………………………………………… 043

第三章　财务报表分析概述　054

第一节　财务报表分析的内涵 …………………………………………… 055
第二节　财务报表分析的程序与原则 …………………………………… 058
第三节　财务报表分析的基本方法 ……………………………………… 060

第四章　资产负债表分析　067

第一节　资产负债表分析概述 …………………………………………… 069
第二节　资产负债表趋势分析 …………………………………………… 071

第三节　资产负债表结构分析……………………………………………………… 072
第四节　资产负债表质量分析……………………………………………………… 074

第五章　利润表分析　084

第一节　利润表分析概述…………………………………………………………… 085
第二节　利润表趋势分析…………………………………………………………… 087
第三节　利润表结构分析…………………………………………………………… 088
第四节　利润表项目分析…………………………………………………………… 089

第六章　现金流量表分析　098

第一节　现金流量表分析概述……………………………………………………… 099
第二节　现金流量表趋势分析……………………………………………………… 100
第三节　现金流量表结构分析……………………………………………………… 101
第四节　现金流量表质量分析……………………………………………………… 103

第七章　财务报表综合分析　112

第一节　财务报表综合分析认知…………………………………………………… 113
第二节　杜邦分析法………………………………………………………………… 114
第三节　沃尔综合评分法…………………………………………………………… 120

第八章　使用 Power BI 进行资产负债表分析　125

第一节　资产负债表数据获取与整理……………………………………………… 126
第二节　报表数据建模……………………………………………………………… 132
第三节　资产负债表数据可视化…………………………………………………… 136

第九章 使用 Power BI 进行利润表分析 147

第一节　利润表数据获取与整理……………………………………………… 148
第二节　利润表数据建模……………………………………………………… 153
第三节　利润表数据可视化…………………………………………………… 156

第十章 使用 Power BI 进行现金流量表分析 165

第一节　现金流量表数据获取与整理………………………………………… 166
第二节　现金流量表数据建模………………………………………………… 169
第三节　现金流量表数据可视化……………………………………………… 171

第一章 初识Power BI

学习目标

知识目标

1. 理解商业智能（Business Intelligence，BI）的基本概念；
2. 了解常见的 BI 工具及其在不同业务场景中的应用；
3. 了解 Power BI 的背景、含义及其核心特点；
4. 了解 Power BI 的作用和适用范围；
5. 熟悉 Power BI 的工作流程和关键组件；
6. 掌握 Power BI Desktop 的基础知识。

技能目标

1. 能够安装和配置 Power BI Desktop；
2. 熟悉 Power BI Desktop 的界面操作；
3. 理解财务大数据分析的基本流程；
4. 能够应用 Power BI 进行简单的财务数据分析。

素质目标

1. 培养数据驱动决策的意识；
2. 提升分析问题和解决问题的能力；
3. 培养团队合作精神和创新能力。

案例导入

小王的 Power BI 之旅——从困境到专业财务分析师

案例背景：

小王是一家中型企业的财务分析员，每天需要处理大量的财务数据。近年来，企业快速发展，业务范围不断扩大,导致财务数据量急剧增加。传统的 Excel 表格已经无法满足快速、准确的数据分析需求。同时,企业高层对财务分析的准确性和及时性要求也越来越高,这让小王深感力不从心。为了更好地支持企业的发展,小王决定寻找更高效的数据分析工具。

在不断的市场调研和尝试中,小王了解到 Power BI 这款数据分析工具。他意识到 Power BI 的强大功能和易用性能够解决企业财务分析的痛点,于是他决定深入学习并尝试将 Power BI 应用到实际工作中。

案例任务:

随着企业的快速发展,数据量不断增加,对财务分析的要求也越来越高。为了满足企业高层的需求,小王需要学习并掌握 Power BI 的基本操作和应用,将其应用到实际的财务分析工作中,提高数据处理的效率和准确性。同时,小王还需要培养持续学习、团队合作和解决问题的能力,以更好地应对未来的挑战。

章节导图

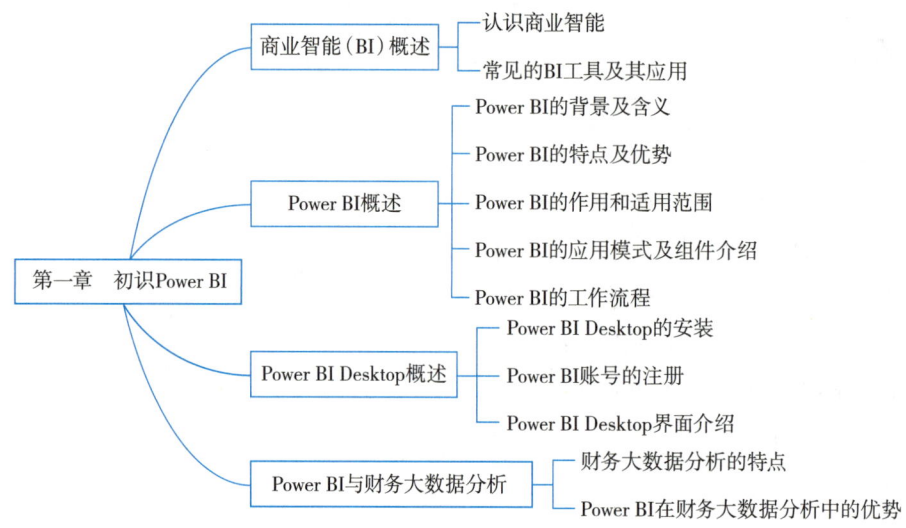

过程实施

第一节 商业智能(BI)概述

一、认识商业智能

首先,在深入学习 Power BI 之前,我们需要理解什么是商业智能(Business Intelligence,BI)。

商业智能(简称 BI)是一个综合性的领域。它利用一系列技术和方法,将企业中积累的大量数据转化为有价值的信息,进而为管理和业务决策提供支持。这里,"商业"(Business)是指企业的日常业务活动,"智能"(Intelligence)则代表了这些活动产生的数据经过处理和分析后得到的洞见。

随着时间的推移,企业的业务活动会产生大量的数据,这些数据不仅数量庞大,而且结构复杂。传统的数据处理方式很难应对这种大规模、高复杂度的数据。因此,为了有效管理和利用这些数据，我们需要借助 BI 工具。

BI 工具的核心功能包括数据的收集、存储、清洗、分析和可视化。通过这些功能，我们可以将原始、无序的商务数据转化为有序、有价值的信息。实际上这个过程是一个数据转换的过程，从原始的业务数据到可用的信息，再到有价值的洞见。

这个转换过程不仅涉及技术层面，更重要的是它实现了从业务层面到数据层面的转换。也就是说，企业不再仅仅关注日常的业务活动，而是开始深入挖掘这些活动背后隐藏的数据价值。这种转换对于现代企业来说至关重要，因为它为企业提供了更深入的洞察力，帮助企业做出更明智、更有效的决策。具体如图 1-1 所示。

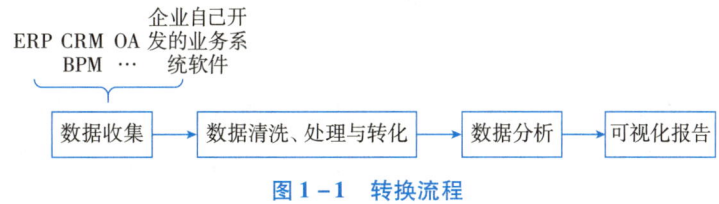

图 1-1 转换流程

其次，我们来探讨 BI 存在的意义。根据微软公司对 BI 的定义，BI 的核心是获取并分析数据，目的是更深入地了解市场和顾客，优化企业流程，并提高企业在竞争中的参与度。因此，BI 存在的意义在于为企业提供一种集成的技术工具，帮助其更好地利用数据，进而提高决策的质量和效率。

最后，理解 BI 的关键是需要对一些常见的数据库和数据表术语有所了解，这些术语是构建和运行高效 BI 系统的基石。

（一）数据库常见术语

1. 数据仓库

数据仓库是一个大型、集中式的存储系统，主要用于存储和分析企业的结构化数据。它不同于传统的操作型数据库，其主要目的是提供高级分析和报表功能，而不是日常的业务处理。数据仓库中的数据经过清洗、整合和组织，为各种分析工具提供一致、准确的数据源。数据仓库中的数据主要是原始数据，具有很高的通用性和长期价值，应尽量避免修改。

2. ETL

ETL（Extract, Transform, Load）是数据仓库的核心过程，主要进行数据清洗和分类汇总。它按照预定的数据仓库模型范式，对数据进行系统的加工和加载，这一过程确保了数据从源系统到数据仓库的准确转移。提取（Extract）阶段从各种源系统提取数据；转换（Transform）阶段对数据进行清洗、验证和整合，确保其质量和一致性；加载（Load）阶段将处理后的数据加载到数据仓库中。

3. 数据集市

数据集市是部门级的数据仓库，专为特定业务部门或职能设计。例如，销售中心可能会拥有自己的销售数据集市，而物流部门则可能有自己的成品销售数据集市。这些集市不仅提供了高性能的数据访问，还减轻了对主数据仓库的访问压力。

4. 数据集

数据集是一种结构化的数据集合，通常以表格的形式表示。它可以被视为一个数据库中的"表"或一个 Excel 文件中的多个工作表。Power BI 等 BI 工具，需要连接到一个或多个数据集，以开始数据分析旅程。

(二) 数据表常见术语

1. 元数据

元数据（Meta）是描述数据的数据，它为我们提供了关于数据的背景和上下文信息。在财务分析中，元数据包括公司名称、部门、项目名称等，这些信息对于理解数据的来源和用途至关重要。专门存放元数据的表被称为"元数据表"或"主数据表"（Master Table），这些表提供了关于其他数据表的详细信息。例如，当顺丰速递于 12 月 20 日揽收了 200 个快递时，其中"顺丰速递"和"12 月 20 日"的信息就是描述这 200 个快递的元数据。

2. 维度表和事实表

（1）维度表：包含有关客户、时间、地点和产品等信息的表。这些表提供了对业务环境的描述，并帮助我们更好地理解数据的含义。例如，日期表、地区表、产品分类表和商品名称表都属于维度表。

（2）事实表：也称为"数据明细表"，用于存储定性数据度量，这些数据通常与维度表中的描述信息相关联。例如，销售明细表和发货数据表都是事实表的示例。通过将维度表与事实表相关联，我们可以构建复杂的分析模型，以更好地了解业务的运行情况。

3. 一维表与二维表

数据分析的源数据应遵循一定的规范，其中一维表是规范的标准。如图 1-2、图 1-3 所示，图 1-2 是一维表，图 1-3 是二维表。

	月份	地区	金额
1	1月	北京	100
2	1月	上海	150
3	1月	广东	200
4	1月	深圳	220
5	2月	北京	140
6	2月	上海	150
7	2月	广东	220
8	2月	深圳	210
9	3月	北京	190
10	3月	上海	230
11	3月	广东	200
12	3月	深圳	180
13	4月	北京	180
14	4月	上海	200
15	4月	广东	220
16	4月	深圳	190

图 1-2 一维表

	月份	北京	上海	广东	深圳
1	1月	100	150	200	220
2	2月	140	150	220	210
3	3月	190	230	200	180
4	4月	180	200	220	190

图 1-3 二维表

一般来说，一维表是一种规范化的数据结构，其中每一列代表一个独立的属性或维度。一维表的每一行代表一个记录，每一列代表一个字段，这种结构使得数据分析更加简单和直接。例如，员工信息表可以是一维表，其中每一列代表一个属性（如姓名、年龄、职位等），每一行代表一个员工记录。

而二维表的行和列之间存在交叉的信息。这种表格形式在某些情况下不太适合数据分析，因为它可能存在重复的数据或格式不一致的情况。在 Power BI 中，如果需要分析二维表中的数据，需要将其转换为更规范的一维表格式。

4. 主键

主键（Primary Key）是用于唯一标识表中每条记录的一个或多个字段。在财务分析中，主键可以帮助我们准确地识别特定的交易或事件。主键在建立表之间的关系时起到关键作用，通过它可以连接多个表并检索相关的信息。例如，在发货明细表中，发货单号可以作为主键，通过它可以找到与之相关的订单信息和其他细节。通过使用主键，可以确保数据的准确性和完整性，并提高数据分析的可靠性。

通过深入了解这些基本概念，我们能够更好地利用 BI 工具（如 Power BI）进行有效的数据分析。这些工具能够帮助我们探索数据的深层含义，发现潜在的业务机会，并据此做出明智的决策。

二、常见的 BI 工具及其应用

BI 工具是现代企业运营中不可或缺的一部分，它们能够帮助用户从数据中获取有价值的信息，以支持决策的制定。根据功能和特点，BI 工具可以分为多个类别，下面将重点介绍五类常见的 BI 工具及其应用。

（一）数据可视化类

数据可视化是 BI 工具的核心功能之一，它能够将复杂的数据以图形、图表等形式展现出来，使用户更容易理解和分析数据。这类工具包括 Microsoft Power BI、Tableau 和 QlikView 等。

1. Microsoft Power BI

Microsoft Power BI 是微软开发的一款商业智能工具，能够帮助用户快速有效地从各种数据源获取、整合并分析数据。通过直观、易懂的视觉化界面，用户可以轻松地展示数据并辅助决策制定。例如，某公司使用 Power BI 整合了销售、市场和财务等部门的数据，通过仪表板实时监控销售业绩、市场活动的效果和财务状况，及时发现业务中的问题并进行调整。

2. Tableau

Tableau 是一款简单易用的数据可视化工具，用户可以通过简单的拖放操作，自由探索和分析数据。它支持多种数据源连接，可以快速生成交互式可视化报告，并支持发布到网页或移动设备上。例如，某银行使用 Tableau 构建了客户分析仪表板，通过图形和图表展示客户数据，帮助销售团队更好地理解客户需求和市场分布。

3. QlikView

QlikView 是一款自助式 BI 工具，具有出色的数据可视化和探索功能。它可以从各种数据源中实时提取数据，并帮助用户快速发现数据之间的关系和模式。例如，某物流公司使用 QlikView 进行数据分析，通过地图和热力图等图形展示运输路线和货物分布情况，帮助公司优化运输路线和提高运输效率。

（二）数据报表类

数据报表是 BI 工具的另一项重要功能，主要用于生成和管理规范化的报表，以支持企业的业务管理和决策。这类工具包括 Micro Strategy、SAP Business Objects 和 IBM Cognos 等。

1. Micro Strategy

Micro Strategy 是一款全面的企业级 BI 平台，能够从各种数据源中收集和整合数据，并通过可视化的方式展示和分析数据。它还支持自动化报表生成、数据挖掘和预测分析等功能。例如，某零售企业使用 Micro Strategy 进行销售数据分析，通过仪表板和图形展示销售数据和趋势，帮助企业及时调整销售策略和提高销售业绩。

2. SAP Business Objects

SAP Business Objects 是 SAP 公司开发的一款综合性 BI 工具，提供了报告、查询、数据分析和数据可视化等多种功能模块。它能够与 SAP 的其他产品和解决方案无缝集成，为企业提供全面的业务智能支持。例如，某制造企业使用 SAP Business Objects 进行生产数据分析，通过仪表板和图形展示生产数据和趋势，帮助企业提高生产效率和产品质量。

3. IBM Cognos

IBM Cognos 是一款全面的 BI 工具套件，包含了丰富的功能和组件，支持数据分析、报表生成、预测和数据可视化等任务。它还提供了灵活的数据整合和连接功能，可以与多种数据源集成。例如，某电信企业使用 IBM Cognos 进行客户数据分析，通过仪表板和图形展示客户数据和趋势，帮助企业更好地了解客户需求和市场分布。

（三）数据挖掘类

数据挖掘是 BI 工具的高级功能之一，BI 工具通过利用数据挖掘和机器学习的技术，对大量数据进行深入分析，发现数据之间的潜在联系和规律。这类工具包括 SAS Business Intelligence 和 Pentaho 等。

1. SAS Business Intelligence

SAS Business Intelligence 是 SAS 公司推出的一套全面的 BI 解决方案，提供了丰富的数据分析和预测功能。它还具有高级的报表和仪表盘设计能力，可以帮助企业实现从数据到洞察的转化。例如，某保险公司使用 SAS Business Intelligence 进行风险分析，通过数据挖掘和预测模型识别潜在的风险因素与趋势，帮助企业做出更准确的业务决策。

2. Pentaho

Pentaho 是一款开源的 BI 工具，具有数据整合、报表生成和数据可视化的功能。它支持从多种数据源中整合和收集数据，并通过可视化组件呈现和分析数据。此外，Pentaho 还提供了强大的数据挖掘和分析功能，以帮助用户发现和理解数据。例如，某电商企业使用 Pentaho 进行用户行为分析，通过数据挖掘发现用户的购买习惯和兴趣偏好，以优化产品推荐和营销策略。

（四）综合类

综合类 BI 工具集多种功能于一身，包括数据可视化、报表生成、数据挖掘等，可以满足企业全方位的 BI 需求。这类工具包括 Microsoft Power BI 和 Tableau 等。综合类 BI 在财务领域的应用尤为突出，通过构建定制化的财务仪表板，企业能够直观地展示关键财务指标，如收入、成本、利润等，并以动态图表的形式呈现财务数据的变化趋势。这不仅极大地提升了财务数据的可读性和透明度，还能帮助企业决策者快速捕捉财务健康状况，从而进行精准的财务规划和有效的风险管理。例如，某大型企业使用 Power BI 进行财务数据分析，通过仪表板和图形展示财务数据和趋势，帮助企业进行财务规划和风险管理。同时，该企业还能利用 Tableau 进行市场分析，通过数据可视化发现市场机会和竞争格局的变化趋势。

（五）轻量级 BI 工具类

轻量级 BI 工具相对于其他工具而言，操作简单，适合个人或小型团队使用。常见的有 Google Data Studio 等，它是一个基于 Web 的数据可视化工具，用户可以通过简单的拖放操作创建报表和仪表板，无须编程知识。例如，某电商企业使用轻量级 BI 工具进行销售数据分析，通过仪表板和图形展示销售数据与趋势，帮助企业进行销售策略的制定和优化。

因此，我们在选择 BI 工具时，需要考虑到企业的业务需求、数据规模、分析复杂度等因素，并进行充分的评估和测试，以确保选择合适的 BI 工具并取得良好的应用效果。

第二节　Power BI 概述

在深入探索商业智能和各种 BI 工具之后，我们将走进 Power BI 的世界。Power BI 不仅是一个工具，更是一个强大的数据分析平台。它具备独特的背景和丰富的功能，成为财务大数据分析的理想选择。作为微软推出的一款商业智能工具，Power BI 以其卓越的性能，在数据分析领域独树一帜。

Power BI 不仅提供了丰富的数据可视化功能，还允许用户轻松地整合不同来源的数据，进行深入的分析和探索。无论是企业的内部数据，还是外部的市场数据，Power BI 都能帮助我们快速地获取洞察，为决策提供有力支持。

在本小节中，我们将深入探讨 Power BI 的背景、特点和优势，以及它在财务大数据分析中的应用范围和价值。通过了解这些基础知识，我们能够更好地利用 Power BI 来提升财务分析能力，从而为企业的发展提供更有力的数据支撑。

一、Power BI 的背景及含义

Power BI 是微软推出的商业智能工具，旨在帮助用户轻松地处理、查询和可视化数据。

在传统的商业智能分析领域，数据分析工作高度依赖 IT 部门，并且通常需要经过一系列复杂的过程。在这一过程中经常会遇到一些挑战，比如，SQL 技术门槛较高，使得非技术人员难以直接参与分析；同时，当使用 Excel 处理大量数据时，也面临着性能受限和操作烦琐的问题。另外，传统的商务智能系统需要昂贵的硬件设备和专业的技术支持，这无疑增加了实施的难度和成本。随着数据量的增长和业务需求的多样化，传统商业智能分析的局限性越发明显。

为了解决这些问题，自助式商业智能分析逐渐兴起。自助式商业智能分析允许用户在没有专业 IT 支持的情况下，自行探索、分析和可视化数据。用户可以自行进行数据查询、处理和可视化，而不需要依赖 IT 部门。这大大提高了数据分析的灵活性和效率，降低了对专业 IT 人员的依赖。

Power BI 正是微软对这一趋势的回应，它为用户提供了一个直观、易用的界面，使得数据分析

不再是专业人士的专属。Power BI 集成了 Excel 的数据处理、数据库的灵活查询、仪表盘的直观展示等功能，为用户提供一站式的数据分析体验，如图 1-4 所示。通过 Power BI，用户可以轻松连接各种数据源，进行灵活的数据查询和转换，然后将数据呈现为直观的报表和仪表盘。这使得用户能够快速获取有价值的洞察，为决策提供有力支持。

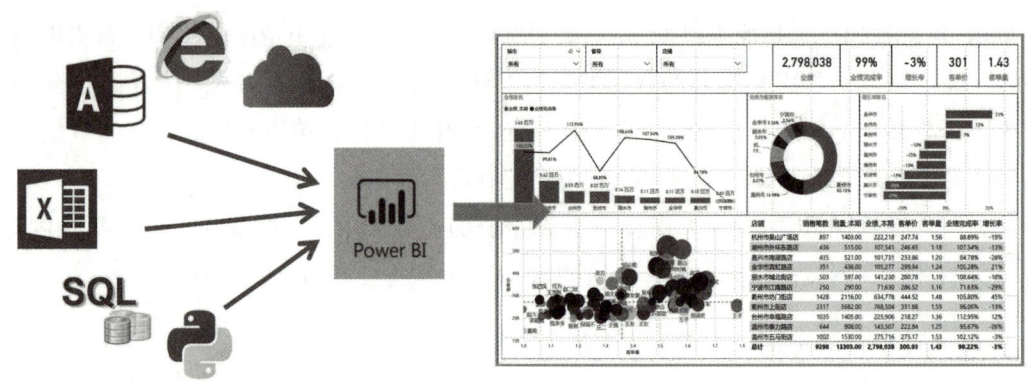

图 1-4　Power BI 发展背景

以某电商企业为例，该企业使用 Power BI 进行财务数据分析。通过连接企业的财务系统和销售系统，Power BI 能够整合不同来源的数据。财务人员可以使用 Power BI 的查询编辑器对数据进行清洗、整合和转换，以满足分析需求。然后将数据加载到数据模型中，通过报表和仪表盘展示关键指标与趋势。这样，财务人员可以快速了解销售额、订单数量、退货率等关键指标的变化情况，及时发现问题并进行调整。

总之，Power BI 结合了 Excel 的数据处理、数据库的灵活查询和仪表盘的直观展示等功能，为用户提供了一站式的数据分析体验。通过实际案例的应用，我们可以更好地理解 Power BI 在财务大数据分析中的重要性和价值。

二、Power BI 的特点及优势

Power BI 作为微软推出的商业智能工具，具有以下特点及优势。

（一）Power BI 的特点

1. 易用性

Power BI 提供了直观的界面，使得用户无须具备深厚的编程背景即可轻松进行数据分析和可视化。易用性是 Power BI 的一个重要特点，它能够让用户快速上手，轻松进行数据分析，而不需要复杂的编程技能。通过直观的界面和简单的操作，用户可以快速创建报表、仪表盘和其他可视化内容，从而更快速地获取有价值的洞察。

2. 实时性

Power BI 支持多种数据源，能够实时获取并分析数据。这对于需要处理大量实时数据的用户来说是非常重要的。通过连接实时数据源，用户可以获取最新的数据，并对其进行实时分析和可视化。这样，用户可以快速了解业务情况，及时发现并解决问题，从而提高决策的时效性和准确性。

3. 可视化丰富

Power BI 提供了多种图表类型和可视化组件，能够满足用户不同的数据展示需求。无论是折线图、柱状图、饼状图还是地图等，Power BI 都提供了丰富的选择。用户可以根据自己的需求选择合适的图表类型，以更直观的方式展示数据，提高数据的可读性和理解度。

4. 协作性

Power BI 支持多人在线协作，共同完成数据分析任务。这对于团队来说是非常重要的，因为它可以提高团队协作和沟通的效率。在 Power BI 中，团队成员可以共同编辑报表、仪表盘和其他可视化内容，实时共享数据洞察。这有助于避免重复工作，提高工作效率，并促进团队之间的知识共享和交流。

5. 扩展性

Power BI 可以与 Office 套件无缝集成，如 Excel、Word 等，这为用户提供了更广泛的数据处理和分析工具选择。通过与 Office 套件的集成，用户可以在熟悉的工具中进行数据分析和可视化，实现无缝的数据传输和共享。这不仅提高了工作效率，还为用户提供了更多的灵活性和定制化选项。

（二）Power BI 的优势

1. 降低成本

相较于传统的商业智能工具，Power BI 无须昂贵的硬件设备和专业的技术支持，降低了实施的难度和成本。通过使用 Power BI，企业可以节省在硬件设备和专业人员方面的投入，降低数据分析的总体成本。这有助于提高企业的经济效益和竞争力。

2. 提高效率

Power BI 提供了直观易用的界面和丰富的数据分析功能，使用户能够快速获取有价值的洞察。用户可以快速进行数据查询、处理和可视化，而不需要依赖专业的 IT 部门。这提高了数据分析的效率和灵活性，使用户能够更快地做出决策。

3. 灵活性

Power BI 支持多种数据源连接和灵活的数据查询功能。用户可以根据需求进行定制化的数据查询、处理和转换操作。此外，Power BI 还提供了丰富的可视化组件和自定义选项，使用户能够灵活地呈现数据和满足特定的需求。

4. 跨平台支持

Power BI 支持 Windows 和 macOS 等多种操作系统，还提供了移动应用，方便用户随时随地进行数据分析。这使得用户无论是在办公室还是外出，都能够方便地使用 Power BI 进行数据分析。跨平台支持还为用户提供了更广泛的数据处理和分析选项。

5. 安全性

微软作为知名的技术供应商，为用户提供了强大的安全保障机制，确保用户数据的安全性和隐私性。在数据传输、存储和处理过程中，Power BI 采用了多种加密技术和安全措施，确保用户数据的安全性。此外，用户还可以根据自己的需求设置访问权限和角色控制等安全措施，保护数据的隐私性和完整性。

通过以上的特点和优势，我们可以看到 Power BI 在财务大数据分析中的重要性和价值。它能够帮助企业快速、准确地获取有价值的洞察，为决策提供有力支持。在实际应用中，企业可以根据自身的需求选择 Power BI 作为其财务大数据分析的工具，提高财务分析的效率和准确性。

三、Power BI 的作用和适用范围

Power BI 作为微软推出的 BI 工具，不仅具有直观易用、实时性、可视化丰富、协作性和扩展性等特点，还具备强大的作用和适用范围。

（一）Power BI 的作用

1. 数据清洗

Power BI 提供了数据清洗和转换的功能，使用户能够轻松处理和整合不同来源的数据。通过数据清洗，用户可以去除重复、错误或不必要的数据，确保数据的准确性和一致性。这有助于提高数据分析的质量和可靠性。

2. 数据建模

Power BI 支持数据建模，通过建立数据模型来组织和管理数据。用户可以根据业务需求和数据关系建立合适的数据模型，为进一步的数据分析和可视化打下基础。通过数据建模，用户可以更好地理解数据之间的关系，挖掘潜在的价值。

3. 数据可视化

Power BI 提供了丰富的可视化组件，如图形、表格等，使用户能够直观地展示数据。通过选择合适的图表类型和自定义设置，用户可以制作出符合需求的可视化内容，帮助用户更好地理解和分析数据。可视化还可以提高数据的可读性和吸引力，使数据更容易被接受和理解。

4. 报表分享

Power BI 支持将可视化报表分享给其他用户，方便团队或组织内的协作和沟通。通过将报表发布到 Power BI 服务或与其他 Office 工具集成，用户可以轻松地将报表分享给其他人，其他人可以在自己的平台上查看、编辑和交互报表，实现数据的共享和交流。这有助于促进团队协作和知识共享，从而提高工作效率。

（二）Power BI 的适用范围

Power BI 适用于各种规模的企业和组织，既可用作员工的个人报表处理和数据可视化工具，也可用作项目组、部门或整个企业背后的分析和决策引擎。无论是小型企业还是大型跨国公司，Power BI 都能够满足其数据分析的需求。以下是一些适用的场景和领域。

1. 财务分析

财务部门可以使用 Power BI 进行财务数据的分析和可视化。通过连接财务系统和数据库，财务人员可以快速获取、整合和分析财务数据，了解财务状况、预算执行情况、成本效益等。这有助于财务人员做出更明智的财务决策和预测未来的趋势。

2. 销售分析

销售团队可以使用 Power BI 进行销售数据的分析和可视化。通过分析销售业绩、客户行为、市场趋势等数据，销售团队可以更好地了解客户需求和市场变化，从而优化销售策略和提高销售效率。

3. 市场分析

市场部门可以使用 Power BI 进行市场数据的分析和可视化。通过对竞争对手、目标客户、行业趋势等数据进行整合和分析，市场人员可以更好地了解市场状况和消费者需求，制定更有效的市场策略和推广计划。

4. 人力资源分析

人力资源部门可以使用 Power BI 进行人力资源数据的分析和可视化。通过分析员工绩效、招聘情况、培训需求等数据，人力资源部门可以更好地了解员工状况和优化人力资源管理策略。

5. 供应链分析

供应链管理部门可以使用 Power BI 进行供应链数据的分析和可视化。通过对供应商、库存、物流等数据进行整合和分析，供应链管理部门可以优化供应链管理流程和提高物流效率。

6. 个人报表制作

个人用户也可以使用 Power BI 制作自己的报表和可视化内容。例如，个人财务报告、健康追踪记录、项目管理仪表盘等。通过 Power BI，个人用户可以轻松地整理、分析和呈现自己的数据，更好地了解自己的状况并进行相应的管理。

总之，Power BI 适用于各种场景和领域的数据分析与可视化需求。无论是在个人层面还是在企业层面，Power BI 都能提供强大的数据分析工具和支持，帮助用户更好地理解数据并做出明智的决策。

四、Power BI 的应用模式及组件介绍

（一）Power BI 的应用模式

Power BI 的应用模式主要包括个人报表模式、团队协作模式和组织仪表盘模式。这些模式为不同规模和需求的用户提供了灵活的应用方式，使 Power BI 能够适应各种场景。

1. 个人报表模式

个人报表模式主要面向个人用户，能够提供易于使用的报表和可视化工具，使用户能够快速创建和分享自己的数据分析结果。个人用户可以通过简单的拖放操作，快速创建各种图表和报表，并根据自己的需求进行定制化设置。

2. 团队协作模式

在团队协作模式下，团队成员可以共同编辑和分享报表、仪表盘和其他可视化内容。这种模式促进了团队之间的协作和沟通，使团队成员能够实时共享数据洞察，共同完成数据分析任务。团队协作模式还支持版本控制和评论功能，方便团队成员协同工作。

3. 组织仪表盘模式

组织仪表盘模式是为企业高层管理者和决策者设计的，能够提供全局、宏观的数据视图和分析结果。通过组织仪表盘，企业能够快速了解整个组织的运营状况、关键指标和业务趋势，为决策提供有力支持。这种模式还支持跨部门和跨业务线的数据分析，有助于企业实现全面管理和优化。

（二）Power BI 组件

Power BI 是一套功能强大的 BI 工具，它由多个组件组成，每个组件都有其独特的功能和用途。Power BI 的组件包括 Power BI Desktop、Power BI Service、Power BI Mobile 和 Power BI Embedded 等。以下是 Power BI 的主要组件及其功能。

1. Power BI Desktop

Power BI Desktop 是 Power BI 的核心组件，它是一个桌面应用程序，允许用户导入、处理和建模数据，并创建各种可视化内容。通过 Power BI Desktop，用户可以快速创建报表、仪表盘、图表和其他可视化内容，并将其发布到云端或本地服务器上。Power BI Desktop 提供了直观的界面和丰富的功能，使用户能够轻松地进行数据分析和可视化。

2. Power BI Service

Power BI Service 是一个在线平台，用户可以在此创建、共享和管理仪表盘与报表。通过 Power BI Service，用户可以实时查看、编辑和交互仪表盘与报表，并与其他人共享。此外，Power BI Service 还提供了强大的安全性和访问控制功能，确保数据的安全性和隐私性。

3. Power BI Mobile

Power BI Mobile 是一个移动应用程序，允许用户在移动设备上查看和管理仪表盘与报表。无论用户身处何地，都可以使用 Power BI Mobile 随时随地查看和分析数据。Power BI Mobile 支持多种移动设备系统，如 iOS、Android 等，使用户能够方便地与团队成员或客户共享数据洞察。

4. Power BI Embedded

Power BI Embedded 是一个嵌入式组件，允许开发者将 Power BI 的可视化内容嵌入其他应用程序。通过使用 Power BI Embedded，开发者可以在应用程序中提供数据分析功能，而无须自行构建复杂的可视化组件。这为开发者提供了一种快速、简便的方法，扩展应用程序的分析功能。

总之，Power BI 的组件为用户提供了从数据准备、建模到可视化的全流程解决方案。通过结合使用这些组件，用户能够快速、轻松地进行数据分析、可视化和管理，提高工作效率和决策质量。

五、Power BI 的工作流程

（一）数据导入

首先，使用 Power BI Desktop 或其他相关工具将数据导入 Power BI。数据可以有多种来源，如 Excel、SQL 数据库、云服务等。在导入数据后，Power BI 会自动进行数据清洗和整理。

（二）数据处理与建模

在导入数据后，用户可以在 Power BI 中进行进一步的数据处理和建模。这包括对数据进行切片、切块、过滤、聚合等操作，以便更好地理解数据和创建可视化内容。用户还可以使用 Power BI 的 DAX 公式进行更复杂的计算和数据处理。

（三）创建可视化内容

使用 Power BI 的图表、表格和其他可视化控件，创建各种仪表盘、报表和其他可视化内容。用户可以通过拖放操作快速创建各种图表，并自定义其样式和布局。此外，用户还可以使用 Power BI 的交互功能，如筛选器、切片器和参数等，提高可视化内容的交互性和动态性。

（四）发布和共享

将创建的可视化内容发布到 Power BI Service 中，以便与其他人共享和查看。通过 Power BI Service，用户可以轻松地管理、编辑和查看各种仪表盘与报表，并与团队成员、合作伙伴或客户进行协作和交流。

（五）数据可视化分析和决策

在发布和共享可视化内容后，用户可以在 Power BI Service 中或通过 Power BI Mobile 应用程序随时随地查看和分析数据。通过交互和深入挖掘数据，用户可以获得新的洞察和知识，并据此做出明智的决策。

此外，更高级的用户还可以使用 Power BI Embedded 将仪表盘和报表嵌入其他应用程序，以扩展应用程序的分析功能。通过与他人（尤其是差旅人员）共享仪表板，团队成员可以在不同的地点进行协作和沟通，提高工作效率和质量。

综上所述，Power BI 的工作流程是一个从数据导入到发布和共享的完整过程。通过使用 Power BI 的各种组件和工具，用户可以轻松地处理数据、创建可视化内容和进行数据分析，从而更好地理解业务状况并做出明智的决策。

第三节　Power BI Desktop 概述

在深入学习 Power BI 财务大数据分析之前，我们首先需要掌握 Power BI 的核心组件——Power BI Desktop。Power BI Desktop 是 Power BI 系列中用于数据建模和可视化的桌面应用程序。通过它，用户可以连接各种数据源、进行数据处理和建模、创建丰富的可视化内容，并将这些内容发布到云端或本地服务器上。本节将详细介绍如何安装和注册 Power BI Desktop，以及其主要的界面构成和常用功能。

一、Power BI Desktop 的安装

安装 Power BI Desktop 需要遵循以下步骤。

（一）系统要求检查

（1）确保你的计算机满足 Power BI Desktop 的系统要求，包括操作系统版本、内存大小、硬盘空间等。这些要求可以在 Power BI 官网的下载页面找到。

（2）确保你的计算机已连接到互联网，以便下载和安装所需的组件。

(二) 访问 Power BI 官网

打开浏览器，访问 Microsoft Power BI 官网（http://powerbi.microsoft.com/zh-cn/downloads/），并导航到 Power BI Desktop 的下载页面。如图 1-5 所示。

图 1-5　Power BI Desktop 下载页面

(三) 下载安装程序

根据你使用的操作系统（Windows、macOS 或 Linux），选择相应的 Power BI Desktop 安装程序进行下载。如图 1-6、图 1-7 所示。

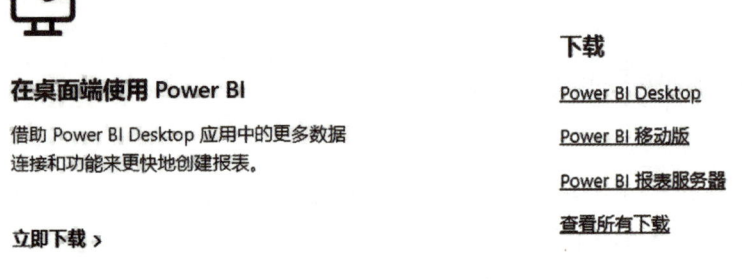

图 1-6　下载标识（1）　　　　　　图 1-7　下载标识（2）

(四) 安装过程

（1）运行下载的安装程序，按照屏幕上的指示完成安装过程。

（2）在安装过程中，可能会要求你同意软件许可协议和选择安装位置。确保按照指示进行操作。（根据需要，可以选择是否同时安装其他 Power BI 组件，如 Power BI Gateway 等。）

(五) 启动 Power BI Desktop

安装完成后，可以在开始菜单或应用程序文件夹中找到 Power BI Desktop 的快捷方式，双击启动。首次启动时，可能需要登录你的 Microsoft 账号。打开界面如图 1-8 所示。

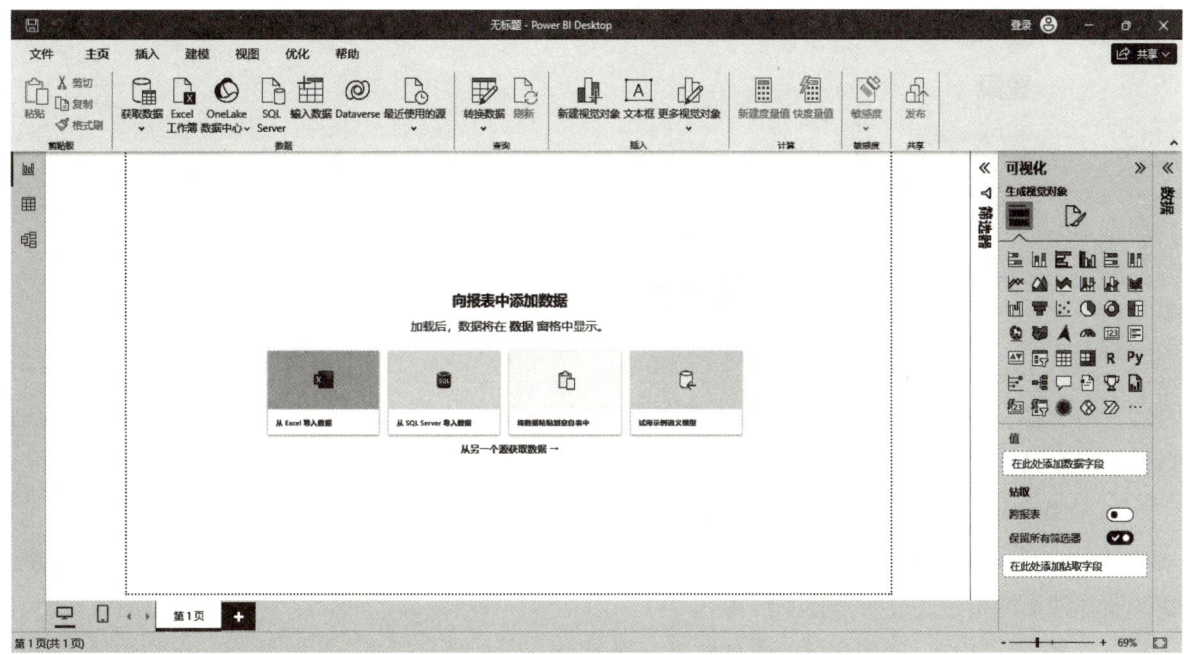

图 1-8 Power BI Desktop 界面

(六) 更新和维护

为了确保 Power BI Desktop 的正常运行和安全性,建议定期检查并更新和安装补丁。

完成以上步骤后,就成功安装了 Power BI Desktop,并可以开始使用其功能了。

二、Power BI 账号的注册

为了使用 Power BI 的功能,需要先注册一个有效的 Microsoft 账号。以下是注册步骤。

(1) 打开 Microsoft Power BI 官网:

https://powerbi.microsoft.com/zh-cn/getting-started-with-power-bi/? country=cn。

(2) 在官网页面中,选择"创建免费的 Microsoft Fabric 账户"选项,进入登录页面,如图 1-9、图 1-10、图 1-11 所示。

图 1-9 创建账号

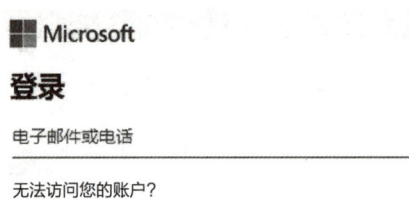

| 图1-10 登录账号 | 图1-11 注意邮箱账户 |

（3）填写注册表单，包括姓名、电子邮件地址和密码等必要信息。确保提供准确和真实的信息，以便在以后使用账号时能够顺利验证身份。

（4）阅读并同意 Microsoft 的服务条款和隐私声明。

（5）选择"创建账户"按钮，提交注册信息。Microsoft 将向你的注册邮箱发送一封验证邮件，请按照邮件中的指示完成账号验证步骤。

（6）验证完成后，使用注册的账号登录到你的 Microsoft 账号，开始使用 Power BI 的相关功能。

注意：确保提供的电子邮件地址和密码是安全的，并妥善保管账号信息以避免潜在的安全风险。不要与他人共享自己的账号或泄露个人信息。

三、Power BI Desktop 界面介绍

Power BI Desktop 的界面设计简洁直观，为用户提供了强大的数据分析和可视化功能。图1-12是 Power BI Desktop 界面的主要组成部分。

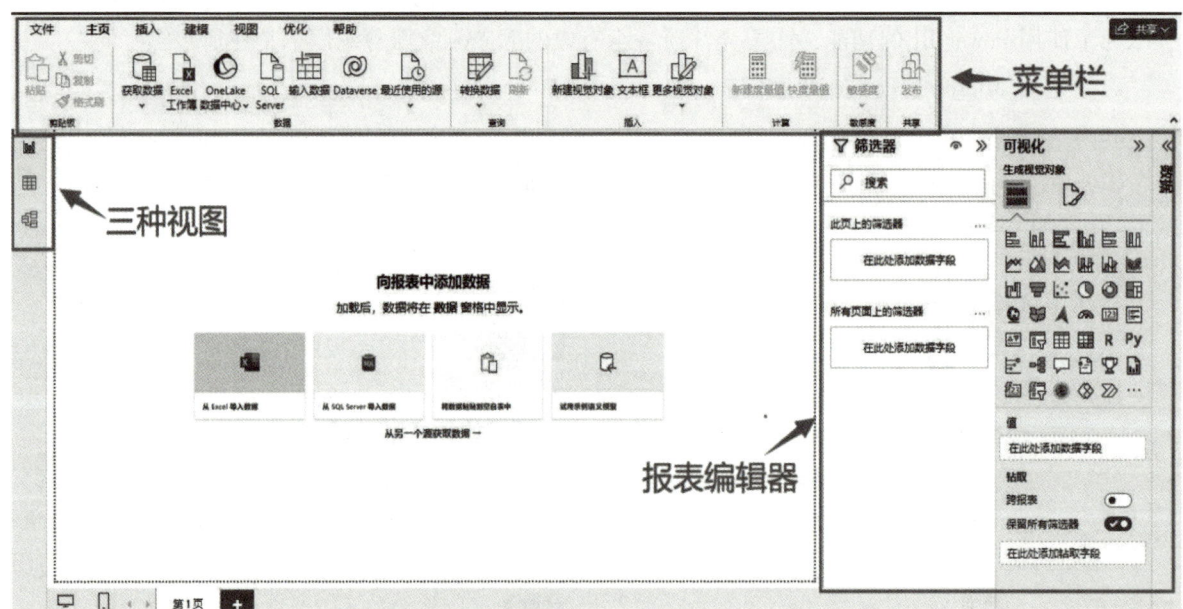

图1-12 Power BI Desktop 界面

（一）菜单栏

菜单栏位于界面的顶部，提供了对 Power BI 功能的全面访问。通过菜单栏，可以进行文件操作

（如打开、保存、导入数据等）、视图设置、数据连接和其他高级功能（如公式编辑器、视觉选项卡等）。这些功能有助于用户进行数据建模、查询编辑和自定义设置等操作。菜单栏主要包括以下几个部分。

1. 文件

"文件"包括新建、打开、保存、导出和关闭等功能，用于管理当前的工作空间和文件。

2. 主页

"主页"提供了常用的数据分析和可视化工具，如添加列、筛选、排序、条件格式设置等。

3. 建模

在建模视图中，用户可以创建和管理数据模型，包括定义表关系、创建计算字段等。

4. 视图

"视图"提供了丰富的格式化选项，用于调整图表、表格和其他可视化元素的外观与样式。

5. 优化

"优化"用于管理打开的窗口和面板，如字段列表、过滤器面板等。

6. 帮助

"帮助"提供了帮助文档、教程和在线支持等资源，以帮助用户更好地使用 Power BI Desktop。

（二）视图

Power BI Desktop 支持多种视图模式，以便用户根据不同的需求选择合适的视图查看和分析数据。以下是一些常用的视图。

1. 报表视图

在报表视图中，用户可以创建和编辑报告，添加各种可视化元素（如图表、表格、切片器等），并调整它们的布局和样式。

2. 数据视图

数据视图用于显示当前数据模型的结构和内容，包括表、列、关系和计算字段等。用户可以在数据视图中直接编辑数据模型，进行数据清洗和转换等操作。

3. 关系视图

关系视图专门用于管理和查看数据模型中的表关系。用户可以在此视图中创建、编辑和删除表关系，以确保数据模型的正确性和完整性。

（三）报表编辑器

报表编辑器是 Power BI Desktop 的核心组件之一，用于创建和编辑报告。在报表编辑器中，用户可以添加各种可视化元素、调整布局、设置交互等。以下是一些关键功能。

1. 添加可视化元素

用户可以从"可视化"窗格中选择合适的图表类型（如柱状图、折线图、饼状图等），并将其添加到报告中。

2. 配置数据

在选择可视化元素后，用户可以通过"字段"窗格将数据字段添加到可视化元素中，以显示相应的数据。

3. 调整布局和样式

用户可以调整可视化元素的大小、位置和样式，以确保它们在报告中呈现得美观和清晰。

4. 字段列表

字段列表面板显示了当前数据模型中的所有表和列，方便用户快速选择和添加所需的字段到可视化元素中。

5. 过滤器

过滤器面板提供了强大的筛选和过滤功能，用户可以在此面板中设置各种筛选条件，以限制和筛选数据模型中的数据。

6. 设置交互

Power BI Desktop 支持丰富的交互功能，如切片器、过滤器、交叉高亮等。用户可以利用这些功能提高报告的交互性和动态性。

7. 导出和分享

完成报告编辑后，用户可以将其导出为各种格式（如 PDF、Excel、PowerPoint 等），或将其发布到 Power BI Service 中与其他用户共享。

第四节　Power BI 与财务大数据分析

在当今数据驱动的时代，财务领域对数据的依赖程度前所未有。数据不仅是决策的基石，更是企业运营和战略规划的关键要素。因此，财务大数据分析成为现代财务管理中不可或缺的一环。这种分析不仅要求数据的准确性和及时性，还强调从海量数据中提炼有价值信息的能力。在这样的背景下，Power BI 凭借其卓越的数据处理能力和丰富的可视化功能，成为财务数据分析领域的佼佼者。

一、财务大数据分析的特点

财务大数据分析是一项重要且复杂的任务，它要求对数据进行全面、精确和深入的剖析。要有效地进行这种分析，我们需特别关注以下核心特点。

1. 数据量庞大

财务数据通常覆盖了一个组织或企业长期的经济交易和运营活动，因此数据量极大。

2. 高精度要求

财务数据直接关系到企业的经济状况、决策制定和未来发展，因此对其准确性有着极高的要求。任何小的错误或遗漏都可能导致分析结果偏离真相。

3. 合规性

在分析过程中，必须严格遵守相关法律法规和会计准则，确保数据的合规性和可靠性。

4. 时效性

鉴于财务数据是不断更新的，分析工作也需紧随其后，以保证分析结果的时效性。

5. 多维度分析

财务数据涉及多个维度，如时间、地区、产品线等，要求我们从多个角度进行分析，以获得更全面的洞察。

6. 可视化呈现

为了更直观地展示分析结果，应使用图表、仪表板等可视化工具，帮助用户迅速理解数据背后的含义。

同时，财务大数据不仅包括企业内部的数据（如来自财务系统、ERP 系统、CRM 系统的财务报表、交易记录、库存信息等），还涵盖了企业外部的数据（如市场研究、竞争对手分析、宏观经济数据等）。这些数据共同构成了财务大数据的完整画面，有助于企业更全面地了解市场环境和竞争态势。

在进行财务大数据分析时，应综合运用多种分析方法和技术，如描述性分析、预测分析、因果分析等，以揭示数据背后的规律和趋势。此外，借助可视化工具将数据以图表、仪表板等形式展现，能够进一步帮助用户直观地理解和分析数据。

综上所述，财务大数据分析具有数据量大、准确性高、合规性强、时效性好以及需要多维分析等特点。在进行财务大数据分析时，我们应充分考虑这些特点和要求，并灵活运用各种分析方法和技术，以确保分析结果的准确性和有效性。这将为企业提供更深入的经济洞察，为决策制定提供有力支持。

二、Power BI 在财务大数据分析中的优势

财务大数据分析是一个复杂且精细的过程，涉及从数据的收集、清洗、建模、分析到结果呈现和决策支持等多个环节。在这个过程中，Power BI 展现出了其独特的优势，使得财务数据分析工作更高效、准确和直观。

1. 数据整合的便捷性

Power BI 能够轻松地从多个来源（如企业的 ERP、CRM 系统或外部的市场研究数据）整合财务数据，实现数据的一站式管理。这大大简化了数据收集的过程，提高了工作效率。

2. 数据清洗与整理的自动化

对于收集到的原始数据，Power BI 提供了强大的数据清洗和整理功能。它能够自动识别和去除重复、错误或不完整的数据，确保进入分析阶段的数据都是准确和一致的。

3. 灵活的数据建模能力

Power BI 允许用户根据分析需求建立多种数据模型。这些模型不仅能帮助用户更好地组织和存

储数据，还能为后续的深入分析提供坚实的基础。

4. 多样化的分析手段

Power BI 支持多种分析方法，如描述性分析、预测分析和因果分析等。这意味着用户可以从多个角度、多个维度对财务数据进行深入挖掘，发现数据背后的规律和趋势。

5. 直观的结果呈现

通过 Power BI 丰富的可视化工具，用户可以将分析结果以图表、报告等形式直观地呈现出来。这不仅使得分析结果更易于理解，也能够帮助用户更快地抓住关键点，从而做出决策。

6. 实时的监控与预警

Power BI 具备实时的监控与预警功能，能够及时发现财务数据中的异常或潜在风险，并提醒用户采取相应的措施。这对于企业的风险管理至关重要。

7. 合规性保障

在财务数据分析中，数据的合规性不容忽视。Power BI 严格遵循财务报告的规范要求，确保数据的合规性和可靠性，为用户提供放心的分析环境。

综上所述，Power BI 在财务数据分析中的优势主要体现在数据整合的便捷性、数据清洗与整理的自动化、灵活的数据建模能力、多样化的分析手段、直观的结果呈现、实时的监控与预警以及合规性保障等方面。这些优势使得 Power BI 成为财务数据分析领域中的得力助手，能够帮助企业更好地理解和利用数据，从而做出更明智的决策。

章节总结

通过本章的学习，读者能够全面理解商业智能的概念、常见的 BI 工具及其应用领域，掌握 Power BI 的基本特点、优势和适用范围，熟悉 Power BI 的工作流程和组件，以及了解 Power BI Desktop 的安装、注册和界面基础。这一章为财务大数据分析的学习之旅奠定了坚实的基础。

首先，本章引导读者走进商业智能的世界，深入探讨了 BI 的概念、作用以及常见的 BI 工具和应用领域。通过这一部分的学习，读者能够全面理解 BI 在现代企业决策中的重要性。

其次，本章重点介绍了 Power BI 的背景、含义、特点和优势，作为一款功能强大的数据可视化工具，Power BI 以其易于使用、强大的数据可视化功能以及丰富的数据连接等特点脱颖而出；同时，还详细阐述了 Power BI 的作用和适用范围，帮助读者明确其在不同业务场景中的应用价值。

为了让读者更深入地了解 Power BI 的运作方式，还详细介绍了 Power BI 的工作流程。这一流程涵盖了数据获取、数据转换、数据建模、数据可视化以及数据分享和协作等多个环节。通过了解这一流程，读者能够更好地理解 Power BI 在实际应用中的运作机制。

此外，本章还特别关注了 Power BI Desktop 的相关知识。指导读者如何安装 Power BI Desktop 并注册 Power BI 账号，同时对 Power BI Desktop 的界面进行了详细介绍。这将帮助读者快速熟悉其操作界面和各个功能模块，为后续的学习和实践做好准备。

在本章的最后部分，探讨了 Power BI 与财务大数据分析的关系。通过介绍财务大数据分析的特点以及 Power BI 在其中的优势，读者能够更好地理解为何选择 Power BI 作为财务大数据分析的工具。这将为后续章节中深入探讨运用 Power BI 进行财务大数据分析的实践方法和案例打下坚实的基础。

总之，通过本章的学习，读者将对商业智能和 Power BI 有一个全面而深入的了解，并掌握其在财务大数据分析中的应用方法和技巧。这将为后续章节的深入学习和实践奠定坚实的基础，帮助读者更好地利用财务数据进行决策，实现财务分析的数字化转型。在接下来的章节中，我们将继续带领读者走进财务大数据分析的世界，探索更多 Power BI 的应用可能。

课后练习题

一、单项选择题

1. 商业智能的主要目的是什么？（   ）

   A. 娱乐用户　　　　　　　　　　　　B. 自动化办公流程

   C. 提供数据驱动的决策支持　　　　　D. 单纯的数据可视化

2. 下列哪个选项不是 Power BI 的特点？（   ）

   A. 易于使用　　　　　　　　　　　　B. 强大的数据可视化功能

   C. 需要高深的编程技能　　　　　　　D. 丰富的数据连接选项

3. Power BI Desktop 的数据获取方式不包括以下哪一项？（   ）

   A. 直接从数据库导入　　　　　　　　B. 通过 Excel 文件导入

   C. 实时流数据接入　　　　　　　　　D. 手动输入数据（无直接功能）

4. 在 Power BI 中，哪个组件用于构建数据模型？（   ）

   A. 报表视图　　　　B. 数据视图　　　　C. 关系视图　　　　D. 查询编辑器

5. Power BI Desktop 的哪个功能可以帮助用户实现数据的即时更新和共享？（   ）

   A. 发布到 Web　　　　　　　　　　　B. 发布到 Power BI 服务

   C. 数据网关　　　　　　　　　　　　D. 数据刷新计划

二、多项选择题

1. 商业智能通常包括哪些关键环节？（   ）

   A. 数据收集　　　　B. 数据存储　　　　C. 数据分析　　　　D. 数据可视化

   E. 数据安全

2. Power BI Desktop 支持哪些类型的数据源连接？（   ）

   A. SQL Server　　　B. Excel　　　　　　C. Oracle　　　　　D. Google Sheets

   E. 社交媒体数据（需通过 API 或第三方工具）

3. Power BI 在财务大数据分析中的优势包括哪些？（   ）

   A. 快速生成财务报表　　　　　　　　B. 实时数据监控

   C. 复杂的数据分析模型　　　　　　　D. 跨部门数据共享

   E. 降低 IT 成本

三、判断题

1. Power BI 只能用于财务数据分析，不适用于其他业务领域。（   ）

2. 在 Power BI Desktop 中，可以直接通过界面操作完成数据清洗和转换工作。（   ）

3. Power BI Desktop 的所有功能都必须在联网状态下才能使用。（   ）

4. Power BI 的数据可视化功能支持自定义图表和仪表板设计。（   ）

5. Power BI Desktop 的报表可以直接在移动设备上查看和交互。（   ）

四、思考题

1. 请阐述商业智能在现代企业决策中的重要性，并举例说明。

2. 比较并分析三款主流的 BI 工具（包括 Power BI），说明它们各自的优势和适用场景。

3. 假设你是一家零售企业的数据分析师，你计划使用 Power BI 进行销售数据分析。请描述你将如何设计数据模型、选择关键指标，并展示分析结果。

第二章
使用Power BI开展财务报表分析的流程

学习目标

知识目标

1. 全面理解从数据导入、数据清洗与整理、数据建模到报表创建与数据可视化的完整流程，掌握各环节的核心概念与步骤；
2. 精通财务报表分析的关键可视化技术，了解并掌握饼状图、折线图、树状图等高级可视化元素，理解其在展示不同财务数据特征时的优势与适用场景；
3. 能够认识到数据建模在财务报表分析中的关键作用，了解常见数据模型设计原则，以及如何通过关系建立提高数据查询效率与准确性。

技能目标

1. 掌握使用Power BI Desktop从数据获取、处理到报表设计的全过程，完成一套针对企业运营数据的详细分析的操作能力；
2. 能够运用数据分析技巧，如数据筛选、排序、分组、计算列/度量值创建等，解决数据分析中的实际问题；
3. 能够设计具有吸引力的报表界面，通过切片器、筛选器、书签等工具提高报表的交互性，使用户能够灵活探索数据，深入理解经营情况。

素养目标

1. 持续学习与创新能力：要求持续关注行业动态与新兴技术，不断学习新的可视化工具与技巧，勇于尝试新方法，提升数据展示的艺术性与科学性。
2. 批判性思维与决策支持：在分析财务报表时具备批判性思维，能够识别数据中的异常与趋势，为管理层提供基于数据的决策支持。
3. 职业道德与责任感：强化对数据保密性、准确性及诚信度的认识，树立尊重数据、严谨分析的职业道德观，对自己的工作成果负责，维护财务数据的权威性与公信力。

案例导入

添姿衣饰又叫"添姿服饰",是重庆市一家服装连锁企业,在全国20个省份拥有32家店铺,主要销售女士服装。添姿衣饰从其各店的POS信息系统中提取并整理了门店信息表、产品信息表、日期数据、产品数据和销售数据(2022年和2023年),希望利用Power BI的可视化分析功能,分析其销售额和销售量等指标的数据表现,从时间、区域、产品等维度找出存在的问题,并采取相应的整改措施,实现其销售增长。

章节导图

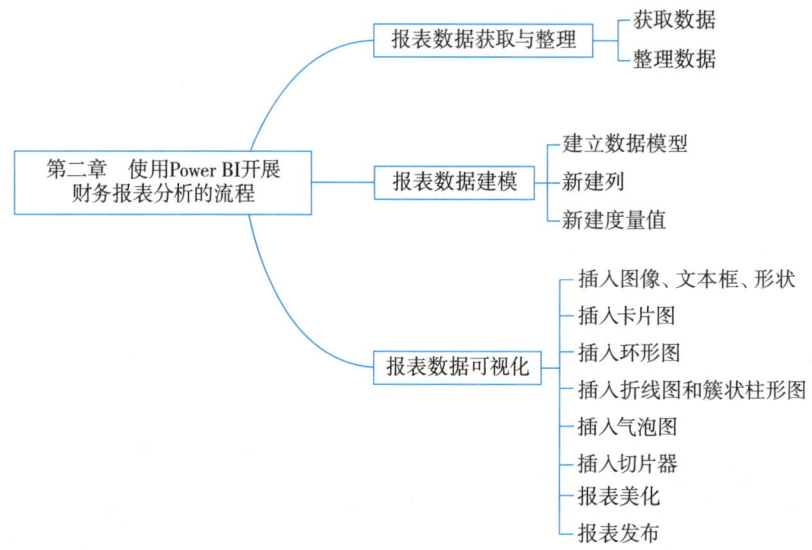

过程实施

第一节 报表数据获取与整理

一、获取数据

(一)从文件中获取数据

1. 在 Power BI Desktop 中输入数据

(1)启动 Power BI Desktop,在"主页"选项卡下的"数据"组中点击"输入数据"按钮,打开"创建表"窗口,如图2-1所示。

图 2-1 "创建表"窗口

（2）选中单元格后，直接输入列名与数据，点击行号下边或者列名右边的"+"按钮，可以继续增加空白行或空白列，在"名称"的文本框中修改表名为"销售订单表"，如图 2-2 所示。

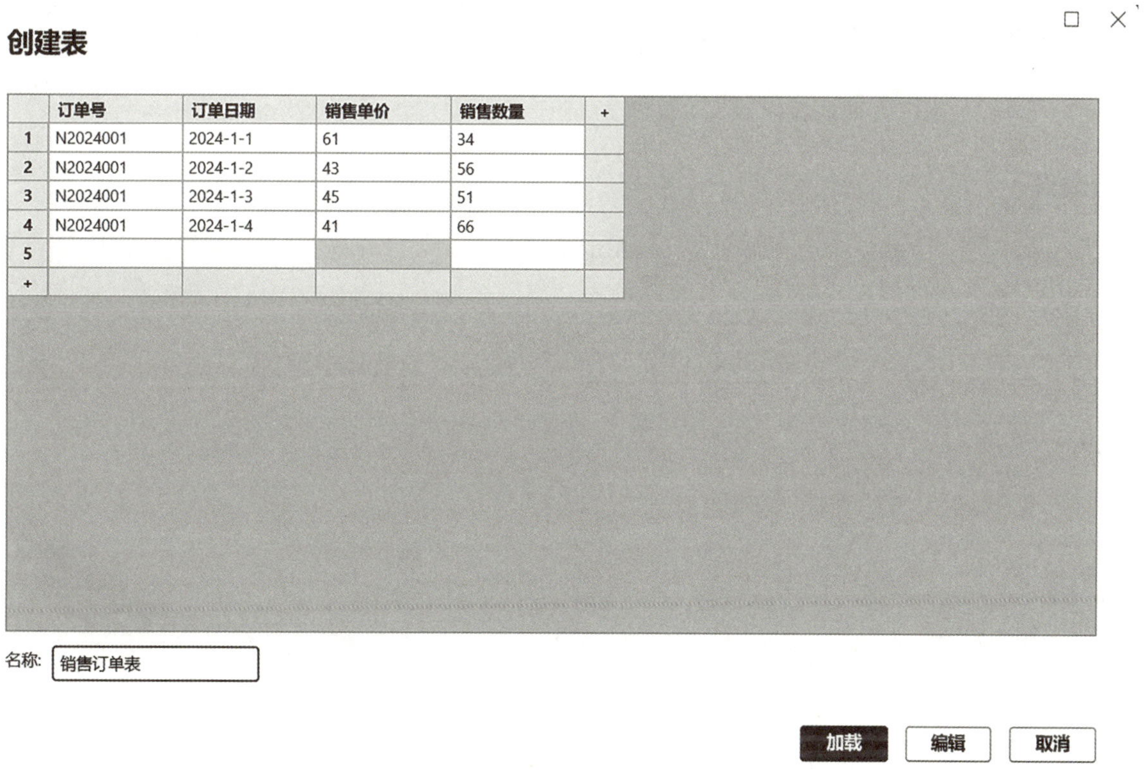

图 2-2 创建"销售订单表"

（3）如果想要删除多余的行（列）或插入行（列），可在行号或列名上右击鼠标，在弹出的对话框中选择"删除"或"插入"命令，如图2-3所示。

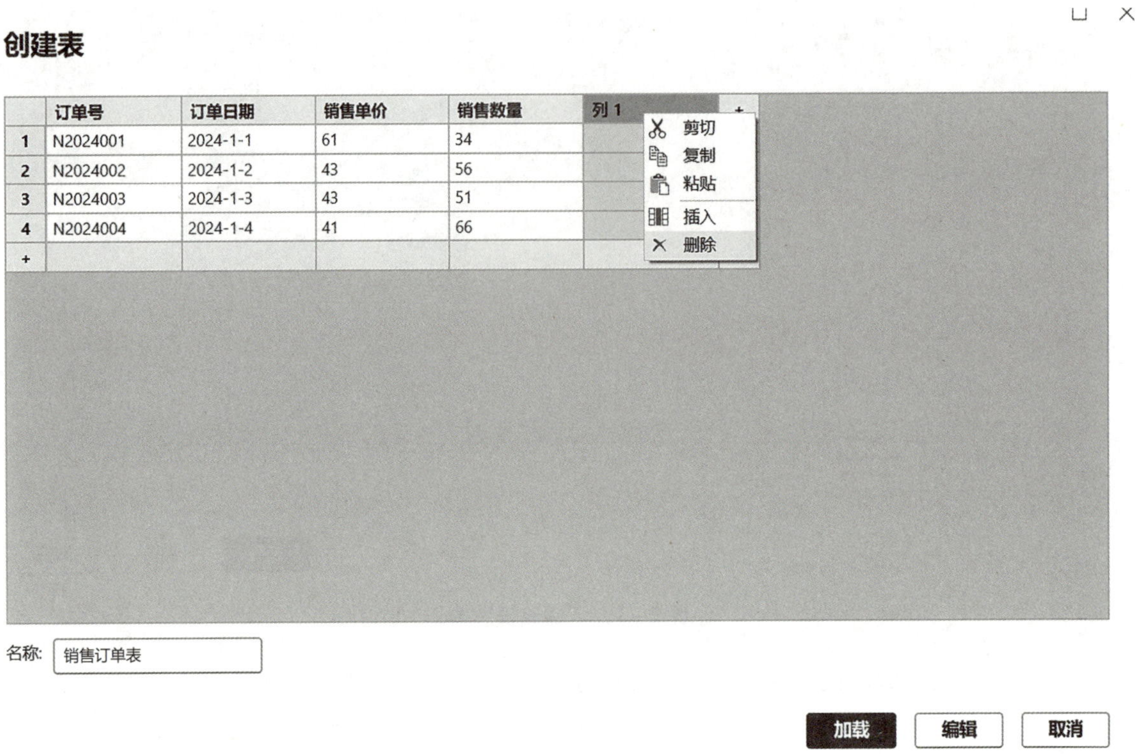

创建表

	订单号	订单日期	销售单价	销售数量	列1
1	N2024001	2024-1-1	61	34	
2	N2024002	2024-1-2	43	56	
3	N2024003	2024-1-3	43	51	
4	N2024004	2024-1-4	41	66	

右键菜单：剪切、复制、粘贴、插入、删除

名称：销售订单表

[加载] [编辑] [取消]

图2-3 删除行（列）

（4）完成插入列的数据输入，如图2-4所示。

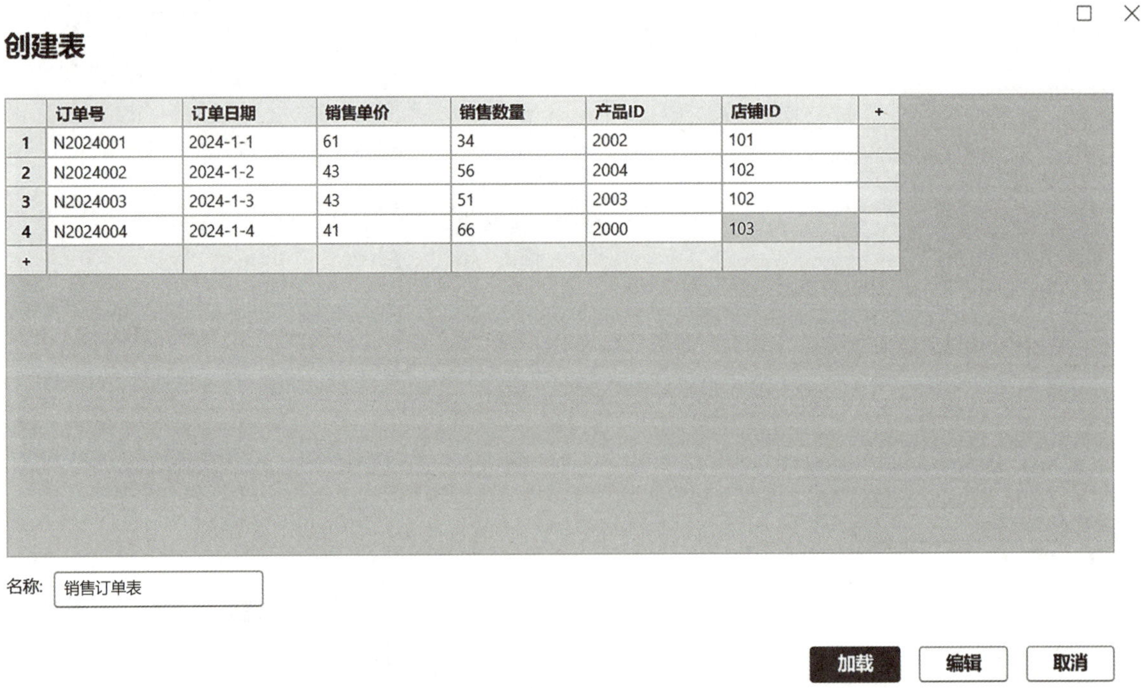

创建表

	订单号	订单日期	销售单价	销售数量	产品ID	店铺ID
1	N2024001	2024-1-1	61	34	2002	101
2	N2024002	2024-1-2	43	56	2004	102
3	N2024003	2024-1-3	43	51	2003	102
4	N2024004	2024-1-4	41	66	2000	103

名称：销售订单表

[加载] [编辑] [取消]

图2-4 插入列

（5）点击"加载"按钮后，弹出"加载"对话框，如图2-5所示，显示该表"正在将数据加载到模型…"，等待一段时间后，完成表的加载。可在主界面窗口右侧的"数据"窗格看到表名称和表包含的字段标题，如图2-6所示。

加载

销售订单表
正在将数据加载到模型…

取消

图2-5 "加载"窗口

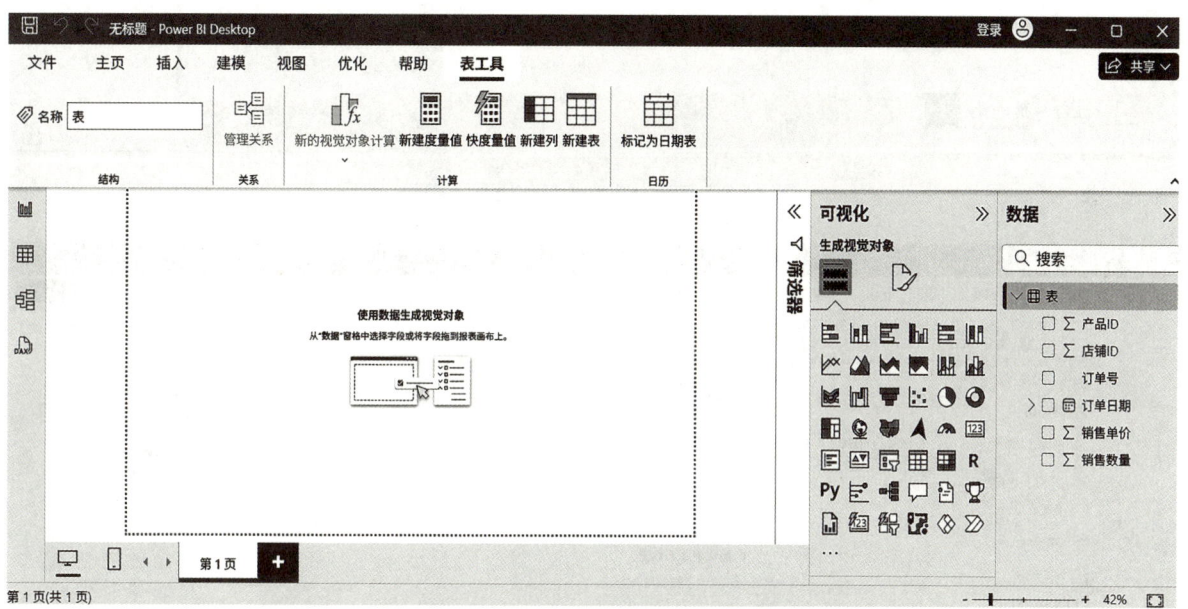

图2-6 Power BI Desktop 主界面

我们已经完成了在Power BI Desktop 中输入数据的操作，但是Power BI Desktop 的数据录入操作较为简单，创建表的窗口中仅提供剪切、复制、粘贴、插入、删除等少数功能。如果数据量较大，那么直接在Power BI Desktop 中录入数据不仅耗时费力，而且容易出错。相比之下，Excel 的数据录入功能则要更强大，如序列填充、数据校验等，在Excel 中能够快速准确地完成数据录入。因此，可以先将数据录入Excel，保存为工作簿，再将工作簿中的数据导入Power BI Desktop。导入Power BI Desktop 的数据与Excel 中工作簿之间不存在联动性，因此，在Excel 中修改工作簿时Power BI Desktop 中的数据不会发生变化。

2. 将Excel 工作簿中的数据导入Power BI Desktop

（1）启动Power BI Desktop，在"主页"选项卡下的"数据"组中点击"Excel 工作簿"，如图2-7所示。或者点击"获取数据"按钮，在打开的"获取数据"对话框中选择"Excel 工作簿"，如图2-8所示。

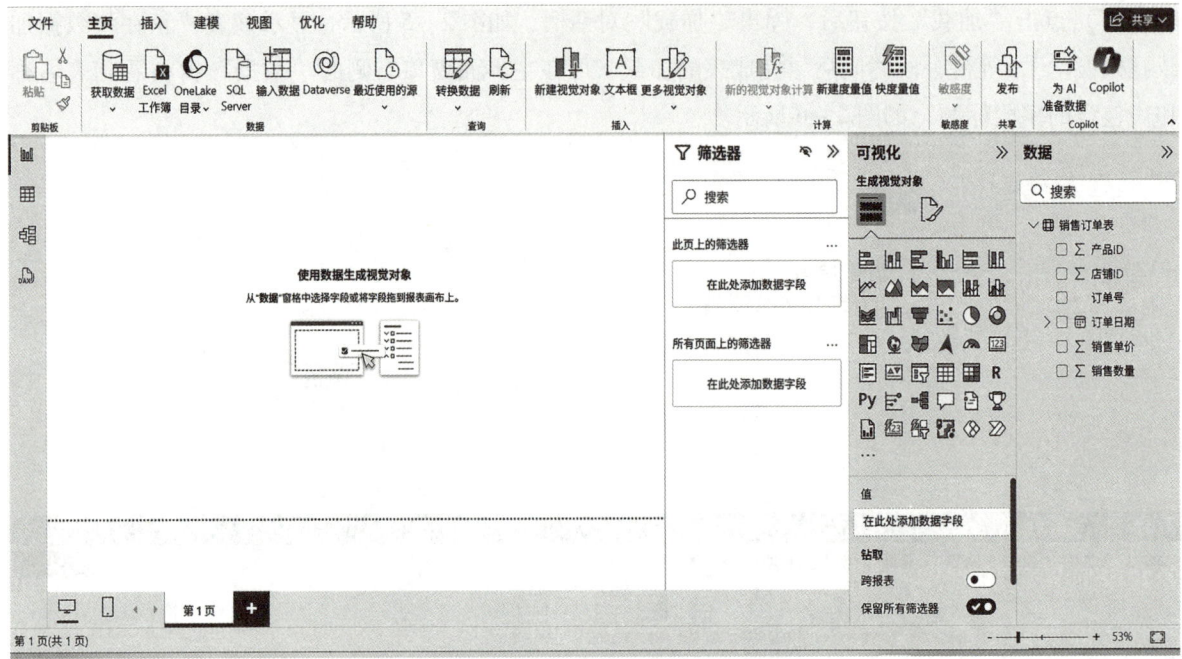

图 2-7　直接从 Excel 工作簿导入数据

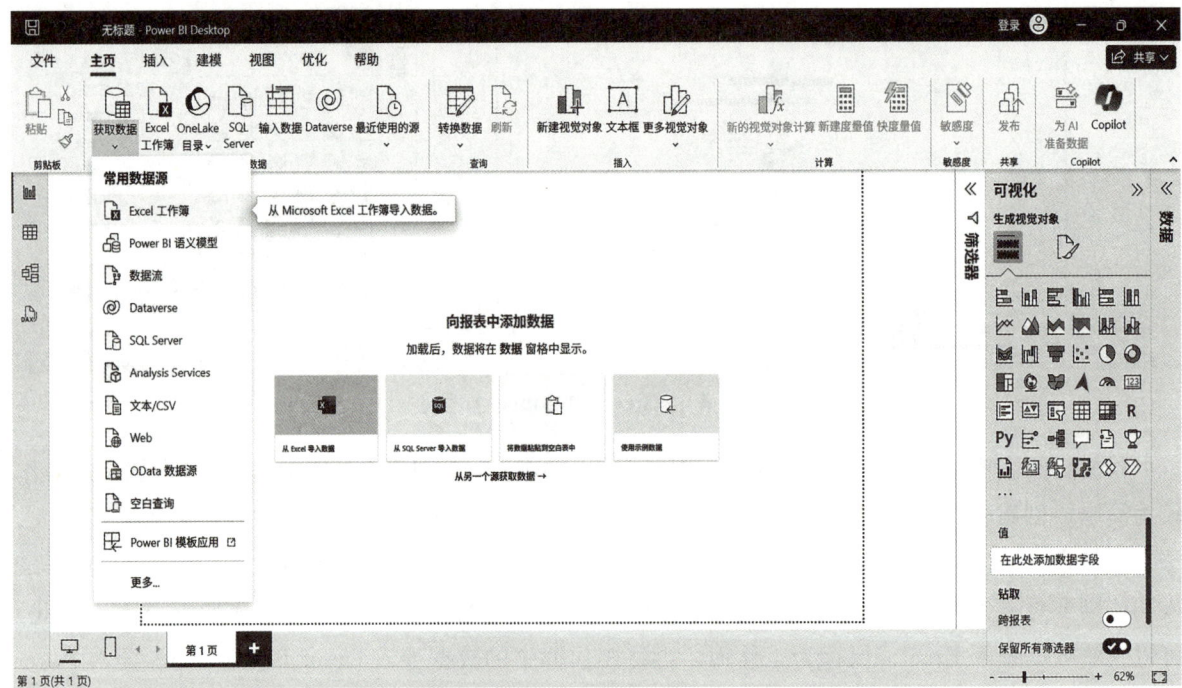

图 2-8　"获取数据"对话框（选择"Excel 工作簿"）

（2）在打开的对话框中选择"2022—2023 年添姿服饰的销售数据"Excel 文件，如图 2-9 所示。

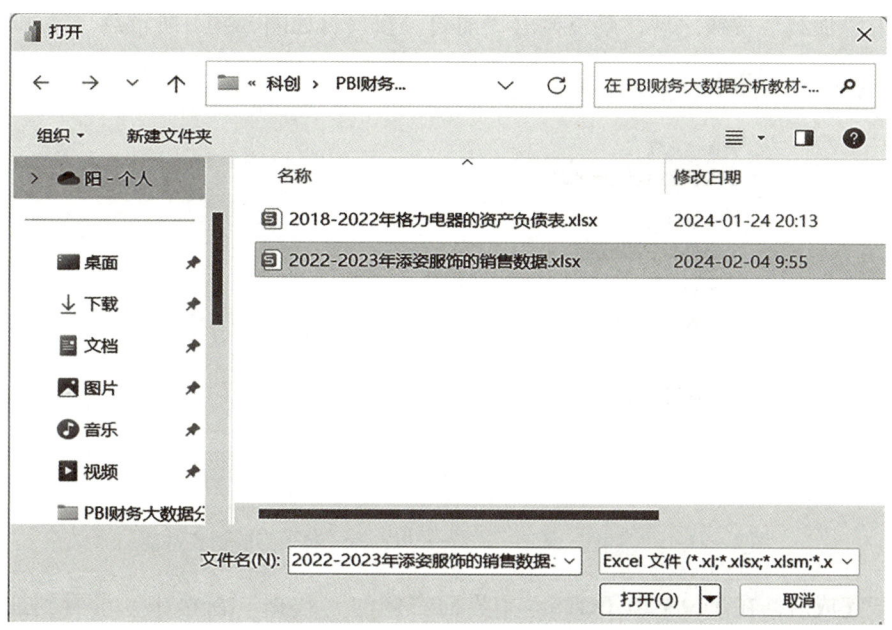

图 2-9　打开对话框选择"2022—2023 年添姿服饰的销售数据"Excel 文件

（3）点击"打开"按钮之后，系统提示"正在建立连接"，随后打开"导航器"对话框，再在左侧"显示选项"下勾选"产品信息表、门店信息表、日期表、销售表"，如图 2-10 所示。

图 2-10　"导航器"对话框（2022—2023 年添姿服饰的销售数据）

（4）点击"加载"按钮之后，系统弹出"加载"窗口，如图 2－11 所示。

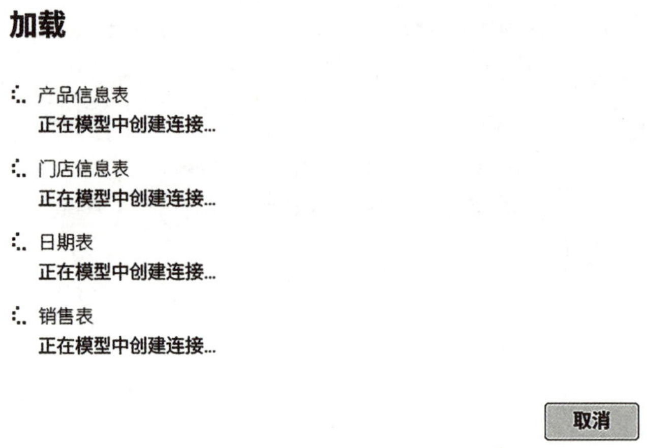

图 2－11　"加载"窗口（2022—2023 年添姿服饰的销售数据）

（5）加载完成后，在 Power BI Desktop 主界面右侧的"数据"窗格中，可看到加载后的表字段，如图 2－12 所示。

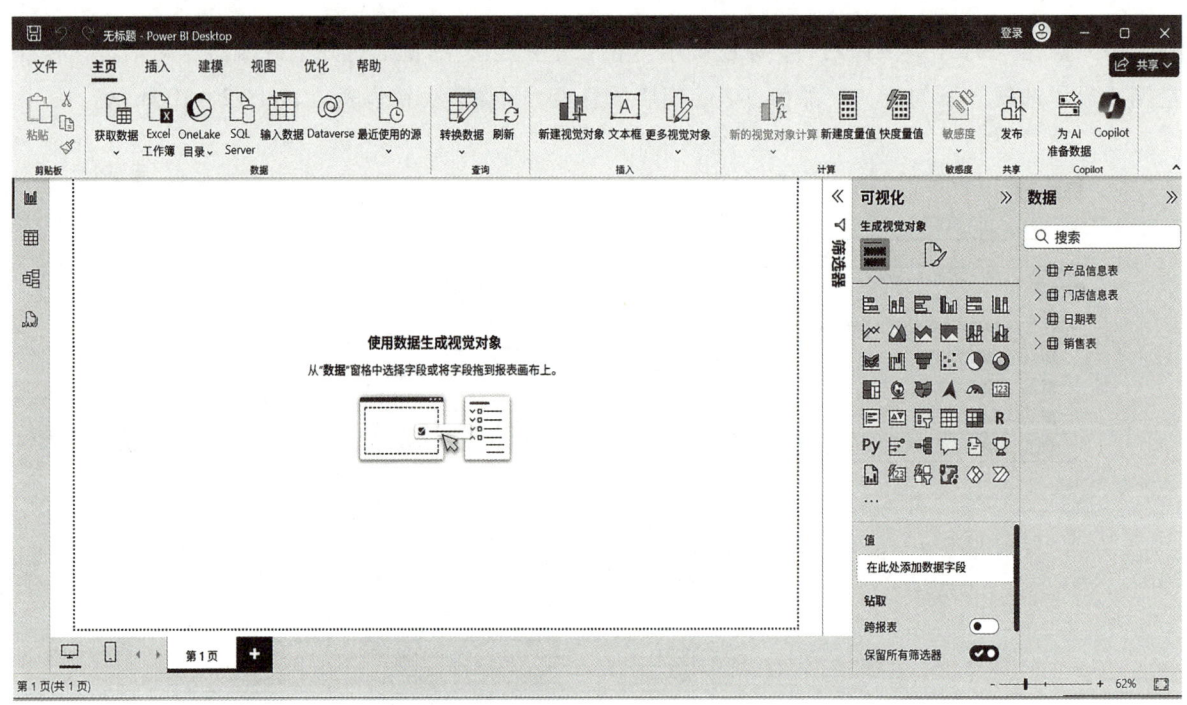

图 2－12　Power BI Desktop 主界面（2022—2023 年添姿服饰的销售数据）

（6）点击"保存"按钮，在打开的"另存为"对话框中输入文件名"2022—2023 年添姿服饰的销售数据"（扩展名默认为 pbix），然后单击"保存"按钮，在文件夹中可查看该文件，如图 2－13 所示。

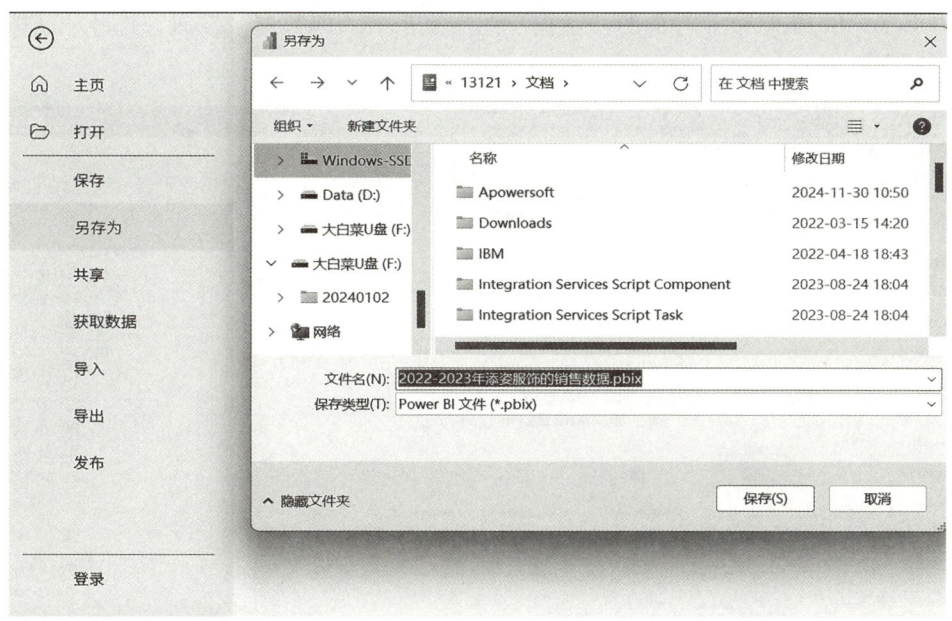

图 2-13 "另存为"对话框(2022—2023年添姿服饰的销售数据)

(二)从网页获取数据

如果网页中有表格化的数据,可使用 Power BI Desktop 将网页中的数据导入报表,Power BI Desktop 不仅支持直接加载数据,还允许在数据导入后进行清洗、转换和整理,以确保数据满足可视化需求。下面以格力电器员工构成数据为获取对象,利用 Power BI Desktop 将网页中的数据导入报表。

1. 获取格力电器员工构成表

(1)通过"格力电器"官方网站找到"格力电器员工构成"比例数据,然后复制网址,如图 2-14 所示。

图 2-14 格力电器员工构成比例

（2）在 Power BI Desktop 主界面的"数据"组中点击"获取数据"按钮，打开"获取数据"对话框后，选择"Web"，如图 2－15 所示。

图 2－15　"获取数据"对话框（选择"Web"）

（3）点击"连接"按钮之后，在"URL"的文本框中粘贴第一步时复制的网址，如图 2－16 所示。

图 2－16　粘贴网址

（4）点击"确定"按钮之后，在打开的"导航器"对话框中选择"表1"，如图 2－17 所示。

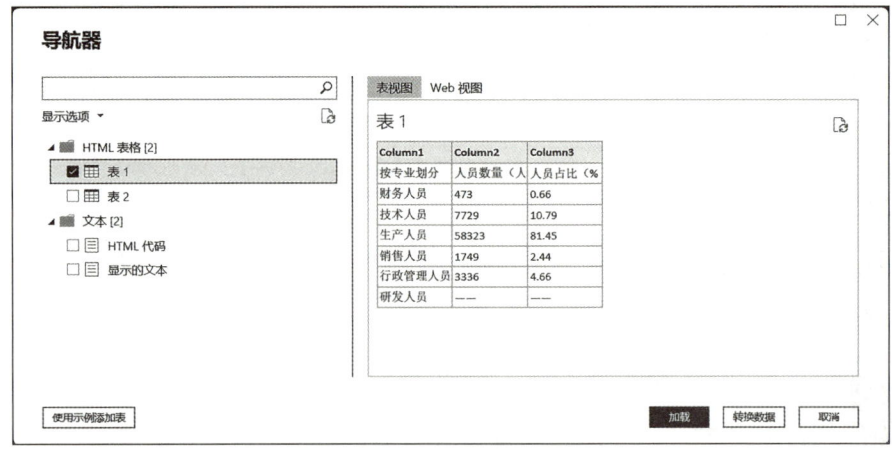

图 2－17　"导航器"对话框（选择"表1"）

(5) 点击"加载"按钮后，系统会弹出"加载"窗口，加载完成后，在 Power BI Desktop 主界面右侧的"数据"窗格显示"表1"的字段，如图 2-18 所示。

图 2-18 Power BI Desktop 主界面（表1）

(6) 点击"查询"组中的"转换数据"，打开"Power Query 编辑器"窗口，可以看到"格力电器员工构成"比例数据，如图 2-19、图 2-20 所示。

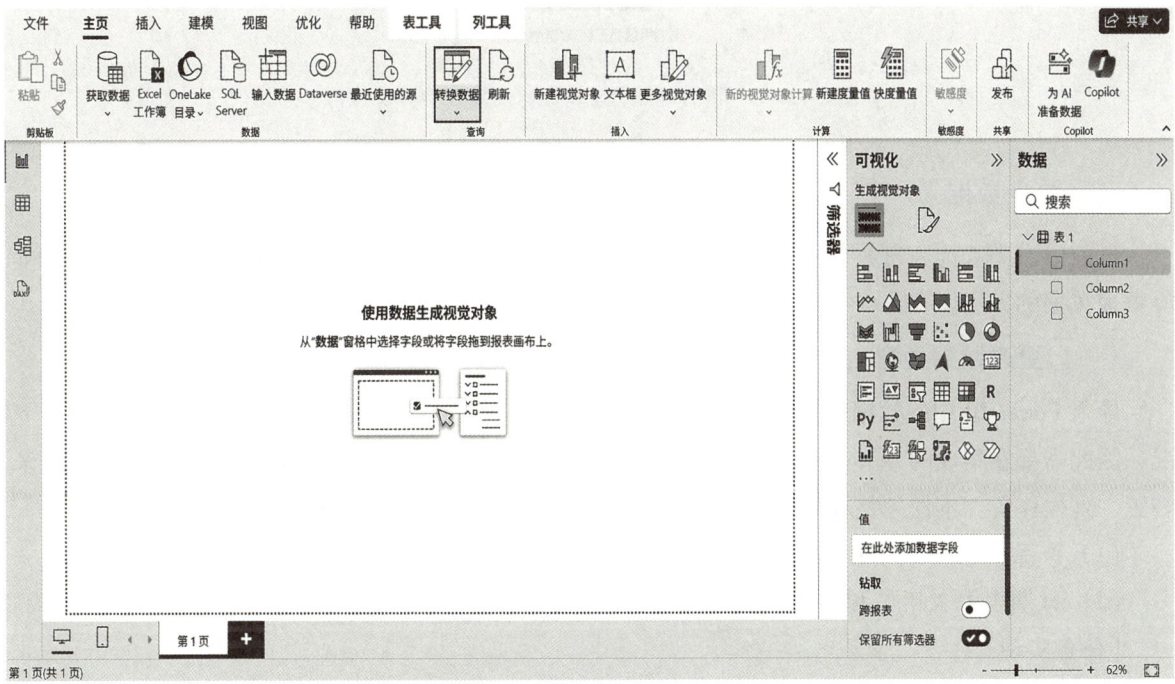

图 2-19 "转换数据"窗口

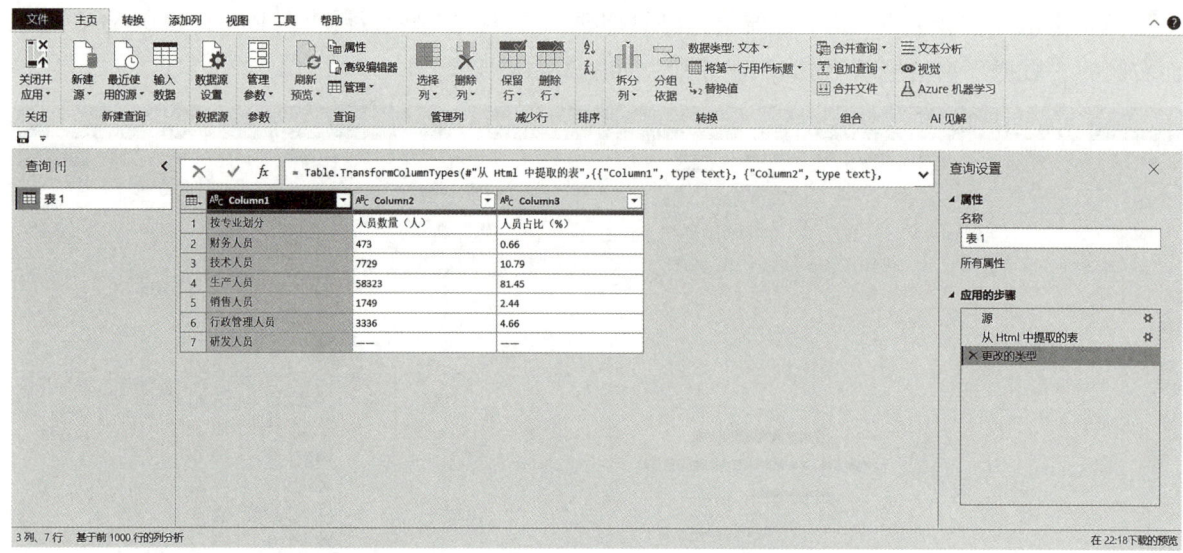

图2-20 "Power Query 编辑器"窗口

（7）关闭"Power Query 编辑器"窗口，返回 Power BI Desktop 主界面。点击"保存"按钮，在"另存为"对话框中输入"格力电器员工构成比例数据"，再点击"保存"按钮，即可在文件夹中看到"格力电器员工构成比例数据"pbix 文件，如图2-21所示。

图2-21 "格力电器员工构成比例数据"pbix 文件

二、整理数据

下面以添姿衣饰为研究对象，介绍 Power BI 中调整字段类型、添加排序依据列和删除无用数据等整理数据的方法。

（一）更改数据类型

导入 Power BI 中的数据表，原表的数据类型可能会改变，而且表中可能存在空行、空值等情况，因此需要在集成的 Power Query 编辑器中整理数据。整理数据的方法主要有筛选、填充、替换、转置、列操作等。本任务整理数据的思路如下：

（1）产品信息表、门店信息表和销售表的数据相对完整，不需调整。

（2）日期表中"年"和"月"的字段类型为日期型，需将其调整为文本型，与原表类型一致。

【任务实现】

步骤1：执行"主页"→"查询"→"转换数据"命令，如图2-22所示，进入"Power Query 编辑器"窗口。

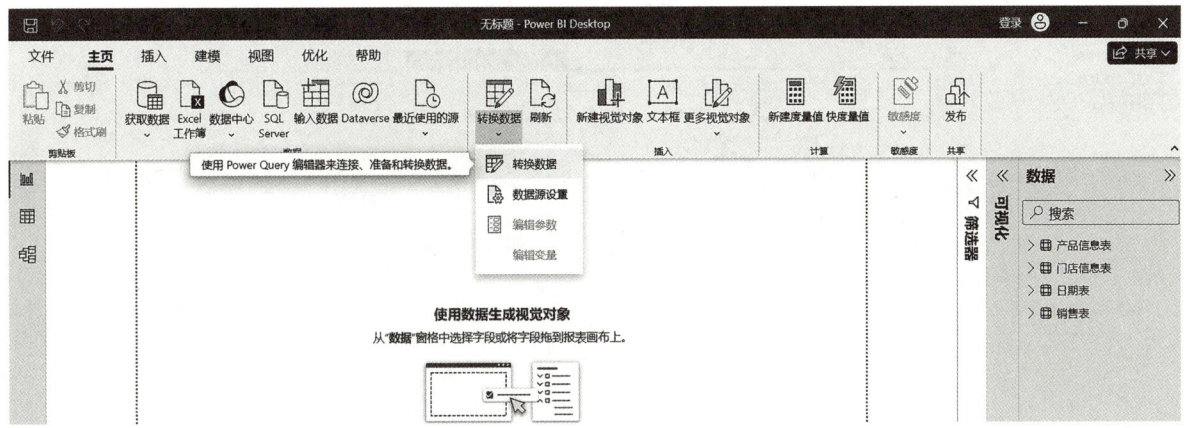

图 2-22 "转换数据"命令

步骤 2：选中"日期表"，再单击"年"字段前的按钮 ，从下拉菜单中选择"文本"，如图 2-23 所示。

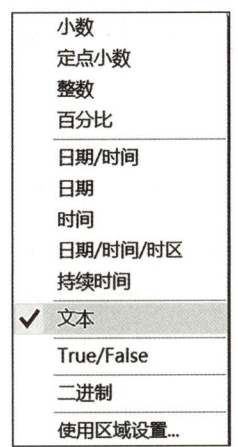

2-23 调整数据格式

步骤 3：单击"替换当前转换"按钮，即可将"年"字段的数据类型改为文本型，如图 2-24 所示。同理，可调整"月"字段的数据类型为文本型。调整后的结果如图 2-25 所示。

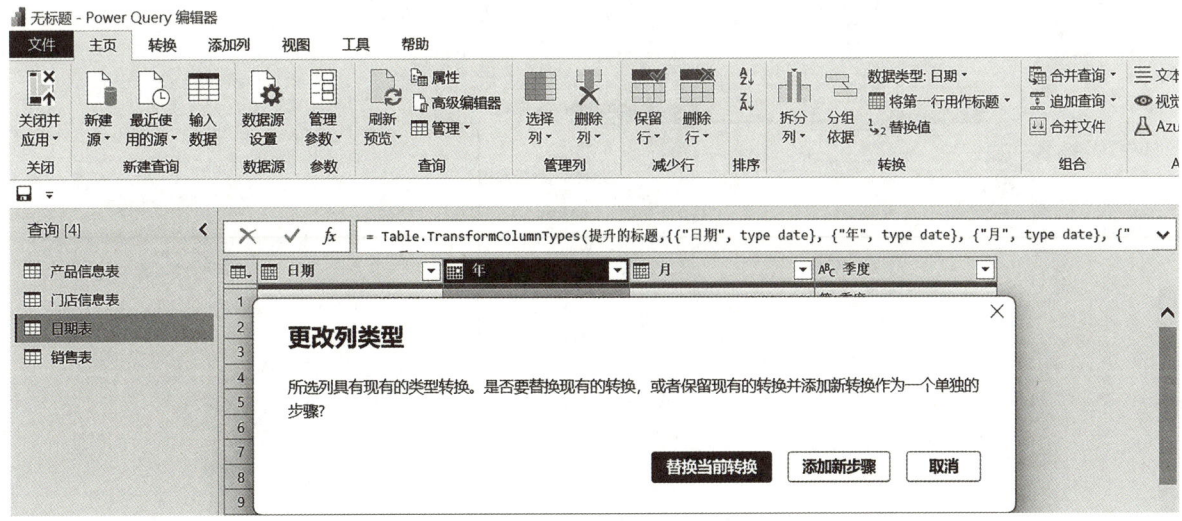

图 2-24 更改列类型

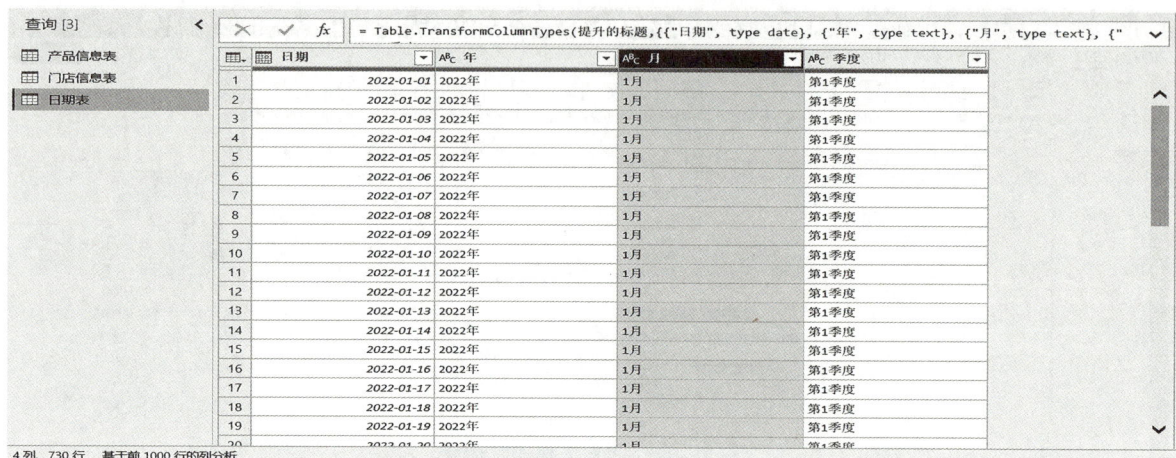

图 2-25 调整后的结果

（二）添加排序依据列

当前"月"字段是按文本排序的，这样的顺序不正确。对"月"字段设置排序依据列，即可正确排序。表 2-1 清晰阐明了对"月"字段按默认排序和设置排序依据列后排序结果的差别。

表 2-1 "月"字段不同排序方式的结果

排序方式（升序）	结果（月）
默认	10, 11, 12, 1, 2, 3, 4, 5, 6, 7, 8, 9
设置排序依据列	1, 2, 3, 4, 5, 6, 7, 8, 9, 10, 11, 12

本任务需将"月"字段复制一份，然后将数据中的"月"字拆分掉，只保留整数部分作为月份排序的依据。

【任务实现】

步骤 1：在 Power Query 编辑器中，选中"月"字段，执行"添加列"→"常规"→"重复列"命令，如图 2-26 所示。

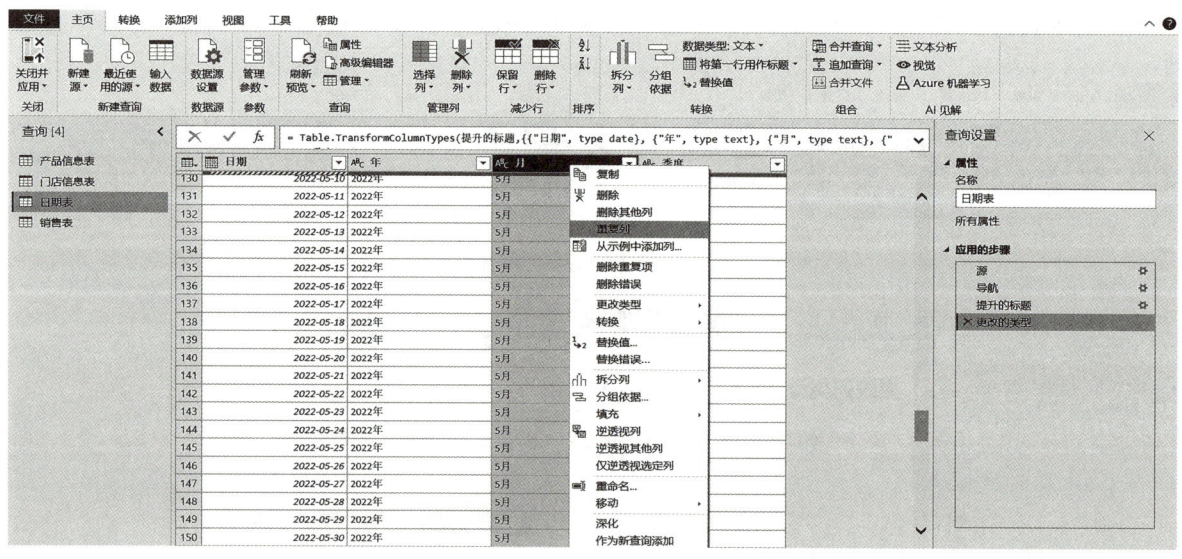

图 2-26 添加"重复列"命令

步骤2：系统将自动添加与月份数据相同的列，然后执行"转换"→"文本列"→"拆分列"→"按字符数"命令，如图2-27所示。

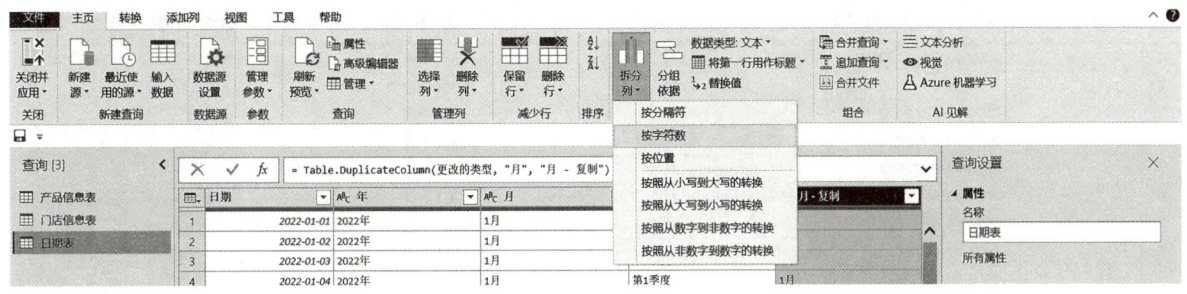

图2-27 按字符数拆分列

步骤3：在打开的窗口中输入字符数为"1"，并选中"一次，尽可能靠右"单选按钮，然后单击"确定"按钮，如图2-28所示。

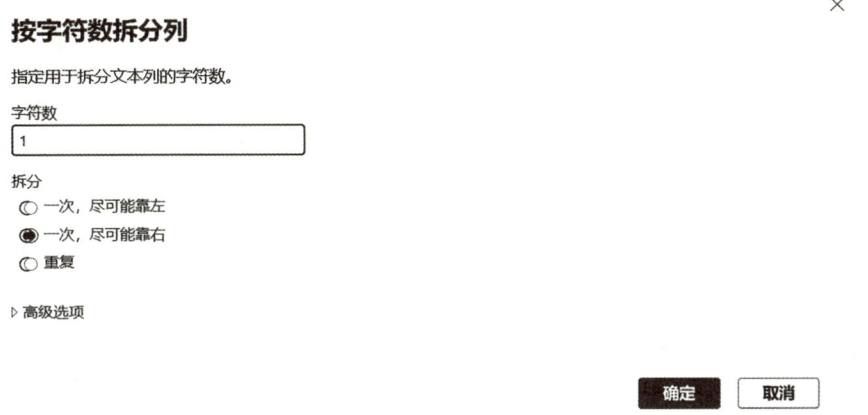

图2-28 设置字符数和拆分样式

步骤4：系统将复制的"月"列拆分成两列，月份整数单独一列，"月"字单独一列，如图2-29所示。

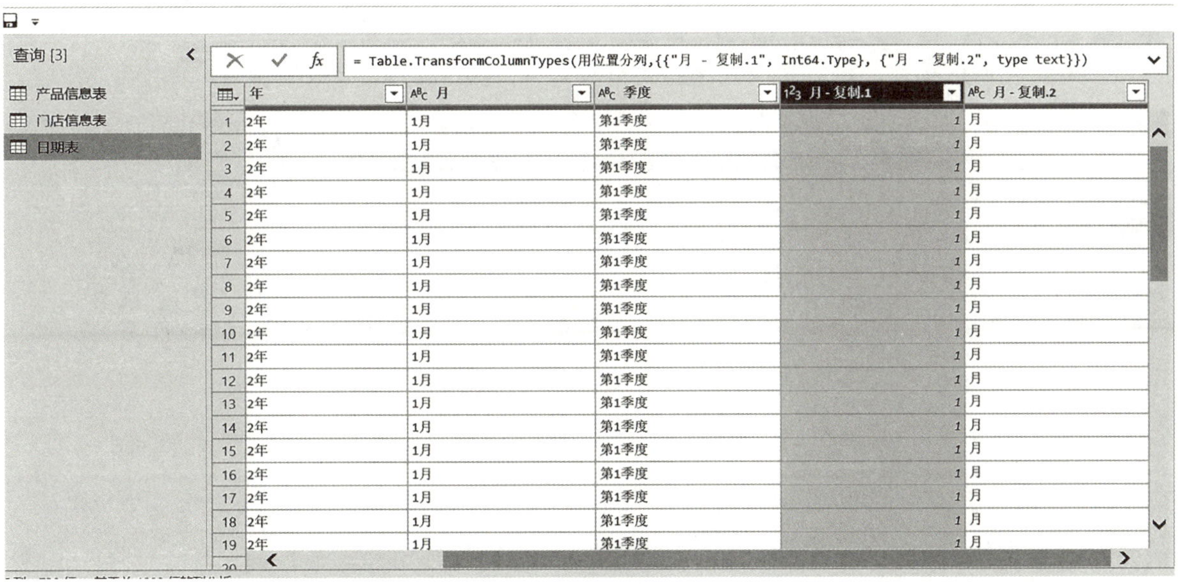

图2-29 拆分结果

步骤5：选中"月-复制2"列，单击鼠标右键，从弹出的快捷菜单中选择"删除"选项，清除该列。然后再双击"月-复制1"列，将其改名为"月排序依据"，如图2-30所示。

日期	年	月	季度	月排序依据
2022-01-01	2022年	1月	第1季度	1
2022-01-02	2022年	1月	第1季度	1
2022-01-03	2022年	1月	第1季度	1
2022-01-04	2022年	1月	第1季度	1
2022-01-05	2022年	1月	第1季度	1
2022-01-06	2022年	1月	第1季度	1
2022-01-07	2022年	1月	第1季度	1
2022-01-08	2022年	1月	第1季度	1
2022-01-09	2022年	1月	第1季度	1
2022-01-10	2022年	1月	第1季度	1
2022-01-11	2022年	1月	第1季度	1
2022-01-12	2022年	1月	第1季度	1
2022-01-13	2022年	1月	第1季度	1
2022-01-14	2022年	1月	第1季度	1
2022-01-15	2022年	1月	第1季度	1
2022-01-16	2022年	1月	第1季度	1
2022-01-17	2022年	1月	第1季度	1
2022-01-18	2022年	1月	第1季度	1
2022-01-19	2022年	1月	第1季度	1
2022-01-20	2022年	1月	第1季度	1
2022-01-21	2022年	1月	第1季度	1

图2-30 重命名列

（三）删除空行和错误数据

导入的数据表，尤其是事实表（如"销售表"）数据较多，可能存在未发现的空行或错误数据，本任务需通过 Power Query 编辑器将其删除。此操作多用于行数较多的数据表。

【任务实现】

步骤1：在 Power Query 编辑器中，选中"销售表"，执行"主页"→"减少行"→"删除空行"和"删除错误"命令，如图2-31所示。

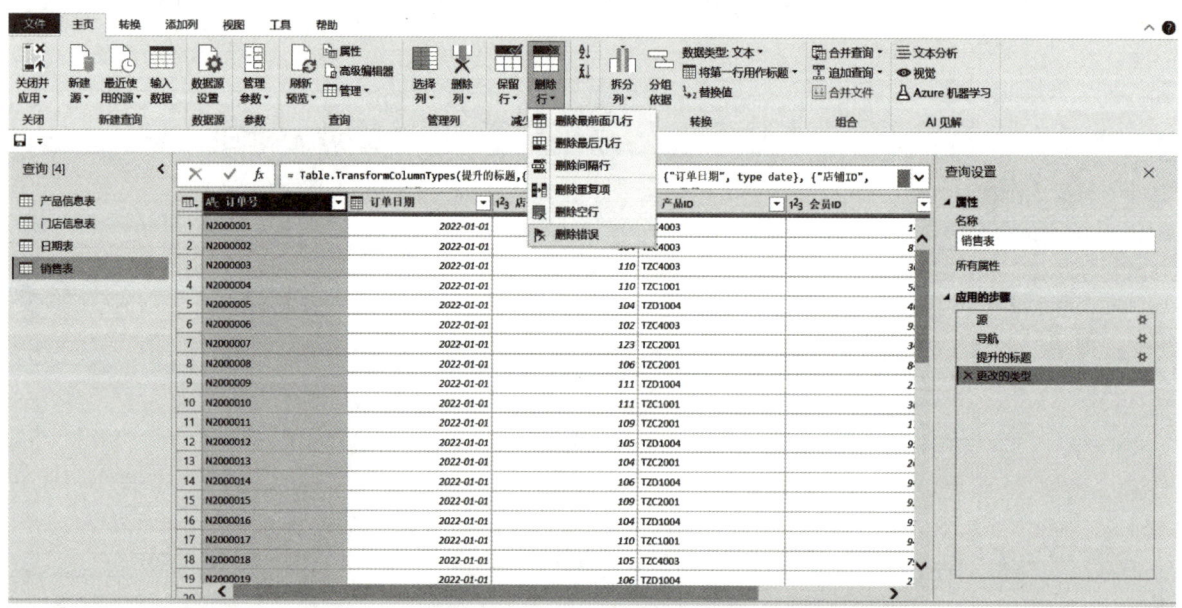

图2-31 删除空行和删除错误

步骤2：执行"文件"→"关闭"→"关闭并应用"命令，退出 Power Query 编辑器，删除空行和错误数据的任务结束，如图 2-32 所示。

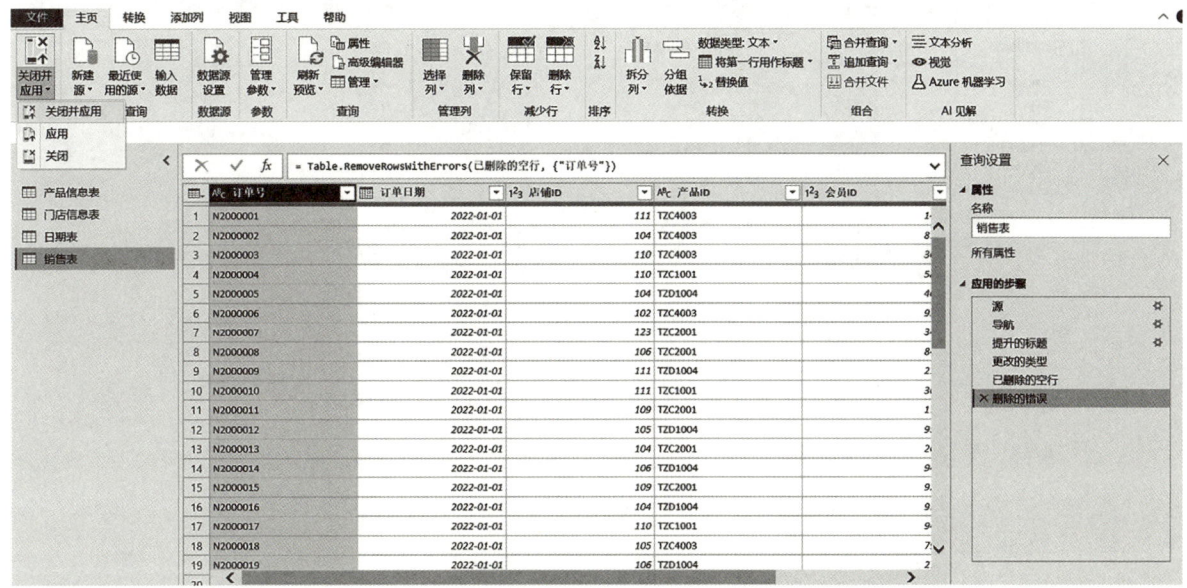

图 2-32　关闭并应用

第二节　报表数据建模

Power BI 突破了单表限制，可以从多个表格、多种来源的数据中，根据不同的维度、不同的逻辑来聚合分析数据，而提取数据的前提是将这些数据表建立关系，这个建立关系的过程就是"数据建模"。简单来说，数据建模就是建立维度表和事实表之间关系的过程。数据建模后，还可以通过新建列、新建度量值等方式建立各类分析数据，用于可视化分析。

一、建立数据模型

本任务我们将建立维度表（产品信息表、门店信息表、日期表）和事实表（销售表）之间的关联，有相同字段的两张表会自动建立关联关系。产品信息表通过"产品ID"与销售表自动关联；门店信息表通过"店铺ID"与销售表自动关联；日期表通过"日期"与销售表中的"订单日期"对应，从而建立与销售表的关联。

了解各表之间的关联后，可以通过产品分类、产品名称，年、季、月，店铺名称和省份名称进一步分析添姿衣饰各店铺的销售数据及其他相关数据。

【任务实现】

步骤1：单击 Power BI Desktop 窗口左侧的"模型视图"按钮 ，即可显示各表之间的关联关系，产品信息表、门店信息表与销售表自动建立关联，将上述3个维度表拖拽到事实表（销售表）的上方，其模型视图如图 2-33 所示。

步骤2：将日期表中的"日期"字段拖拽到销售表的"订单日期"字段，系统会弹出建立新关系的窗口,点击"保存",即可建立日期表与销售表之间的关联,如图 2-34、图 2-35 所示。

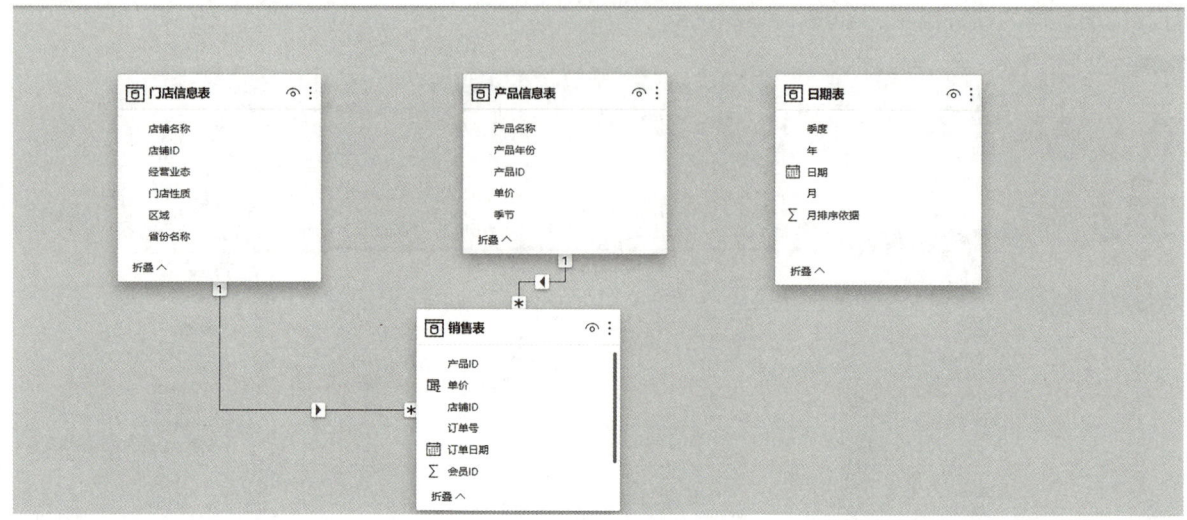

图 2-33　模型视图

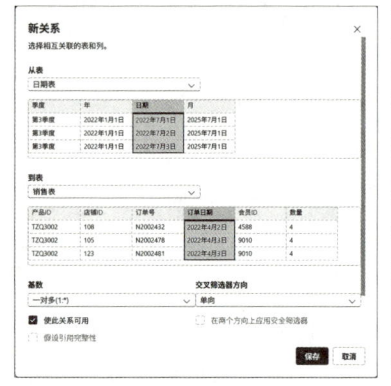

图 2-34　建立新关系

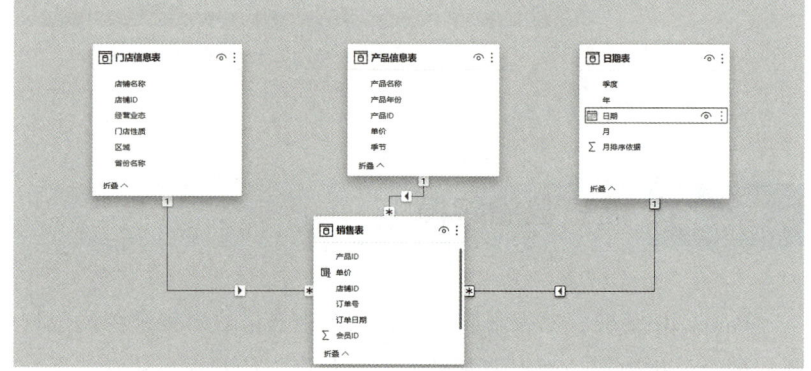

图 2-35　创建日期表与销售表之间的关联

二、新建列

关系建立完成后,要考虑模型中现有字段能否满足建模需求,如果不能满足,则需要新建计算表或计算列来丰富模型的分析维度。案例中的业务场景需要分析销售额。模型的"销售表"中只有数量字段,没有金额字段。为了便于计算销售金额,可将产品信息表中的"单价"列引入销售表并新建"金额"列,从而反映每笔订单的销售金额。新建的两列均需设置 DAX 公式:

单价 = RELATED（′产品信息表′[单价]）

金额 = ′销售表′[数量] * ′销售表′[单价]

【任务实现】

步骤 1:单击 Power BI Desktop 窗口左侧的"表格视图"按钮，选择窗口右侧的"销售表",单击"订单号"字段右侧的下拉按钮，从弹出的下拉菜单中选择"以升序排序"选项,如图 2-36 所示。

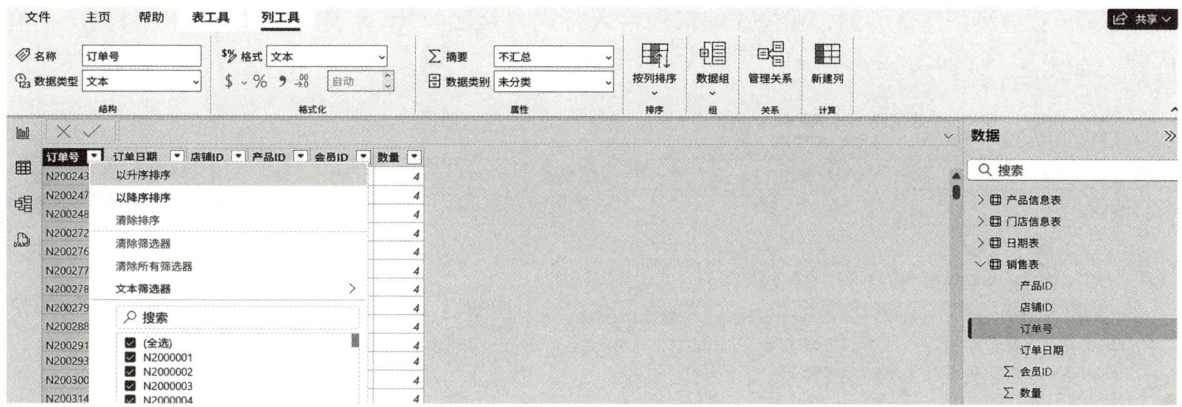

图 2 - 36　字段排序

步骤 2：执行"表工具"→"计算"→"新建列"命令，如图 2 - 37 所示。

图 2 - 37　新建列

步骤 3：在公式编辑栏输入公式"单价 = RELATED（'产品信息表'[单价]）"，如图 2 - 38 所示。

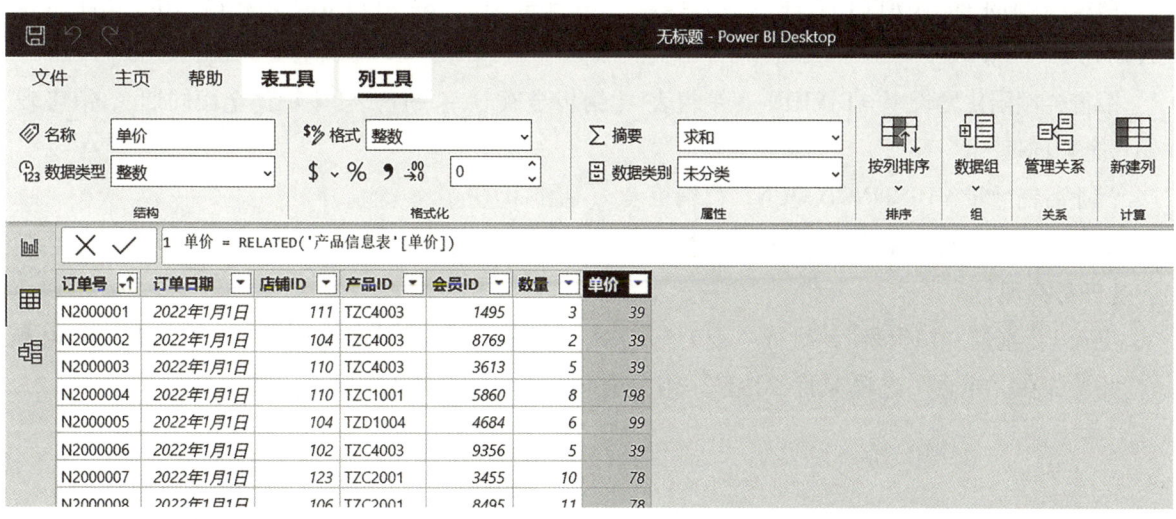

图 2 - 38　输入单价公式

步骤4：继续新建金额列，在公式编辑栏输入公式"金额 = '销售表'［数量］*'销售表'［单价］"，如图2-39所示。

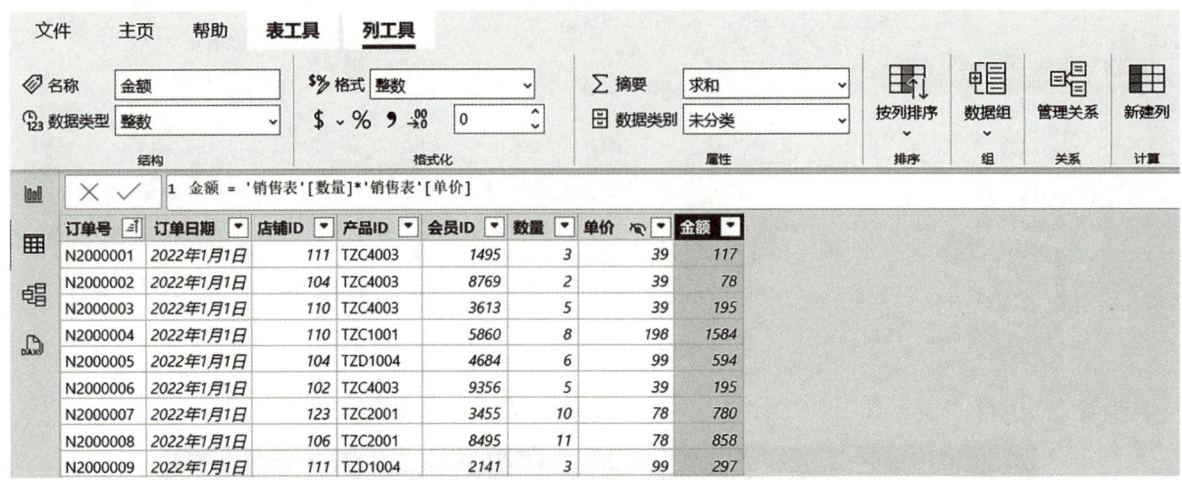

图2-39　输入金额公式

三、新建度量值

度量值在Power BI数据建模中占据着举足轻重的地位，它们是通过DAX（Data Analysis Expressions）公式创建的虚拟字段，这些字段不直接修改源数据或数据模型的结构，而是提供了一种灵活的方式来计算和分析数据。度量值的核心价值在于其动态性，即它们能够根据不同的上下文（如筛选条件、时间范围、所选维度等）动态地改变其计算结果，这种特性使得度量值在报表交互时尤为强大，能够根据用户的操作实时更新数据展示，因此也被形象地称为"移动的公式"。

本任务共设置6个度量值，分别是"销售金额""销售数量""销售金额同期""营业店铺数量""销售金额同比增长率""单店平均销售额"。它们的DAX公式分别如下：

销售金额 = SUM（'销售表'［金额］）

销售数量 = SUM（'销售表'［数量］）

销售金额同期 = CALCULATE（'销售表'［销售金额］,SAMEPERIODLASTYEAR（'日期表'［日期］））

销售金额同比增长率 = DIVIDE（'销售表'［销售金额］-'销售表'［销售金额同期］,'销售表'［销售金额同期］）

营业店铺数量 = DISTINCTCOUNT（'销售表'［店铺ID］）

单店平均销售额 = '销售表'［销售金额］/'销售表'［营业店铺数量］

【任务实现】

步骤1：选择"销售表"，执行"表工具"→"计算"→"新建度量值"命令，如图2-40所示。此外，在"主页"选项卡的"计算"组中也可以找到"新建度量值"命令。

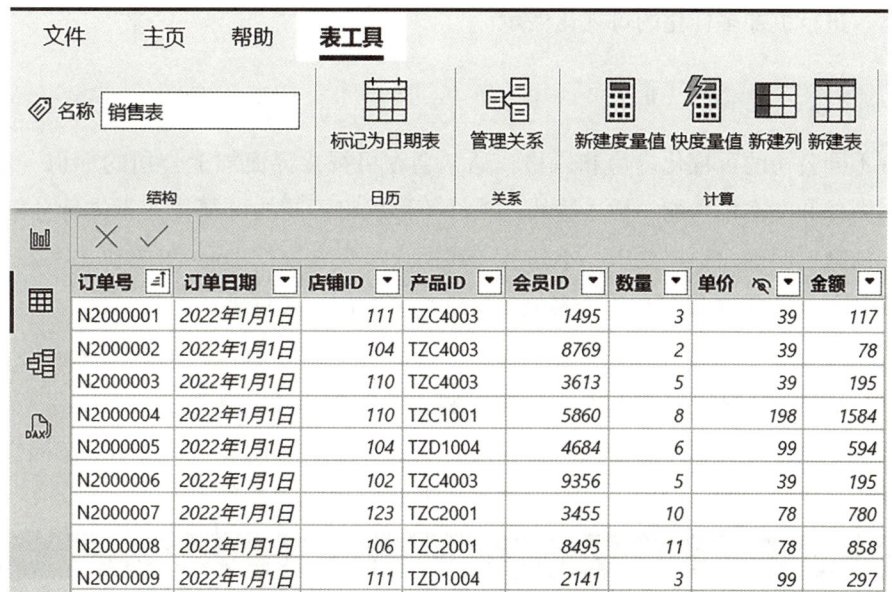

图 2-40 "新建度量值"命令

步骤2：在公式编辑栏输入度量值公式"销售金额 = SUM ('销售表'[金额])"，如图 2-41 所示。

步骤3：在右侧"数据"窗格下方可查看到新增的"销售金额"度量值，如图 2-42 所示。

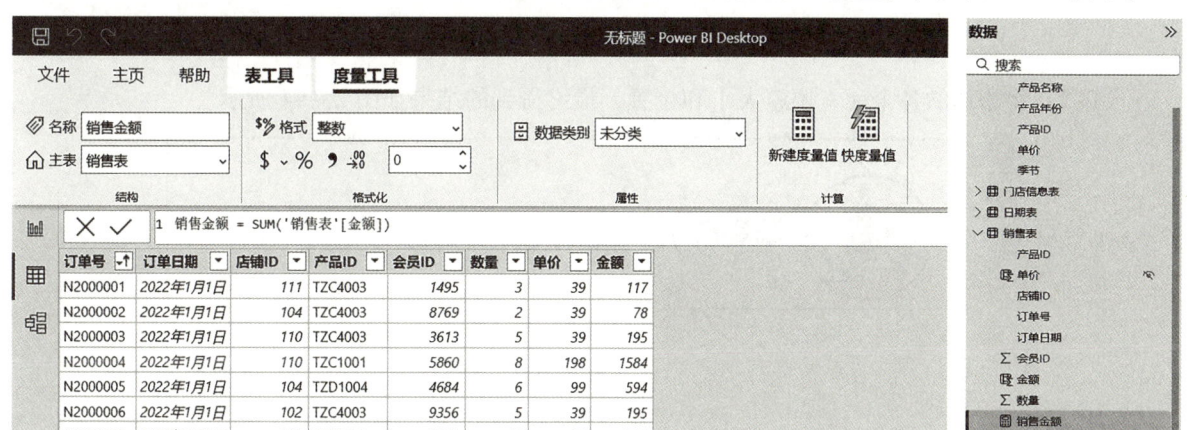

图 2-41 输入"销售金额"度量值公式

图 2-42 查看"销售金额"度量值

步骤4：重复上述操作，可设置"销售数量""销售金额同期""销售金额同比增长率""营业店铺数量""单店平均销售额"其他5个度量值。

第三节 报表数据可视化

数据可视化就是在 Power BI 报表页插入各种图表等可视化元素来展示数据。Power BI 自带的图表元素有条形图、柱状图、散点图、折线图、卡片图、切片器等。用户也可以从相关网站下载个性化的图表元素，进行更加多样化的可视化展示。

一、插入图像、文本框、形状

为了体现不同公司的可视化内容和风格，通常会在可视化界面加上公司的标识（Logo），这时就会用到插入图像和文本框功能。插入竖线、横线等形状将不同的可视化元素进行分割，能够使可视化界面更加清晰、明确。根据要求，本任务需要插入添姿衣饰的 Logo 图像和文字，还需要在 Logo 下插入一条横线。图像文件与本项目案例源文件均来自同一文件夹。

【任务实现】

步骤 1：单击窗口左侧的"报表视图"按钮，然后执行"插入"→"元素"→"图像"命令，选择要插入的图像文件，即可插入添姿衣饰的 Logo 图像，如图 2-43 所示。按同样的方法，分别单击"文本框"和"形状"按钮，可插入添姿衣饰的店铺名称和线条。

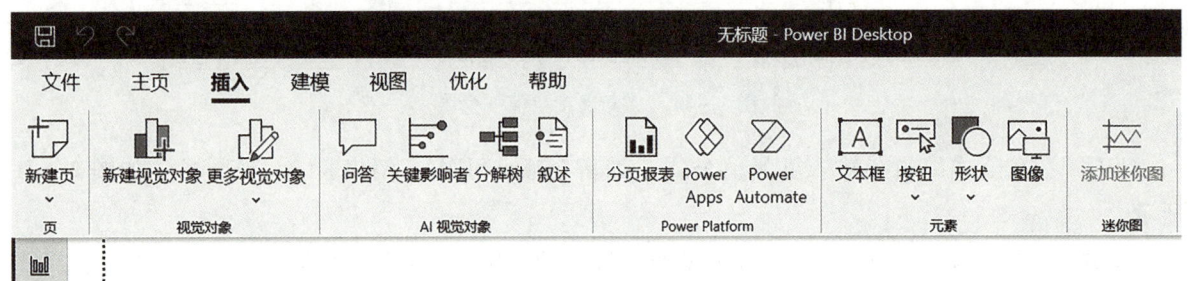

图 2-43　插入图像、文本框和形状

步骤 2：将添加的各个元素调整大小和位置，最终得到的结果如图 2-44 所示。

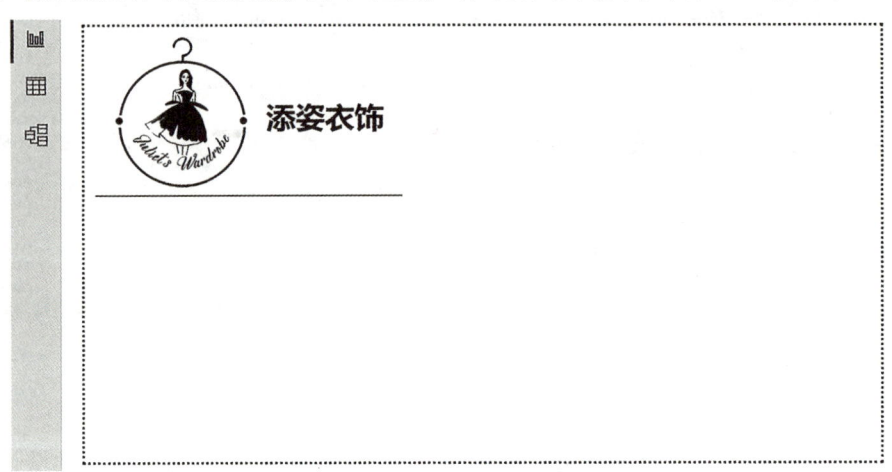

图 2-44　图像、文本框、形状结果

二、插入卡片图

卡片图通常用于突出显示可视化分析的关键数据，如收入、利润、完成率等指标。本任务将"销售金额""销售数量""营业店铺数量""单店平均销售额"4 个度量值以卡片图形式呈现。

【任务实现】

步骤 1：单击窗口右侧"可视化"窗格中的"卡片图"按钮，然后将"数据"窗格中"销售表"的"销售金额"度量值拖拽到"可视化"窗格下的"字段"中,如图2-45所示。再单击"设置视觉对象格式"按钮,在"类别标签"栏设置标签大小为25磅,如图2-46所示。结果如图2-47所示。

图2-45 添加"销售金额"字段

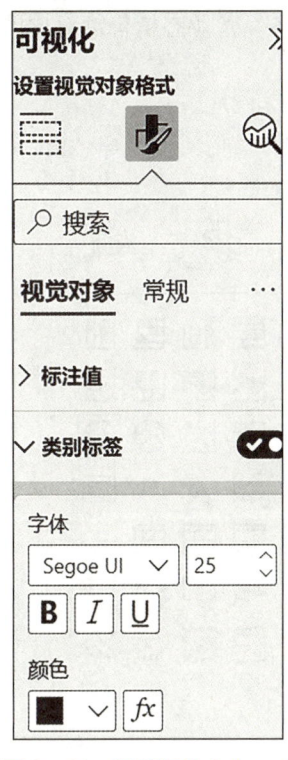

图2-46 设置标签大小 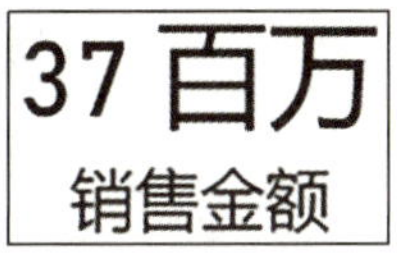　图2-47 插入卡片图

步骤2:重复以上操作,设置"销售数量""营业店铺数量""单店平均销售额"3个度量值的卡片图,调整其大小及位置,结果如图2-48所示。

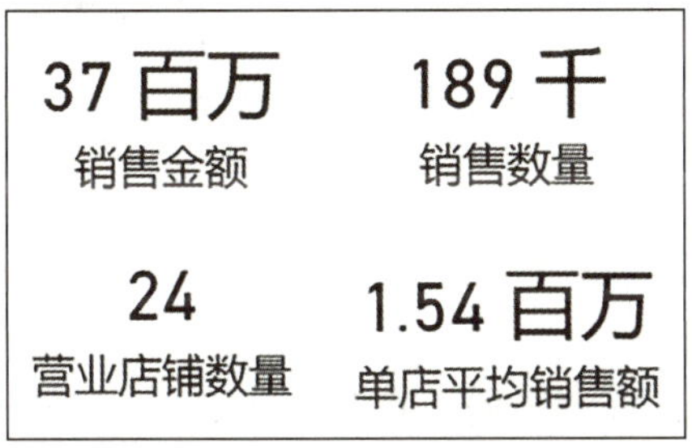

图2-48 插入其他卡片图并调整大小及位置

三、插入环形图

环形图也叫"圆环图",它形如中间挖空的饼状图,依靠环形的长度来表达比例的大小。本任务将在环形图中显示不同经营业态的销售金额占比情况。环形图的可视化参数设置如表2-2所示。

表2-2 环形图的可视化参数设置

参数名称	图例	值
属性值	各经营业态销售额对比	销售金额

【任务实现】

步骤1：单击窗口右侧"可视化"窗格中的"环形图"按钮，根据表2-2中的可视化参数设置将"数据"窗格中的相关字段拖拽到"可视化"窗格的相应参数中，如图2-49所示。

步骤2：生成各经营业态销售额对比图，如图2-50所示。用户可将其调整到合适位置，并设置数据显示格式。

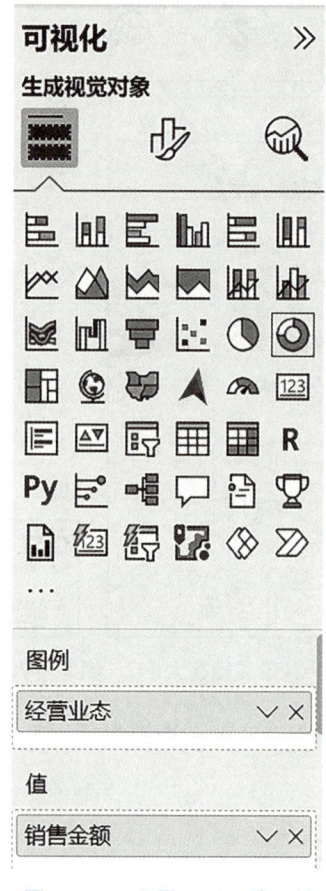

图2-49 设置环形图的属性

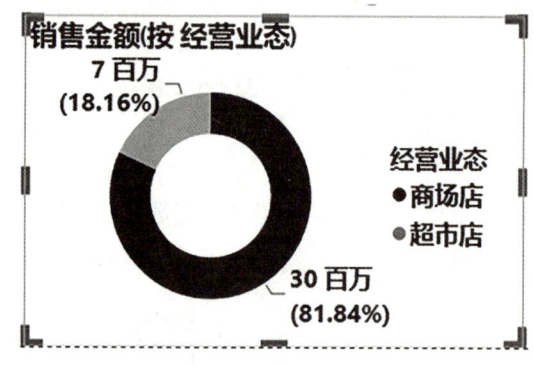

图2-50 环形图可视化效果

四、插入折线图和簇状柱形图

折线图可以显示随时间变化的连续数据，非常适合显示在相同时间间隔下的数据变化趋势。簇状柱形图可以利用柱形的高度反映数据差异。本任务是在折线图和簇状柱形图中制作月度销售额趋势对比图、各季节商品销售额同期对比图以及各区域销售额同期对比图。

【任务实现】

步骤1：单击窗口右侧"可视化"窗格中的"折线和簇状柱形图"按钮，根据表2-3中的参数设置将"数据"窗格中的相关字段拖拽到"可视化"窗格的相应参数中，如图2-51所示。

表2-3 折线和簇状柱形图的可视化参数设置

参数名称	共享轴	列值	行值
属性值	月	销售金额	销售数量

图2-51 快速生成月度销售额趋势同期对比

步骤2：单击"可视化"窗格中的"…"按钮，从弹出菜单中选择"以升序排序"选项，排序方式选择"月"，如图2-52所示。然后选中日期表中的"月"字段，再执行"列工具"→"排序"→"按列排序"→"月排序依据"命令，如图2-53所示。

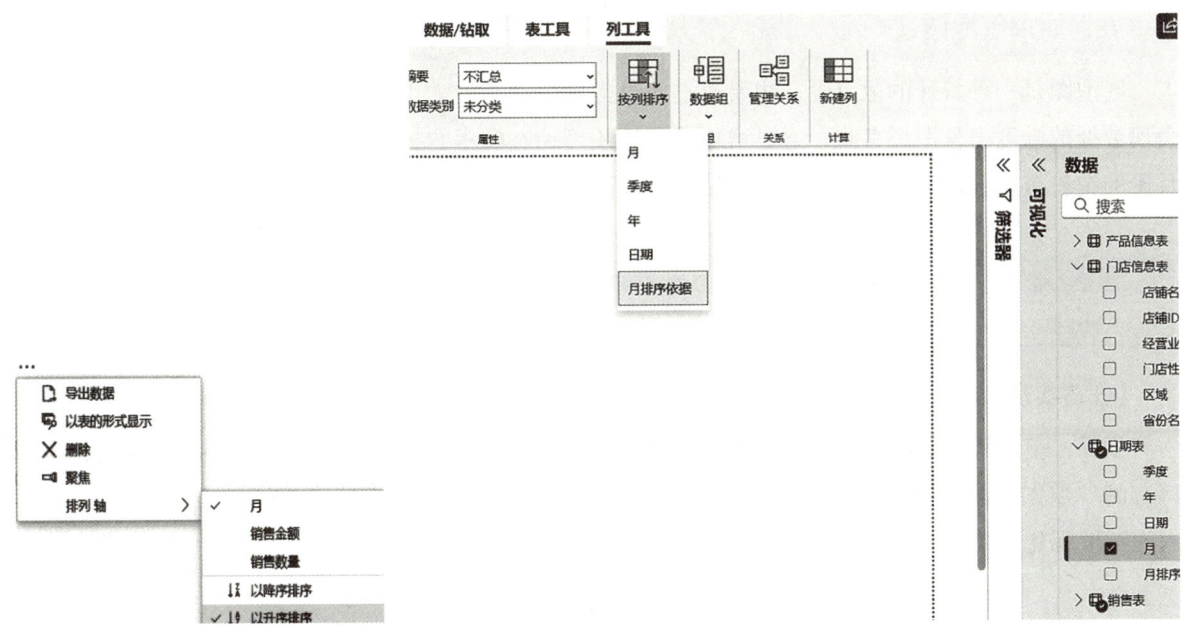

图2-52 按月升序排序　　　　　　图2-53 执行"月排序依据"命令

步骤3：设置后的月度销售额趋势对比图的可视化效果，如图2-54所示。

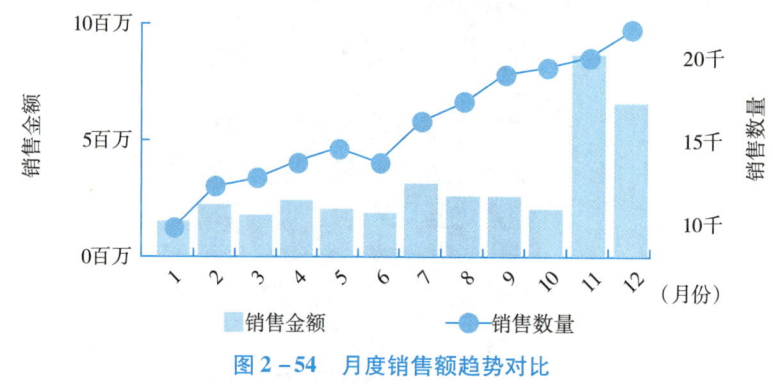

图2-54　月度销售额趋势对比

步骤4：重复以上操作，可设置各季节商品销售额同期对比图以及各区域销售额同期对比图。如图2-55、图2-56所示。

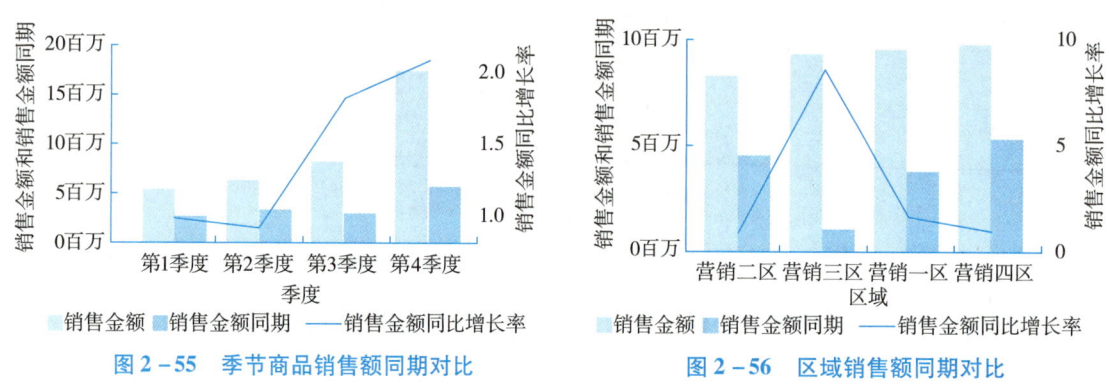

图2-55　季节商品销售额同期对比　　　　图2-56　区域销售额同期对比

五、插入气泡图

气泡图是一种特殊的散点图，主要通过横纵坐标值和气泡大小来展现数据的分布情况。气泡图表现数据的维度多且图形美观，通过增加时间轴还可动态展示数据。本任务是在气泡图中显示不同月份的销售金额和销售数量的动态变化情况。气泡图的可视化参数设置如表2-4所示。

表2-4　气泡图的可视化参数设置

参数名称	图例	X轴	Y轴	大小	播放轴
属性值	店铺名称	销售金额	销售数量	销售数量	月

【任务实现】

步骤：单击窗口右侧"可视化"窗格中的"散点图"按钮，根据表2-4中的参数设置将窗口右侧"数据"窗格的相关字段拖拽到"可视化"窗格的相应参数中，如图2-57所示，生成的气泡图可视化效果如图2-58所示。

图 2-57　参数设置

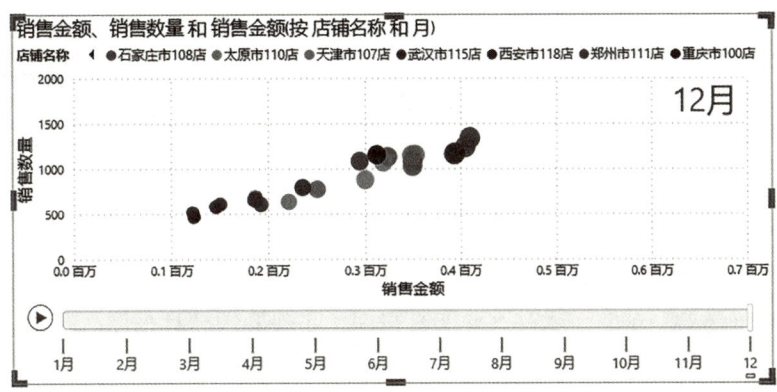

图 2-58　气泡图的可视化效果

六、插入切片器

切片器是画布中的视觉筛选器，是报表中的一种可视化图形元素。切片器本身不是为了展示数据，而是作为展示数据时的各种维度选择。本任务将设置"年"和"店铺名称"切片器，通过切片器中不同年度、不同店铺的选择来展示各类分析数据。

【任务实现】

步骤1：单击窗口右侧"可视化"窗格中的"切片器"按钮，然后将右侧"日期表"中的"年"拖拽到左侧"可视化"窗格下方的"字段"参数中，如图2-59所示。

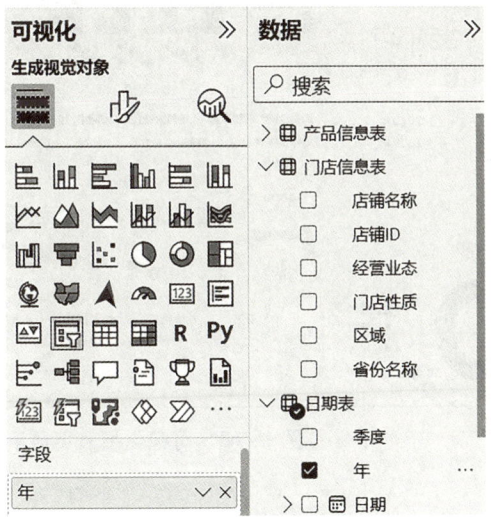

图 2-59　设置切片器的属性

步骤2：选中切片器，然后单击"可视化"窗格中的"格式"按钮，并将切片器的"边框"设为"开"。最终得到的"年"切片器可视化效果，如图2-60所示。

步骤3：用同样的方法，设置"店铺名称"切片器，结果如图2-61所示。

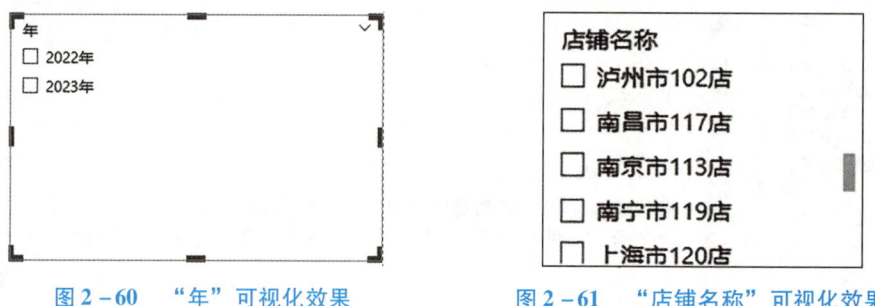

图2-60 "年"可视化效果　　　　图2-61 "店铺名称"可视化效果

七、报表美化

设置好报表中的各类可视化元素后，需调整各类可视化元素的位置，以及格式、主题风格等，使其更加美观、醒目。本任务将为环形图、折线和簇状柱形图、气泡图3类可视化元素的标题设置背景色，并在视图中选择"边界"主题模板。

【任务实现】

步骤1：分别选中环形图、折线和簇状柱形图、气泡图，将其调至合适的位置，后单击"可视化"窗格中的"格式"按钮，设置合适的背景色，文本大小设置为"12磅"，字体加粗且为黑色，如图2-62所示。

步骤2：选择"视图"组下的"主题"，选择"边界"主题模板，美化后的报表如图2-63所示。

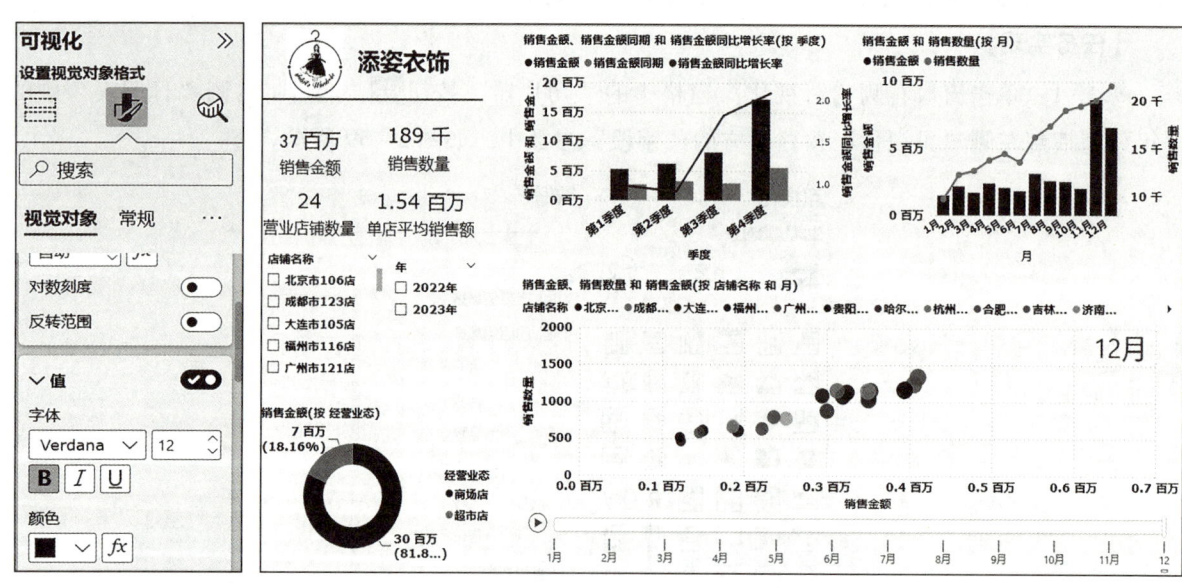

图2-62 设置图形格式　　　　图2-63 可视化报表页显示效果

八、报表发布

报表发布是一个至关重要的环节，它是指将经过精心设计与制作的Power BI报表上传至Power BI服务平台的整个过程。这一步骤的核心目的在于实现报表的广泛共享与深入分析，以便让更多人从中获取有价值的信息和洞见。

通过一系列简单而直观的操作，用户能够轻松地将自己创建的报表发布至指定的Power BI工作区。一旦报表成功发布，用户就可以利用系统生成的链接或邀请方式，与其他用户便捷地进行共享。这种共享方式不仅打破了时间和空间的限制，使报表的访问和查看变得更加灵活与高效，也极大地促进了数据的可视化展示与协同分析。

报告发布的过程不仅提升了数据的可读性和可理解性，使得复杂的数据信息能够以更加直观和易于理解的方式呈现出来，还进一步促进了信息的流通与共享。通过报表的共享，不同部门和团队之间的信息壁垒得以打破，数据孤岛现象得到有效缓解，从而为企业或组织内部的协同合作提供了有力的支持。

更重要的是，报告发布为数据驱动的决策提供了坚实的支撑。通过深入分析报表中的数据和信息，决策者能够更加准确地把握市场趋势、客户需求以及业务运营等方面的关键信息，从而制定出更加科学、合理的决策方案。这种基于数据的决策方式不仅提高了决策的准确性和有效性，还为企业或组织的可持续发展注入了新的活力和动力。

综上所述，报告发布是一个极具价值和意义的环节，它不仅能够实现报表的广泛共享与深入分析，还能够提升数据的可读性和可理解性，促进信息的流通与共享，并为数据驱动的决策提供有力支持。

章节总结

1. 获取数据：首先，需要从各种数据源（如数据库、Excel文件、网页等）中收集财务数据，这是整个分析过程的基础，确保数据的准确性和完整性至关重要。

2. 报表数据获取与整理：在获取数据后，需要对数据进行进一步的整理和清洗，这包括去除重复项、处理缺失值、纠正错误数据等，以确保数据的质量和一致性。

3. 整理数据：此步骤进一步细化数据的预处理工作，包括数据格式化、数据排序、数据分组等，以便后续的数据分析和建模。

4. 建立数据模型：在准备好数据后，需要创建一个数据模型，这个模型是数据分析和可视化的基础结构，它定义了数据的组织方式、关系以及度量指标等。在Power BI中，可以通过创建表、关系、度量值等元素来构建数据模型。

5. 报表数据建模：在建立数据模型后，开始进行报表数据建模，这包括根据业务需求和分析目标，对模型中的数据进行进一步的处理和转换，如添加新的列（可能是通过计算得出的指标）、新建度量值等。

6. 报表数据可视化：在完成数据建模后，将使用Power BI的可视化工具来展示数据，这包括选择适当的图表类型（如柱状图、折线图、饼状图等）、配置颜色、设置标题和轴标签等，以清晰地传达数据的含义和趋势。

7. 报表美化：除了基本的可视化，还需要对报表进行美化处理，以提高其可读性和吸引力，这包括调整布局、添加背景图像、使用主题和样式等。

8. 报表发布：将制作好的报表发布给相关人员，如管理层、股东、投资者等，这可以通过

Power BI Service 实现，允许用户随时访问和分析报表数据。

整个流程强调了从数据获取到报表发布的完整过程，以及每个步骤在报表分析中的重要性。通过使用 Power BI，可以更加高效地处理和分析财务数据，以支持业务决策和战略规划。

课后练习题

一、单项选择题

1. 在"添姿衣饰"案例中，下列属于事实表的是（   ）。
   A. 产品信息表　　　　B. 销售表　　　　C. 日期表　　　　D. 门店信息表

2. 为了便于数据建模和数据分析，Power BI 将数据表分为（   ）两类。
   A. 一维表和二维表　　　　　　　　　B. 一维表和事实表
   C. 二维表和维度表　　　　　　　　　D. 维度表和事实表

3. Power BI 文件的扩展名是（   ）。
   A. xlsx　　　　　B. docx　　　　　C. pbix　　　　　D. pptx

4. Power BI 整理数据是在集成的（   ）程序中完成的。
   A. Power Map　　　　　　　　　　　B. Power View
   C. Power Query　　　　　　　　　　D. Power Pivot

5. 某日期表的"月"字段类型为文本型，其值包括"3月""5月""1月""10月"，若对"月"字段以升序排序，则排序后的结果为（   ）。
   A. 1月，3月，5月，10月　　　　　　B. 1月，10月，3月，5月
   C. 3月，5月，10月，1月　　　　　　D. 10月，1月，3月，5月

6. 将日期表的"月"字段值（如"12月"）拆分成数字和文字两列，本项目中采用的拆分方法是（   ）。
   A. 按位置　　　　B. 按字符数　　　　C. 按分隔符　　　　D. 按数字

7. （   ）通常用于突出显示可视化分析的关键数据。
   A. 折线图　　　　B. 卡片图　　　　C. 切片器　　　　D. 条形图

8. 下列哪项不是 Power BI 中数据建模的关键步骤？（   ）
   A. 清理和转换数据　　B. 建立数据关系　　C. 编写度量值　　D. 创建数据可视化

9. 在 Power BI 中，进行财务报表分析的第一步通常是（   ）。
   A. 创建数据模型　　　B. 设计报表页面　　　C. 导入数据　　　D. 发布报表

10. 在 Power BI 中，为了分析不同年份或季度的运营数据，应使用哪种控件？（   ）
    A. 仪表板　　　　B. 切片器　　　　C. 过滤器　　　　D. 矩阵

二、多项选择题

1. 在"添姿衣饰"案例中，下列属于维度表的是（   ）。
   A. 销售表　　　　B. 产品信息表　　　　C. 日期表　　　　D. 门店信息表

2. Power BI 中，下列关于事实表的说法正确的是（   ）。
   A. 事实表一般含有多列数值类型的数据　　B. 事实表一般仅含有一列数值类型的数据

C. 事实表的数据通常较多　　　　　　　D. 事实表的数据通常较少

3. Power BI 的数据类型有（　　）。

A. 小数　　　　　　B. 整数　　　　　　C. 数组　　　　　　D. 日期

4. Power BI 中整理数据的方法有（　　）。

A. 筛选　　　　　　B. 填充　　　　　　C. 替换　　　　　　D. 转置

5. 下列关于度量值的说法正确的是（　　）。

A. 度量值是用 DAX 公式创建一个虚拟字段的数据值

B. 度量值通常取自维度表

C. 度量值不改变源数据

D. 度量值可以改变数据模型

6. 下列关于切片器的说法正确的是（　　）。

A. 切片器不是报表中的一种可视化图形元素　　B. 切片器本身不为了展示数据

C. 切片器是展示数据时的各种维度选择　　　　D. 通过切片器可以实现数据的动态展示

7. 以下哪些是在 Power BI 中处理财务数据时的常见步骤？（　　）

A. 数据导入　　　　B. 数据清洗　　　　C. 数据建模　　　　D. 数据可视化

8. Power BI 中的 DAX 表达式可以用于哪些目的？（　　）

A. 计算复杂财务指标　　B. 过滤和排序数据　　C. 创建数据关系　　D. 编写自定义度量值

三、判断题

1. 维度表的主要特点是包含类别属性信息，且数据量较小。（　　）

2. 数据建模也叫数据清理或数据清洗，是指通过各种方法将获取的数据整理成正确的数据格式和内容。（　　）

3. 数据清洗之前通常要先获取数据。（　　）

4. Power BI 只能从 Excel 工作簿中获取数据。（　　）

5. 数据建模就是建立维度表和事实表之间关系的过程。（　　）

6. 在 Power BI 中，若只导入一张数据表，也需要数据建模。（　　）

7. 在 Power BI 中，度量值可以说是 Power BI 数据建模的核心。（　　）

8. Power BI 可以自动完成所有财务报表分析的工作，无须用户干预。（　　）

9. Power BI 的报表页可以包含多个可视化对象，并且可以通过书签进行页面间的跳转。（　　）

10. 在进行财务数据分析时，数据清洗和转换是确保分析结果准确性的重要步骤。（　　）

四、思考题

1. 简述维度表和事实表有何区别。本项目案例中哪些表属于维度表，哪些表属于事实表？

2. Power BI 商业智能分析的一般处理流程是什么？

3. 在对本项目案例进行数据可视化时，用到了哪些可视化元素，它们的作用是什么？

五、实训题

完成本项目的学习后，请将图 2-63 中的报表显示结果重新设计，包括选择新的可视化元素、重新排列位置、更改显示颜色等。

第三章
财务报表分析概述

学习目标

知识目标

1. 明确财务报表分析的重要性；
2. 了解财务报表分析的工作职责与要求；
3. 掌握财务报表分析的目的；
4. 掌握财务报表分析的主要内容、报表反映的企业经济活动以及它们之间的关系；
5. 掌握财务报表分析的4种基本方法。

技能目标

1. 明白财务报表分析的具体步骤和遵循的主要原则，能将具体的分析原则运用于工作中；
2. 掌握财务报表分析的主要方法，能根据项目、任务的需要简单计算基本指标；
3. 熟悉分析框架与路径，了解以不同信息使用者需求为导向的财务报表分析框架。

素养目标

1. 培养多角度思维能力，从多角度认识财务数据体现的企业经营状况，发展逻辑思维、辩证思维和创新思维；
2. 培养爱岗敬业的工作态度，树立职业荣誉感。

案例导入

2019年5月17日，中国证监会发布了对康美药业的调查进展，称康美药业在2016年至2018年的财务报告中存在重大虚假问题，连续三年虚增货币资金总金额高达887亿元。这一事件的背后涉及企业的诚信，但最重要的还是财务管理的严格性。财务信息是反映企业经营状况的重要信息，财务造假事件的发生，与企业财务管理不规范、审核失误等因素有关。在我国证券市场上企业财务造假事件屡见不鲜，从2001年的"蓝田事件"到2019年发生的"康美药业财务造假事件"中都可以看到财务造假的危害性，不仅给投资者带来了巨大的损失，还破坏了资本市场的公平性和透明性。这也更加体现了财务真实和规范的重要性，做好财务报表分析工作，可以正确评价企业的财务状况、经营成果和现金流量情况，揭示企业未来的报酬和风险。

章节导图

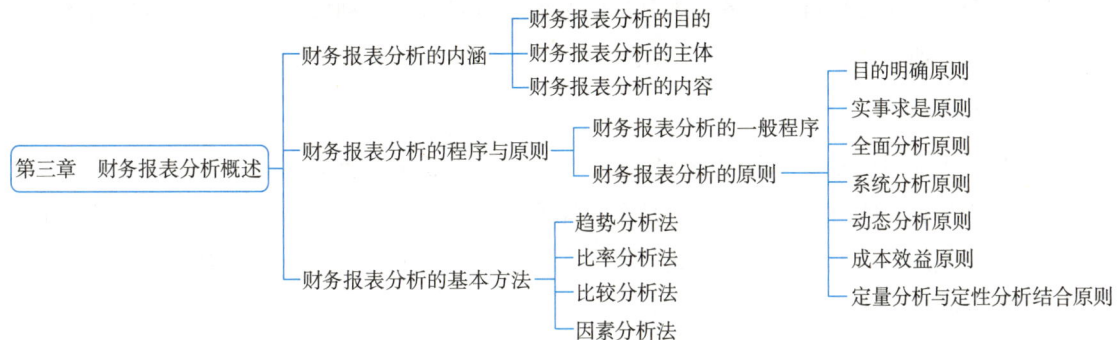

过程实施

第一节 财务报表分析的内涵

财务报表分析是以企业的财务报表和其他资料为基本依据，采用专门的分析工具和方法，对其提供的数据和信息进行加工、分析、比较、评价和解释的过程，从而帮助财务报表使用者认识企业活动的特点，了解企业的财务状况、经营成果和现金流量。

一、财务报表分析的目的

财务报表分析的目的主要有两个，即基本目的和一般目的，其中基本目的主要是将财务报表数据转换成有用的信息，为决策提供有用的财务信息。而一般目的主要包括以下4个。

（一）了解企业经营现状

通过分析企业的历史财务数据，帮助企业了解自身的经营情况和经济效益，为企业的管理层提供决策支持。

（二）识别财务问题和风险

通过对财务报表进行分析，可以发现企业潜在的财务问题，如流动性风险、信用风险等，为企业的管理者提供预警信息，也为未来的改进建议提供方向。

（三）预测未来发展趋势

通过对企业历史财务信息进行深入分析和对当前情况进行评估，管理者掌握的企业财务信息有助于预测企业的未来发展和可能面临的挑战，从而为企业提供更好的发展决策。

（四）优化财务管理和决策

通过多维度的财务报表分析，管理者可以更好地掌握企业财务状况，从而根据企业未来的发展方向进行调整，帮助企业构建有效的财务规划，并通过监控财务活动和实施改善措施实现财务效率的提升。

二、财务报表分析的主体

财务报表分析的主体即进行财务报表分析的个人或组织，因其利益关注点、分析目的和所需信息深度的不同而有所差异，主要包括以下几类。

（一）投资者

投资者是向企业提供权益资金的经济组织或个人，对于股份制企业而言，投资者也就是企业的股东。投资者既是企业收益的获得者，也是企业风险的最终承担者，他们关心的内容主要包括企业的收益能力、偿债能力以及风险等，在此过程中他们需要根据企业的财务报表提供的财务信息了解分析企业的财务状况，主要包括以下3个方面。

（1）分析企业的获利能力、经营业绩，以及收益是否容易受重大变动影响，从而做出合理的投资决策。

（2）分析企业偿债能力，了解企业的理财环境，判断企业能否以较低的成本筹集到更多的资金，把握有利的投资机会。

（3）分析企业的资本结构，评价企业财务风险及对应的报酬是否匹配。

（二）债权人

债权人即借款给企业并得到企业还款承诺的机构或个人。企业的债权人分为贷款债权人和商业债权人两类。其中，贷款债权人是通过借出款项而成为的债权人，因此他们最关心的是债权的安全，包括贷款到期的收回和利息的偿付；而商业债权人最关心的是企业准时偿还贷款的能力，因此他们需要了解企业的偿债能力，即资产的状况及变现的能力，具体而言，他们对企业财务报表进行分析时主要目的在以下几个方面。

（1）通过对企业营运资金的分析，了解企业的短期偿债能力，判断企业能否按期偿还借款。

（2）通过对资本结构的分析，了解企业所有者权益对长期债务的保障，从而评估企业的长期偿债能力。

（3）分析企业的获利能力，了解企业债务偿付的保障程度。

（三）管理者

管理者是指被企业所有者聘用、对企业资产和负债进行管理的个人组成的团体，也称为"管理当局"。管理者与所有者存在委托代理的关系，其报酬与企业的经营管理状况息息相关，因此管理者更为关注受托责任的履行情况以及企业的经营状况，通过对财务报表相关资料的分析和研究，并与计划、同行业水平等标准进行对比，对企业的财务状况做出客观、合理的评价，发现企业生产经营过程中存在的问题，以便采取各种有效措施应对，更好地履行企业"掌舵人"的职责。

（四）政府管理机构

政府管理机构也是企业财务报表的使用人，主要包括税务部门、工商管理部门、财政部门、证券管理机构以及会计监管机构等。这些政府管理机构对企业财务报表进行分析主要有两个方面：一方面是为了了解企业的财务信息，从宏观经济管理角度考虑行业总体经济发展状况；另一方面是从市场和企业经济行为监督管理角度出发，规范企业经营行为，保护营商环境。

（五）其他企业相关人员

其他企业相关人员包括企业员工、中介机构等，根据不同的角色有不同的分析目的，如企业员工对企业财务报表进行分析可以更好地了解企业经营状况，进而做好职业规划。

三、财务报表分析的内容

财务报表分析的主体不同，其分析的内容也有所不同。从企业财务报表构成来看，财务报表主要包括资产负债表、利润表、现金流量表、所有者权益变动表及财务报表附注。从企业总体来讲，财务报表分析的内容主要包括资产负债表分析、利润表分析、现金流量表分析、所有者权益变动表分析、财务报表附注分析、财务综合分析等。

（一）资产负债表分析

资产负债表的分析主要包括资产负债表趋势分析、结构分析、企业偿债能力分析和资产管理能力分析等。对企业资产负债表的趋势变动分析和结构变动分析，可以了解企业资产、负债以及所有者权益的占比结构，了解企业资产结构和资本结构变动情况；对企业的偿债能力和资产管理能力等方面的情况进行分析，可判断企业采用的经营策略和模式，有利于财务人员更好地掌握企业的基本经营状况，为接下来的决策或财务审计等方面的工作打下基础。

（二）利润表分析

利润表分析主要包括对利润变动趋势的分析以及对企业盈利能力的分析等。通过对利润表各项目的变动趋势进行分析，可以了解企业的收入、成本费用以及利润的发展变动情况，了解企业的经营策略，以及其未来发展趋势；通过对反映企业盈利情况的指标进行计算，如毛利率、净利率、净资产收益率等指标，判断企业的盈利能力，同时结合企业营业增长率、资本保值增值率等指标，有利于更好地了解企业的发展能力。

（三）现金流量表分析

现金流量表分析的主要内容包括现金流量表变动趋势分析、结构分析、企业获现能力分析等。通过分析现金流量各项目变动趋势以及现金流量总规模的变动趋势，可以了解到企业的经营业务特点以及特定时期企业流量的发展趋势；对现金流入与流出的结构进行分析，有利于评价企业的财务状况；此外，现金往往还与偿债能力有较大的关系，可以从现金流量的角度计算相应财务指标，如现金比率、现金到期债务比率等，判断企业能否偿还到期债务、支付现金股利以及进行必要的内部投资。

（四）所有者权益变动表分析

所有者权益变动表反映的是一定时期所有者权益的变动情况。对所有者权益变动表进行分析可以了解所有者权益变动的原因以及企业股利分配政策的特征。所有者权益变动表有一部分是外部投资者投入，具体数据通过"股本或实收资本""资本公积""其他综合收益"等项目实现，若企业的发展是靠外部投入，那么这些项目金额较大。具体数据通过"盈余公积""未分配利润"体现，若企业自身经营良好，则这些项目的金额较大。

（五）财务报表附注分析

财务报表附注是财务报表不可缺少的一部分，是对财务报表无法提供的，与企业财务状况、经营成果和现金流量相关的公开重要信息所做的进一步补充说明。随着新时代的发展，企业的经营活动和经营环境逐渐复杂，财务报表中的数据具有较高的概括性，而财务报表附注可以起到对重要信息进行补充说明的作用，使财务报表使用者能更深入地了解企业经营情况及财务状况，从而做出正确的判断和决策。

（六）财务综合分析

财务综合分析是利用杜邦财务分析体系和沃尔评分法等财务综合分析的方法，在财务单项指标分析的基础上，从企业整体出发，全面、系统地对企业的财务状况和经营成果进行综合分析评价，最后得出综合分析结论。

第二节 财务报表分析的程序与原则

一、财务报表分析的一般程序

研究制定合理、正确的工作流程是进行财务报表分析的基础和关键，因此财务报表分析应遵循一定的规程，此过程也可以借助分析工具进行，如本书中就是借助 Power BI 工具对财务数据进行分析。财务报表分析的一般步骤如下。

（一）确定分析标准

财务报表分析的主体不是单一的，因此，在正式开始财务报表分析前，应当先明确站在何种立场以及以何种标准进行分析比较。财务报表分析注重比较分析，在此过程中需要有一个客观的标准，其实质是从不同的侧面进行比较的参照物，有标准才能进行对比，更客观地确定企业的财务状况和经营成果。在实际工作中，分析主体可以根据分析的目的分析企业的实际状况，选择适当的分析标准，如历史标准、行业标准、预算标准等。

（二）确定分析目标

不同的主体对财务报表进行分析的目的有所差异，因此，明确分析目的和主体尤为关键。只有目的明确，才能避免财务报表分析工作的盲目性，从而提高工作效率。另外，在确定分析目的和主体后，还需要进一步明确通过分析要解决的主要问题，进而以此为方向进行针对性的分析。例如，长期投资者对企业财务报表进行分析主要是为了做出更为正确的投资决策；而企业管理者对企业的财务报表进行分析主要是为了全面了解企业经营活动情况，以便采取更有力的管理措施，提高企业经营效益。

（三）制定财务报表分析方案

制定财务报表分析方案是进行财务报表分析的重要阶段，在分析目标明确后，需要根据分析目的、分析工作量以及分析问题的难易程度等各因素制定出适宜的方案。例如，对财务报表的分析是协作进行还是分工负责，分析的项目工作如何分配、进度如何安排等内容，及时明确落实各部门的责任，使财务报表分析工作能够在科学的计划之下按步骤、高效率地进行。

（四）收集数据信息

收集数据资料是保障财务报表分析工作顺利进行的一项基础性程序，需要根据已确定的分析方案及分析任务，确定范围进行收集。一般需要收集企业的四大报表及附注，需要注意的是，企业财务报表提供的信息只能反映经济活动在某一时期的结果，不能全面地反映经济活动的全过程，因此，在收集数据信息时，还需要收集其他资料，如企业背景、企业文化、企业的财务会计政策以及与企业内外部环境变化相关联的信息。

（五）核实并整理信息资料

核实资料的目的是保证资料的真实可靠及准确无误。对收集的信息资料进行核对时需要仔细阅读企业提供的财务报表，核对财务报表提供的信息是否反映了真实情况。对于企业内部分析，发现资料与事实不符的部分需要反复核对，寻求真实完整的信息，防止出现差错；对于企业外部分析，因为核对起来较为困难，所以需要借助其他资料，如注册会计师的审计报告。

整理资料则是分析人员根据分析目的进行选择和修正，便于分析人员理解并进行后续分析的过程。在整理资料的过程中需要做好分类工作，然后对于重复及过时的资料进行剔除，减少后续分析过程的耗时，保证分析的质量和效率。

（六）确定财务报表分析方法并进行分析

分析方法是决定分析质量的重要因素，应根据分析的目标、内容和重要性来选择合适的分析方法。可供选择的方法有因素分析法、比较分析法、比率分析法等。对于局部的财务报表分析可以选择其中一种方法进行，对于全面的财务报表分析可以将多种分析方法相结合。在确定好分析方法后，利用相应的分析方法，寻找各数据之间的因果关系，联系企业客观环境，解释形成现状的原因，查找经营失误的原因。在此过程中可以借助大数据分析工具的力量，本书主要介绍了 Power BI 工具在财务报表分析中的应用，利用 Power BI 可以将已收集的数据导入，进行数据分析、建模、可视化等操作，将数据转换成可直观感受的信息。但在此过程中还需要考虑行业情况，与同行企业进行比较，评估企业在行业中的竞争地位和表现，最后对企业经营活动和财务状况做出客观科学的评价。

（七）撰写财务报表分析报告

根据对财务报表的分析结果，撰写财务报表分析报告。在分析完成后，需要对分析报表的时间、采用的分析方法等内容进行说明，将分析内容及观点进行概括，包括对企业财务状况、盈利能力和偿债能力的分析和评价。最后，在此基础上总结经验，发现不足，提出改进建议，提交给信息使用者，帮助信息使用者做出相关判断和决策。

二、财务报表分析的原则

（一）目的明确原则

目的明确原则是指在进行财务报表分析时，应当清楚地理解分析目的，即要解决的问题。在目的尚未明确时，无法找准分析的方向，即使计算机和数据库技术的发展使分析的工作量大为减少，整个分析过程也流于形式。财务报表分析的过程可以理解为解决问题或寻找答案的过程，因此财务报表分析需要有意义或目的明确。

（二）实事求是原则

实事求是中的"实事"就是客观存在的一切事物，"求"即研究和探索，"是"是指客观事物内在的必然联系。实事求是原则是指在财务报表分析时应从实际出发，以客观事实为依据，不以主观偏见和臆测或理论设想作为分析依据，不受主观臆断的影响，客观地看待企业的财务报表提供的信息。

（三）全面分析原则

全面分析原则是指分析者要全面地看待问题，不能片面地看待获得的信息。作为报表分析者应当同时注意财务问题与非财务问题、有利因素和不利因素、主观因素与客观因素等内容，结合不同的情况看待分析财务问题。

（四）系统分析原则

系统分析原则是指作为报表分析者应当注重各事项之间的联系，全面地看待问题。例如，分析者在对企业提供的财务信息进行分析时，应当注意局部与全局、报酬与风险、偿债能力与收益能力等因素之间的关系，从整体上把握企业的财务状况，再有层次地展开信息，逐步深入，掌握各财务数据提供的核心信息，反映企业的真实财务状况和经营活动。

（五）动态分析原则

动态分析原则是指应当发展地看问题，反对静止地看问题。例如，两个企业的收益率相同，并不表明它们的收益能力一样，动态分析原则要求对事物进行不同时段持续的"观察"，在运动中看局部和全局的关系，寻找过去和未来的联系。

（六）成本效益原则

成本效益原则是指在财务报表分析报告形成的过程中，在选择分析形式、方法和工具时需要考虑加工成本和加工后信息带来的收益，以此决定报告信息是否加工或加工的深度。财务报告信息的分析是需要成本的，尽管无法准确地计量投入工作量与获得的效益比例是否合适，但在进行财务报表分析时，仍然需要对成本与效益进行衡量。

（七）定量分析与定性分析结合原则

定性分析是定量分析的基础，而定量分析是财务报表分析的主要手段和工具。定量分析和定性分析在财务报表分析中不可缺少，没有定性分析就无法判断事项的本质与其他事项之间的联系，而缺少定量分析则无法了解事项发展的数量界限。在面对如今复杂多变的外部环境时，对财务报表分析要透过现象看本质，就需要将定性分析与定量分析有机结合，以得出科学、合理的评价。

第三节 财务报表分析的基本方法

财务报表分析方法是进行财务报表分析的方式和手段，要达到财务报表分析的目的，就必须掌握各种财务报表分析方法，并能在财务报表分析工作中正确地选择和有效地运用。财务报表分析主要包括趋势分析法、比率分析法、比较分析法、因素分析法。

一、趋势分析法

趋势分析法又被称为"水平分析法"，是指通过对有关指标的各期相对于基期的增减变动方向、数额情况，计算出趋势百分比，揭示企业财务状况和经营成果的变化与发展趋势的一种方法。趋势分析法是财务报表分析方法中最基本、最主要的方法，其运用主要是通过编制比较财务报表进行。由于趋势百分比的分析均以基期为计算基础，在选择基期数据时，应当选择具有代表性或正常性的数据和条件，其计算公式为

$$趋势百分比 = \frac{分析期数值}{基期数值} \times 100\% \quad (3-1)$$

【工作任务】图 3 - 1 为 S 企业本月的销售业绩走向，若以本月上旬销售业绩数量为基期，请分别计算本月中旬和下旬的趋势百分比，结果保留两位小数（单位：万元）。

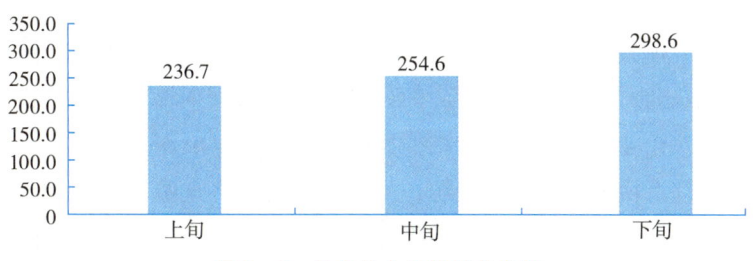

图 3 - 1　S 企业本月的销售业绩

分析这一问题，已知趋势百分比的计算公式为：$趋势百分比 = \frac{分析期数值}{基期数值} \times 100\%$，则可以分别计算本月中旬和下旬的销售趋势百分比：

$$本月中旬的销售趋势百分比 = \frac{254.6}{236.7} \times 100\% = 107.56\%$$

$$本月下旬的销售趋势百分比 = \frac{298.6}{236.7} \times 100\% = 126.15\%$$

二、比率分析法

比率分析法是指利用两个指标的某种关联关系，通过计算二者的比率来评价财务活动状况，了解企业发展前景的分析方法。财务比率分析通常需要建立在一套比率指标体系基础上，由于各种比率的计算方法各不相同，最后计算出的指标分析目的和所起作用也各不相同。比率分析的指标通常分为三大类，即效率比率、相关比率、结构比率。

（一）效率比率

效率比率是指某项财务活动中所费与所得的比率，反映投入与产出的关系。报表中常用的效率比率有营业利润率、总资产报酬率、成本费用率等，利用效率比率指标，可以进行得失比较，考察经营成果，评价经济效率。

（二）相关比率

相关比率是指同一时期财务报表中两项相关数值的比率，一般包括反映偿债能力的比率，如流

动比率、速动比率、资产负债率、权益乘数等;反映营运能力的比率,如存货周转率、应收账款周转率、流动资产周转率等;反映盈利能力的比率,如净资产收益率、总资产报酬率、销售利润率、成本费用利润率等;反映现金流动能力的比率,如现金比率、经营活动现金流量与净利润比率、现金负债比率等。

(三) 结构比率

结构比率是指财务报表中个别项目数值与全部项目综合的比率。选择既定的某一项目作为分母,也就是总体指标数,然后在此基础上计算其他项目在总体指标数中所占的比例,以揭示财务报表中各项目的相对地位和总体结构关系。在此过程中,个体项目占总体指标比率的增减变动,是对一段时间内经营状况及财务成果的重要反映,也能直观地反映出经济发展中的某种趋势和规律。其计算公式为

$$结构比率 = \frac{某个构成部分数值}{总体数值} \times 100\% \qquad (3-2)$$

这样计算出来的比率也可以称为"构成比率",如在财务报表分析中的流动资产占总资产的百分比,即流动比率,以及非流动资产占总资产的百分比,反映资本结构;流动负债和长期负债分别占总负债的百分比,反映企业的负债结构。结构比率一方面可以反映总体中某个部分的形成和占比是否安排合理,以便管理者协调各项财务资源;另一方面通过将这些比率分别与目标数、上期或历史数、与同行业平均数等进行对比,可以反映企业的财务状况及经济活动的变化情况。

【工作任务】Y 公司的有关资料如表 3-1 所示,请根据下表提供的信息计算上年及本年的流动资产占总资产的结构比率,计算结果保留两位小数。

表 3-1 Y 公司本年与上年流动资产数额　　　　　　　　　　　单位:万元

	上年	本年
流动资产	13250	13846
总资产	36592	36876

分析这一问题,根据结构比率的公式可以计算上年及本年的流动资产占总资产的结构比率,计算过程如下:

$$上年的流动资产占总资产的结构比率 = \frac{13250}{36592} \times 100\% = 36.21\%$$

$$本年的流动资产占总资产的结构比率 = \frac{13846}{36876} \times 100\% = 37.55\%$$

三、比较分析法

比较分析法通常把两个相互联系的指标数据进行比较,从数量上展示和说明研究对象规模的大小、水平的高低、速度的快慢以及各种关系是否协调。比较分析法按照比较参照标准分类,可分为趋势分析、同行业比较分析、预算比较分析等;比较分类法按比较的指标分类,可分为总量指标比较分析、财务比率指标分析、结构百分比比较分析等。财务报表比较分析的主要内容有四个方面:期末数与期初数比较,以说明项目增减变化与得失;本期数与前期数比较,以分析项目增减变化趋势;本企业某指标数据与行业平均水平、国内外先进水平比较,以分析企业的地位和竞争能力;本

期实际数与预算数比较，以便考核预算或计划的完成情况。

四、因素分析法

因素分析法是通过分析影响财务指标的各项因素，并计算其对指标的影响程度，以说明本期实际与计划或基期相比，财务指标发生变动或差异的主要原因的一种分析方法。因素分析法一般适用于多种因素构成的综合性指标的分析，如成本、利润、资产周转率等，而进行因素分析最常用的方法是连环替代法和差额计算法。

（一）连环替代法

连环替代法是指将综合经济指标分解成各个可计量的因素，根据因素之间的联系，依次检验各因素对综合经济指标的影响程度的方法，其计算分析的程序主要有以下四个步骤。

1. 分析指标体系，确定分析对象

根据影响某项综合经济指标完成情况的因素，按照其依存关系将综合经济指标的基数和实际数分解为两个指标体系，并将该指标的实际数与基数进行比较，计算出实际数与基数之间的差异，即为分析对象。

2. 依次替换，计算替代结果

以基数指标体系作为计算基础，用实际指标体系中每项因素的实际值依次替代其基数值，在每次替代后，被替代的实际值需要保留下来，有几个因素就替代几次，每次替代后计算出由于该因素变动所得的结果。

3. 比较替代结果，确定影响程度

将每次替代所计算的结果，与这一因素被替代所计算的结果进行比较，两者的差额就是这一因素变化对综合经济指标差异的影响程度。

4. 加总影响数值，验算分析结果

将各个因素的影响数值相加，其代数和应与综合经济指标的实际数与基数的总差异相符，据此检验分析结果是否正确。

连环替代法的具体应用操作如下。

假定某综合经济指标 X 由相互联系的 a、b、c 三个因素构成，计划指标和实际指标的关系式如下。

$$计划指标：X_0 = a_0 \times b_0 \times c_0$$
$$实际指标：X_1 = a_1 \times b_1 \times c_1$$

将实际指标和计划指标进行对比，发生的差异额假定为 Y，则

$$分析对象为 X_1 - X_0 = Y$$

综合经济指标可能受 a、b、c 三个因素变动影响，按顺序依次替代并计算替代结果。

$$计划指标：X_0 = a_0 \times b_0 \times c_0 \quad ①$$
$$第一次替代：X_2 = a_1 \times b_0 \times c_0 \quad ②$$
$$第二次替代：X_3 = a_1 \times b_1 \times c_0 \quad ③$$

第三次替代即实际数：$X_1 = a_1 \times b_1 \times c_1$ ④

计算各变动因素对差异额 Y 的影响程度：

②－①，即 $X_2 - X_0$，是由于 a 发生变化而引起的差异；

③－②，即 $X_3 - X_2$，是由于 b 发生变化而引起的差异；

④－③，即 $X_1 - X_3$，是由于 c 发生变化而引起的差异。

以上各因素变化引起的差异合计应等于分析对象 Y，即

$$(X_2 - X_0) + (X_3 - X_2) + (X_1 - X_3) = X_1 - X_0 = Y$$

【工作任务】云普有限责任公司成立于1980年，主要生产经营茶叶等产品，企业品质优良，在国内市场占有率较高，在同行业中具有较强的竞争力。云普有限责任公司2022年甲产品A材料费用消耗的计划和实际资料如表3－2所示，请采用连环替代法分析其各因素对材料费用变动的影响程度。

表3－2　云普有限责任公司2022年甲产品A材料费用消耗情况

项目	计划数	实际数
产品产量（件）	400	440
单位产品材料消耗量（千克）	20	18
材料单价（元）	10	14
材料费用总额（元）	80000	110880

分析这一问题，根据表3－2中资料显示，该公司甲产品A材料费用总额较计划数增加了30880元。运用连环替代法分析各因素对材料费用变动的影响程度如下。

计划指标：$400 \times 20 \times 10 = 80000$（元）　　　　　①

第一次替代：$440 \times 20 \times 10 = 88000$（元）　　　　②

第二次替代：$440 \times 18 \times 10 = 79200$（元）　　　　③

第三次替代：$440 \times 18 \times 14 = 110880$（元）　　　④

②－①，产品产量变动对材料费用变动的影响为8000元。

③－②，单位产品材料消耗量变动对材料费用变动的影响为－8800元。

④－③，材料单价变动对材料费用变动的影响为31680元。

全部因素的总影响 ＝ 8000 － 8800 ＋ 31680 ＝ 30880（元）

（二）差额计算法

差额计算法是连环替代法的简化形式。它是先计算出各因素变动后的差额，即确定分析对象，然后仍按一定的替换顺序，直接计算出各因素变动对综合经济指标的影响程度。该方法的运用操作程序与连环替代法基本相同，只是不需要再列出替代过程。差额分析法的基本原理如下。

确定分析对象：$X_1 - X_0 = Y$

a 因素变动的影响：$A = (a_1 - a_0) \times b_0 \times c_0$

b 因素变动的影响：$B = a_1 \times (b_1 - b_0) \times c_0$

c 因素变动的影响：$C = a_1 \times b_1 \times (c_1 - c_0)$

各因素变动综合影响：$A + B + C = Y$

【工作任务】接上个工作任务，根据云普有限责任公司报告期内甲产品A材料费用消耗的计划

和实际资料，采用差额计算法对云普有限责任公司甲产品 A 材料消耗变动情况进行分析。

产品产量变动对材料费用变动的影响：（440 − 400）×20×10 = 8000（元）

单位产品材料消耗量变动对材料费用变动的影响：440×（18 − 20）×10 = −8800（元）

材料单价变动对材料费用变动的影响：440×18×（14 − 10）= 31680（元）

各因素变动综合影响：8000 − 8800 + 31680 = 30880（元）

章节总结

本章的内容主要是让学生对财务报表有基本的认识，为后期利用大数据工具进行财务报表分析打下基础。

本章首先介绍了对财务报表进行分析的原因，即财务报表分析的目的，以及分析过程中涉及的主体和内容。在对财务报表有基本认识后，其次介绍了如何对财务报表进行分析以及分析过程中的原则。最后详细介绍了财务报表分析的具体方法，主要包括趋势分析法、比率分析法、比较分析法以及因素分析法，在此过程中还涉及了例题，通过例题更容易理解具体分析方法。

课后练习题

一、单项选择题

1. A 企业本月资产负债表中显示流动负债为 120 万元，总负债为 400 万元，则 A 企业本月流动负债占总负债的结构比率为（　　）。

   A. 15%　　　　　　B. 22%　　　　　　C. 30%　　　　　　D. 35%

2. 流动比率属于比率分析法中的（　　）分析指标。

   A. 相关比率　　　　B. 效率比率　　　　C. 结构比率　　　　D. 资产比率

3. 企业的财务报表主要包括资产负债表、利润表、现金流量表、所有者权益变动表以及（　　）。

   A. 材料费用表　　　B. 成本费用表　　　C. 财务报表附注　　D. 财务费用表

4. 下列关于财务报表附注的表述中，不正确的是（　　）。

   A. 附注中包括财务报表重要项目的说明

   B. 对未能在财务报表中列示的项目在附注中说明

   C. 如果没有需要披露的重大事项，企业不必编制附注

   D. 附注中包括会计政策和会计估计变更以及差错更正的说明

二、多项选择题

1. 财务报告包括哪几项内容？（　　）

   A. 资产负债表　　　　　　　　　　　B. 利润表

   C. 现金流量表　　　　　　　　　　　D. 所有者权益变动表

2. 财务报表分析的基本方法包括哪些？（　　）

   A. 比较分析法　　　B. 因素分析法　　　C. 趋势分析法　　　D. 结构分析法

3. 进行因素分析时最常用的方法包括（　　）。

A. 连环替代法　　　　B. 趋势分析法　　　　C. 差额计算法　　　　D. 结构分析法

4. 下列选项中说法正确的有（　　）。

A. 结构分析法揭示财务报表中各项目的相对地位和总体结构关系，部分与整体之间的关系

B. 效率比率通常反映投入与产出的关系

C. 趋势分析可以反映有关指标的各期相对于基期的增减变动方向、数额情况

D. 财务报表分析原则中的动态分析原则是指分析时应当以客观事实为依据，不以主观偏见和臆测或理论设想作为分析依据

5. 财务报表分析应当遵循的原则包括（　　）。

A. 定量分析与定性分析相结合原则　　　　B. 成本效益原则

C. 实事求是原则　　　　　　　　　　　　D. 全面分析原则

三、判断题

1. 财务报表附注是对在资产负债表、利润表、现金流量表和所有者权益变动表等报表中列示项目的文字描述或明细资料，以及对未能在这些报表中列示项目的说明等。（　　）

2. 公司董事会通过利润分配方案拟分配现金股利，不需进行账务处理，但应在报表附注中披露。（　　）

第四章
资产负债表分析

学习目标

知识目标

1. 了解资产负债表的结构和内容；
2. 了解资产负债表分析的目的、内容以及类型；
3. 掌握资产负债表趋势分析要点；
4. 掌握资产负债表结构分析要点；
5. 掌握资产负债表项目质量分析要点。

技能目标

1. 能根据资产负债表相关数据进行比较趋势、定比趋势和环比趋势分析；
2. 能根据资产负债表相关数据进行资产负债表横向、纵向分析。

素养目标

1. 培养数据分析能力；
2. 树立质量意识，提高企业各项资产的质量；
3. 培养严谨细致的工作态度，养成精益求精的工匠精神。

案例导入

长航凤凰重组"卡壳"

截至 2017 年 6 月 17 日，长航凤凰的重组再次"卡壳"。这次重组方就是公司目前入案的大股东天津顺航海运有限公司，失败的一个重要原因是北京长城民星城镇化建设投资基金、中信银行天津分行、中银国际证券有限公司三家债权人达成债务和解的问题未能有效解决。回顾公司的上一次重组：公司曾于 2015 年 12 月 4 日发布重组预案，称公司拟以全部资产及负债与港海建设集团全体股东持有的港海建设 100% 股权进行等值资产置换，差额部分拟由公司以发行股份方式购买，但最终还是"落花有意，流水无情"。长航凤凰两次重组都困难重重，原因何在？

长航凤凰全称为"长航凤凰股份有限公司"，是中国内河经营干散货专业化运输规模最大，江、海、洋全程物流实力最强的企业，母公司为中央直管企业中国长航（集团）总公司。公司在宁波、上海、南京、徐州、芜湖、重庆等城市，沿江、沿河、沿海主要港口及境外设有分支机构30多家，建立了辐射长江流域和南北沿海的揽货网络及中转配送服务体系。

昔日在长江内河领域称霸的长航凤凰在遭遇市场环境变化、产能过剩、业绩亏损等危机后，已经从近万人的大型国企缩减为只有484人的小公司。

资料显示，由于航运业持续低迷，长航凤凰经营不善，经营业绩持续下降，该公司自2013年12月27日就开始停牌，一度停牌近两年，两年中先后经历了退市危机和债务重整。我们把目光聚焦在企业为何发展到如此步履蹒跚的境地。其实公司在停牌前就已经成了"垃圾股"。2011年、2012年和2013年连续亏损，2011年期末资产负债率达到97%，2012年资产负债率更是达到了110%，企业到了资不抵债的地步。2013年长航凤凰的经营状况进一步恶化，亏损约45.1亿元，负债总额高达58.82亿元，净资产约为-51.99亿元，资产负债率高达861%，所欠银行贷款就达到30亿元。由此，该公司股票2013年被暂停上市，从此到了慢慢重组整合的地步，昔日的"凤凰"已无回天之力。

讨论分析：

1. 从长航凤凰案例中你能感受到什么？
2. 债务对企业有何影响？
3. 如何对资产负债表的情况进行分析？

章节导图

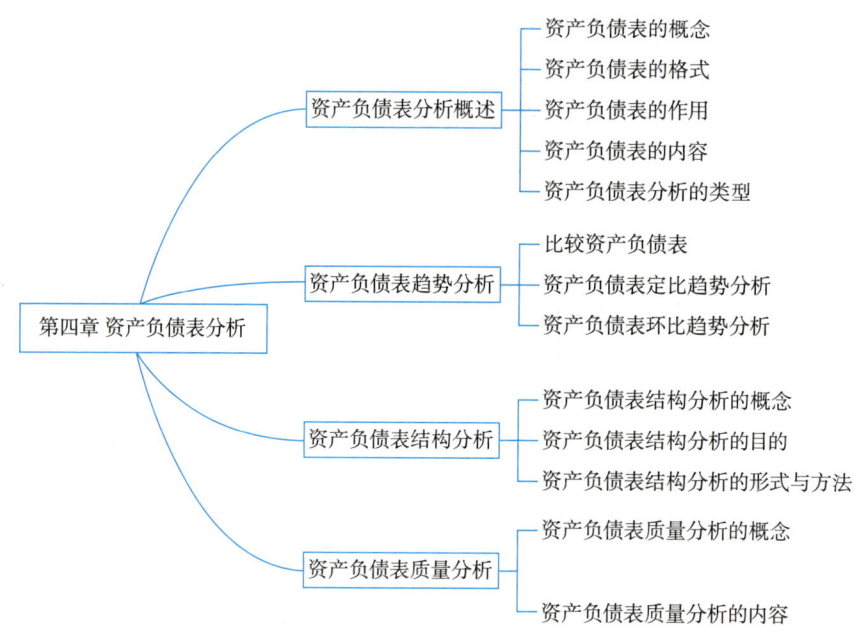

过程实施

第一节 资产负债表分析概述

一、资产负债表的概念

资产负债表亦称"财务状况表",表示企业在一定日期财务状况的主要会计报表,该报表可以帮助企业进行内部除错、把握企业经营方向、防范企业财务可能存在的弊端,也可让所有阅读者于最短时间了解企业经营状况。资产负债表的编制原理是"资产=负债+所有者权益"的会计恒等式。它既是一张平衡报表,反映资产总计(左方)与负债及所有者权益总计(右方)相等;又是一张静态报表,反映企业在某一时点的财务状况,如月末或年末。通过在资产负债表上设立"期初数"和"期末数"栏,也能反映出企业财务状况的变动情况。

二、资产负债表的格式

资产负债表一般有表首、正表两部分。其中,表首概括地说明报表名称、编制单位、编制日期、报表编号、货币名称、计量单位等。正表是资产负债表的主体,列示了用以说明企业财务状况的各个项目。资产负债表正表的格式一般有两种:报告式资产负债表和账户式资产负债表。

报告式资产负债表是上下结构,上半部列示资产,下半部列示负债和所有者权益。具体排列形式又有两种:一是按"资产=负债+所有者权益"的原理排列;二是按"资产-负债=所有者权益"的原理排列。账户式资产负债表是左右结构,左边列示资产,右边列示负债和所有者权益。不管采取什么格式,资产各项目的合计等于负债和所有者权益各项目的合计这一等式不变。

三、资产负债表的作用

资产负债表可以反映企业资产、负债、所有者权益的全貌。它能够提供丰富的信息,具有以下作用。

(1) 资产负债表中的资产项目,反映了企业各种资源的数量、结构以及企业偿还债务的能力,有助于预测企业履行支付承诺的能力。

(2) 资产负债表中的负债、所有者权益项目,揭示了企业所承担的长短期债务的数量、偿还期限,反映了企业的投资者对本企业资产所持有的权益,有助于会计信息使用者了解企业资金来源的构成,分析企业的资本结构,了解企业所面临的财务风险。

(3) 会计信息使用者通过对资产负债表的分析,可以了解企业的偿债实力、投资实力和支付实力。若把不同时期资产负债表中相同项目横向对比和不同时期相同项目纵向对比,还可以反映企业资金结构的变化情况及财务状况的发展趋向。

四、资产负债表的内容

(一) 分析企业资产的来源和构成

资产负债表资产合计数表明企业的资产规模,明细项目列示资产的构成和关系。所有者权益表明股东的投资份额和可以分配的份额，还表明企业的成长性。企业的资本公积增加了说明企业整体上增值了。表中是否列示盈余公积金和法定公积金，可以看出企业财务是否规范。负债内容块列示负债的规模和筹资方式与布局。不同的举债方式对企业的影响是不一样的。长期举债的资金成本高，还款压力小；而短期负债的资金成本低，还款压力大。资产负债表可以看出一个企业的资金状况和财务风险。银行存款和现金以及一年内到期变现的非货币性资产总量较少，表明企业的现金流存在一定问题。一个企业的负债与资产的比例过高，表明企业有较高的财务风险，甚至会有资不抵债的可能。

（二）判断企业生产经营情况

资产项目的分类和排列顺序表明了资产的构成，它们在资产总和的比例，可以反映出不少问题。例如，固定资产和存货的比例过大，说明企业的销售情况不乐观；而如果银行存款的比例过小，应收账款的比例过大，说明企业的资金回笼存在问题。长期股权投资和交易性金融资产等表明了企业的投资活动，固定资产的增加数以及在建工程项目都可以说明企业的投资情况。预付账款项目的数额说明企业与供货商的业务关系和规则，如果预付账款较多，可能存在以货易货的情况。负债率过低，说明企业未充分发挥财务杠杆作用。

（三）发现企业存在的涉税问题

通过核查原材料减少数库存商品的增加数比对，审核是否存在视同销售的情况。如果有在建工程，则要核实该在建工程是不动产工程还是自建固定资产情形，核实在工程物资里面是否抵扣了依法不能抵扣的物资。应付账款期初和期末是否变动较大，过大的话，要核查是否存在销售收入长期不挂账现象，或者存在超过三年无法支付的款项未计入营业外收入进行纳税的情况。在资本公积一项，核实是否将计入损益的项目列入资本公积。

五、资产负债表分析的类型

（一）趋势分析

比较企业不同时期的资产负债表，如比较两年或三年之间的资产负债表数据。

通过比较不同时期的资产负债表，可以了解企业的财务状况变化趋势，预测未来的发展方向。例如，如果企业的总资产逐年增长，说明企业的规模在不断扩大；但如果同时出现负债的增加，就需要关注企业的偿债能力。

（二）结构分析

分析资产负债表中各项目的构成比例，如资产类项目中的流动资产、长期投资、固定资产等占比，负债类项目中的流动负债、长期借款等占比，所有者权益类项目中的股本、留存收益等占比。

通过分析各项目的比例关系，可以了解企业的资产分布、资金来源和负债结构，从而评估企业的财务状况和风险水平。例如，如果企业的长期借款占比较大，那么企业的财务风险较高，需要关注未来的还款情况。

（三）质量分析

资产负债表质量分析就是对企业资产、负债、所有者权益各项目的质量进行分析，即资产负债表上数据反映企业真实财务状况的程度。质量分析包括资产项目质量分析、负债项目质量分析、所有者权益项目质量分析。

第二节　资产负债表趋势分析

一、比较资产负债表

比较资产负债表是比较财务报表的一种，是反映两个日期资产负债变动情况的资产负债表。该种报表可用于企业资产负债变化情况的趋势分析，即根据连续几期的资产负债资料，比较各项目前后期的增减变化方向和幅度，从而揭示企业资产和负债上的变化趋势。该表可按相对数和绝对数两种方法编制。使用相对数法可分为两种：一是纵向分析编制，即将报表上某一项目数字作为100%；二是横向分析编制，即将前后期资产负债表上的相同项目，做横向比较。使用绝对数法也可分为两种：一是仅罗列连续若干期的报表金额；二是在报表上增设"增减"一栏，反映比较结果。比较资产负债表只能说明各期报表之间增减变化的结果，但不能说明资产负债增减变化的原因。

例题1：假设某企业2021年的总资产为5600万元，2022年的总资产为8200万元，2023年的总资产为8800万元。则2022年的总资产比2021年增加了2600万元，2023年的总资产比2022年增加了600万元，我们可以发现总资产呈稳步上升趋势，表明企业资产规模持续上升。

二、资产负债表定比趋势分析

资产负债表的趋势分析就是采用比较的方法，分析的对象是企业连续若干年的财务状况信息，并观察其变动趋势。通过比较资产负债表，我们可以初步了解企业连续期间的财务状况，但是趋势分析是动态分析，应当观察企业相关财务指标在一定时间内的变动趋势、变动方向和变动速度。

定比趋势分析法是分析期间某一期的报表数据作为基数，指数定为1或100，其他各期与之对比分别计算其他各期对固定基期的变动情况，以判断各期相对于基数的变化趋势。

$$定基动态比率 = 分析期金额 \div 固定基期金额 \times 100\% \quad (4-1)$$

例题2：以2021年为固定基期，分析2022年、2023年总资产的定基指数，假设某企业2021年的总资产为5600万元，2022年的总资产为8200万元，2023年的总资产为8800万元。则

$$2022\ 的定基动态比率 = 8200 \div 5600 \times 100\% \approx 146\%$$
$$2023\ 年的定基动态比率 = 8800 \div 5600 \times 100\% \approx 157\%$$

三、资产负债表环比趋势分析

资产负债表环比趋势分析比较的方式非常简单，就是将资产负债表连续期间的金额并列起来，分析者观察和比较相同项目增减变动的金额及幅度把握企业资产负债和所有者权益的变动趋势。环比趋势分析法是指每一期数据分别与上期进行比较，分别计算各期的变动情况，计算趋势百分比，以观察每期的增减变化情况，并判断发展趋势。由于它以前一期数据做参数，更能明确地说明项目的发展变化速度。

环比动态比率 = 分析期金额 ÷ 上期金额 × 100%   (4-2)

例题 3：以 2021 年为固定基期，分析 2022 年、2023 年总资产的增减变化率，假设某企业 2021 年的总资产为 5600 万元，2022 年的总资产为 8200 万元，2023 年的总资产为 8800 万元。则

2022 年的环比动态比率 = 8200 ÷ 5600 × 100% ≈ 146%

2023 年的定基动态比率 = 8800 ÷ 8200 × 100% ≈ 107%

两种方法相比，可以看出定比分析主要用于说明在一个比较长的时期内总的发展变化情况，环比分析主要用于说明各期发展变化的情况。

第三节 资产负债表结构分析

一、资产负债表结构分析的概念

资产负债表结构分析，就是通过对报表各个组成部分占总资产的比率分析，来评价和衡量企业的财务状况。

（一）资产结构分析

资产负债表的资产结构，是指企业的流动资产、长期投资、固定资产、无形资产以及其他资产占资产总额的比重。通过分析不同流动性的资产占总资产的比率，能了解企业的资产结构是否合理。

在分析资产结构时，关注的指标主要有流动资产率，其计算公式为

流动资产率 = 流动资产额 ÷ 资产总额 × 100%   (4-3)

一般来说，流动资产占资产总额的比例越高，说明企业的资金流动性、可变现能力越强。但是该指标受到行业差异的影响较大。例如，餐饮业是服务行业，而且以送餐为主，其总资产中并无大量的设备和厂房，其流动资产率较高。如果是制造行业，大量的机器设备、厂房等是企业发展的必备条件，所以其流动资产率一般在 30% 左右。

在分析企业资产结构时，我们还可以用分析流动资产率的方式来分析现金资产的比重、应收账款和存货的比重、生产经营用资产的比重、无形资产的比重、长期股权投资的比重等。

（二）负债与权益结构分析

负债与权益结构主要包括负债总额与所有者权益之间的比例关系，以及中长期负债与短期负债的分布情况等。通过分析，可以了解企业的债务情况，了解企业自有资金与债务的比率关系、负债结构分析主要有如下指标。

1. 自有资金负债率

自有资金负债率指标反映的是负债总额（流动负债 + 长期负债）与企业资本总额（所有者权益）的比例关系，也称为"投资安全系数"。其计算公式为

自有资金负债率 = 负债总额 ÷ 所有者权益 × 100%   (4-4)

从计算结果可以看出，企业自有资金负债率越高，债权人的保障程度越低。由于债权人不能得

到保障，企业想再获得贷款的机会就小。其计算结果可以用于衡量投资者对偿还债务的保障程度和评估债权人向企业投资的安全程度。

2. 长期负债比重

长期负债比重指标用来核算企业长期负债在总负债中的比重，其计算公式为

$$长期负债比重 = 长期负债 \div 负债总额 \times 100\% \tag{4-5}$$

该比重反映的是企业所有负债中，对外来长期资金的依赖程度。该比重越高，依赖程度越高；该比重越低，依赖程度越低。

3. 流动负债比重

流动负债比重指标用来核算企业流动负债在总负债中的比重，其计算公式为

$$流动负债比重 = 流动负债 \div 负债总额 \times 100\% \tag{4-6}$$

该比重反映的是企业所有负债中，依赖短期债权人的程度。该比重越高，依赖程度越高；反之则依赖程度越低。

以上就是对于企业各种财务状况分析的各种指标，通过这些指标，可以清楚地了解企业的资金运用效率、企业的财务风险和流动性情况，有助于企业做出正确的运营管理决定。

二、资产负债表结构分析的目的

（一）帮助投资者做出正确的投资决策

通过分析资产负债表，投资者可以了解企业的资产质量和财务状况，进而判断企业的未来发展潜力。这对于投资者来说是非常重要的，因为只有了解企业的真实情况，才能做出正确的投资决策。

（二）帮助债权人做出正确的信贷决策

通过分析资产负债表，债权人可以了解企业的偿债能力和风险水平，进而决定是否给予企业信贷支持。这对于债权人来说是非常重要的，因为只有了解企业的真实情况，才能做出正确的信贷决策。

（三）帮助企业管理者提高经营管理水平

通过分析资产负债表，企业管理者可以了解企业的资产配置和负债结构，进而优化企业的资本结构，提高企业的经营效益和管理水平。这对于企业管理者来说是非常重要的，因为只有了解企业的真实情况，才能制定出科学合理的发展战略和经营计划。

三、资产负债表结构分析的形式与方法

（一）资产负债表横向结构分析

横向结构分析，又称"水平分析"，是指用金额、百分比的形式，将每个项目的本期或多期的金额与其基期的金额进行比较分析，编制出横向结构百分比资产负债表，以观察企业财务状况的变化趋势。

横向分析通常通过变动额、变动率以及每个项目占总体项目的百分比的计算公式来进行分析，

以下是其计算公式：

$$变动额 = 分期某项指标实际数 - 基期同项指标实际数 \quad (4-7)$$

$$变动率 = 变动额 \div 基期实际数量 \times 100\% \quad (4-8)$$

$$某项目变动对总资产的影响 = 某项目的变动额 \div 基期总资产 \quad (4-9)$$

例题1：假设某企业2022年的货币资金总额为150万元，2023年的货币资金总额为200万元。则

$$货币资金变动额 = 200 - 150 = 50（万元）$$

$$货币资金变动率 = 50 \div 150 \times 100\% \approx 33.3\%$$

（二）资产负债表纵向结构分析

资产负债表纵向结构分析，也称"垂直分析"，是指将常规形式的资产负债表换算成结构百分比形式的资产负债表，即分别以资产合计数和负债及所有者合计数为共同基数，然后求出表中左右两方各项目相对于共同基数的百分比，进一步结合企业的规模、经营性质、销售状况以及行业风险等因素分析企业在资产运用以及资金筹措等方面存在的问题，如表4-1所示。

表4-1 资产负债表纵向结构分析示例

项目	期末余额（元）	期初余额（元）	期末结构百分比（%）	期初结构百分比（%）	变动情况（%）
流动资产合计	12076147.40	13174254.20	50.99	66.05	-15.06
非流动资产合计	11609357.10	6772466.00	49.01	33.95	15.06
资产总计	23685504.50	19946720.20	100.00	100.00	0.00

第四节 资产负债表质量分析

一、资产负债表质量分析的概念

资产负债表质量分析就是对企业资产、负债、所有者权益各项目的质量进行分析，即指资产负债表上数据反映企业真实财务状况的程度。

二、资产负债表质量分析的内容

（一）资产项目质量分析

1. 货币资金

货币资金质量分析的要点：
（1）资产规模与业务量；
（2）筹资能力；
（3）运用货币的能力；
（4）行业特点；
（5）企业负债结构。

2. 应收账款

应收账款是指企业在正常的经营过程中因销售商品、产品、提供劳务等业务，应向购买单位收

取的款项。应收账款项目反映企业因销售商品、产品和提供劳务等应向购买单位收取的各种款项，减去已计提的坏账准备后的净额。应收账款本质是一种商业信用行为。

（1）应收账款质量分析的要点

①金额大小（金额越大，风险越大）；

②应收账款的账龄（账龄越大，风险越大）；

③应收账款债务人；

④欠债企业能力；

⑤坏账准备的计提比例；

⑥企业是否存在利用应收账款调节利润的行为。

（2）应收账款质量分析的方法

比较分析：期初期末比较。

结构分析：应收账款/总资产。

比率分析：应收账款周转率或周转天数。

3. 应收票据

应收票据属于非货币性流动资产，主要有商业承兑汇票、银行承兑汇票。在分析应收票据时，应注意：应收票据的合理性与合法性以及关注公司持有的票据类型（银行承兑汇票质量更可靠）。

4. 预付账款

预付账款一般包括预付的货款、预付的购货定金。在分析预付账款时，应注意：预付账款不以货币抵债；预付账款大幅增加通常说明企业业务增长速度加快；预付账款的期限一般在3个月内，超过3个月的业务有必要给予关注。

5. 其他应收款

企业大部分虚增资产的手段集中在其他应收款，最常见的手法就是费用挂账。需要重点关注那些金额较大的其他应收款的实质业务内容、账龄、金额等，尤其是关联方之间发生的应收款项。

6. 存货

存货是指企业在日常活动中持有的以备出售的产成品或商品、处在生产过程中的在产品、在生产过程或提供劳务过程中耗用的材料和物料等。在资产负债表中存货反映企业期末在库、在途和在加工中的各项存货的可变现净值，包括各种材料、商品、在产品等。

存货质量分析的要点：

（1）存货计价分析

不同的存货计价方法对经营成果会产生不同的影响。

在通货膨胀条件下，存货的不同计价方法对资产负债表和利润表的影响，如表4-2所示。

表4-2 计价方法影响利润

计价方法	对资产负债表的影响	对利润表的影响
先进先出法	反映存货的当前价值	利润被高估
个别计价法	反映存货的真实价值	基本反映真实利润水平
加权平均法	介于两者之间	介于两者之间

（2）存货周转状况分析

存货周转率的高低，主要是与同行业可比公司比较。在与同行业相同的毛利率水平下，存货周转率过低，会造成营运资金周转缓慢，公司经营活动现金流量较差，直接影响业绩的质量，进而最终拉低净资产收益率水平。

（3）存货构成分析

存货构成分析既包括各类存货规模与变动情况分析，也包括各类存货结构与变动情况分析。

存货构成规模，计算存货占总资产或流动资产的比例。

存货内部结构，是企业存货总额中，各类原材料、在产品和产成品等项目的构成情况及其所占比重。

另外，还需要关注存货余额与营业成本的比例。各种存货差异都会造成存货余额错误进而影响到营业成本的真实性。某些情况下的存货余额过大，有可能与业绩操纵相关，如表4-3所示。

表4-3 存货构成分析

问题类别	对资产负债表的影响
存货余额过大	占资产总额比例过高
	存货余额大幅增长
	存货余额与营业成本的关系异常
存货周转情况不佳	存货周转率或周转天数低于同行
	存货内部结构数据关系
存货跌价准备不够充分	库龄分析与存货跌价
	价值难辨与存货跌价

7. 长期股权投资

（1）长期股权投资构成分析

投资的结构与规模：是否提高企业的核心竞争力，是否与企业的战略发展相符；投资持股比例；投资对象的经营状况及收益；外部投资环境对投资对象的影响。

（2）长期股权投资计量方法的影响分析

成本法下只有在被投资企业进行现金分红时才确认投资收益，确认的投资收益与现金是一致的。权益法下需要每年根据享有被投资企业的净利润确认投资收益，所确认的投资收益通常大于所收到的现金。

（3）长期股权投资减值准备的分析

长期股权投资减值准备计提，可能存在利润操纵现象。

8. 固定资产

固定资产指企业持有的用于生产或者管理的价格相对较高的、使用周期比较长且一般不以出售为目的的非货币性长期资产。

固定资产规模大小分析：固定资产占总资产的比重 = 固定资产 ÷ 总资产 × 100%。

固定资产的变现性、盈利性分析：固定资产的周转性，固定资产折旧分析，固定资产与其他资产组合的协同性（无形资产、在建工程）。

9. 在建工程质量分析

在建工程规模大小分析。

在建工程占总资产的比重 = 在建工程 ÷ 总资产 × 100%。

在建工程变动分析：关注各项目，是否有突然大额的增加。

结合利息资本化金额分析：资本化利息费用占净利润比重较大，在建工程可能存在财务操纵。

10. 无形资产

无形资产规模的分析：无形资产对企业生产经营活动的影响越来越大。

无形资产价值的分析：外购的无形资产的账面价值比自创无形资产高出许多。

无形资产会计政策的分析：注意无形资产摊销与计提。

无形资产的盈利性分析：专利权、商标权、著作权、土地使用权、特许经营权有明确的法律保护时间，盈利性更容易判断；而专有技术不受法律保护，其盈利性就不太好确定，也容易产生资产泡沫。

无形资产的变现性分析：主要从是否为特定主体所控制，是否可以单独进行转让，是否存在活跃的市场进行公平交易三个方面考虑。

（二）负债项目质量分析

1. 短期借款

短期借款项目反映企业向银行或其他金融机构等借入的期限在 1 年以下（含 1 年）的各种借款。这包括短期流动资金借款、结算借款、票据贴现借款，以及引进技术借款、进口原材料短期外汇借款等。借款都是为了满足日常生产经营的短期需要而举借的，其利息费用作为企业的财务费用，计入当期损益。

短期借款变化原因：生产经营需要，企业负债筹资政策变化。需要关注以下几点：关注企业能否保证资产的流动性，符合一定的短期借款偿债要求。

主要运用的衡量比率：流动比率、速动比率。流动比率、速动比率越高，说明企业的短期偿债能力越强；反之，则说明企业的短期偿债能力较弱。必须结合行业的特点进行分析。

关注企业是否存在短期借款用于长期用途，即"短贷长投"。

2. 应付账款

应付账款是指企业因赊购原材料等物资或接受劳务供应而应付给供应单位的款项。它是购进商品或接受劳务等业务发生时间与付款时间不一致造成的。应付账款规模的适当扩大对企业有好处：一是与短期借款相比，应付账款是无须支付利息的负债，可以说是成本为零的负债；二是与应付票据相比，应付账款的约束相对较弱。

3. 预收账款

在资产负债表中，要注意"预收账款"项目和"合同负债"两个会计科目的区别，具体如下：

合同负债：是指企业已收或应收客户对价而应向客户转让商品的义务，通常与收入准则规范的合同相关。如果企业预收的款项属于收入准则核算范围，应计入"合同负债"，并在资产负债表中单独列示。

预收账款：只能是企业已收取的款项，所收款项与合同履约义务可以无关，如租赁合同中的预收款。

若合同负债占比过高，可能依赖预收款运营，需警惕未来履约压力。另外，合同负债和预收账款余额与当期收入比值异常增长（如远高于历史水平），也可能存在隐藏收入确认延迟或经营风险。

4. 应付职工薪酬

职工薪酬是指职工在职期间和离职后提供给职工的全部货币性薪酬和非货币性薪酬，既包括职工本人的薪酬，也包括提供给职工配偶、子女或其他被赡养人的福利等。

5. 应交税费

应交税费是指企业根据在一定时期内取得的营业收入、实现的利润等，按照现行税法规定，采用一定的计税方法计提的应交纳的各种税费。应交税费反映企业应交未交的各种税金和附加费，包括流转税、所得税和各种附加费。应缴税费的变动与企业营业收入、利润的变动相关。分析时应注意查明企业是否有拖欠国家税款的现象。

6. 长期借款

长期借款是指企业向银行或其他金融机构借入的期限在1年以上（不含1年）或超过1年的一个营业周期以上的各项借款。长期借款的利率通常比短期借款的利率高，数额巨大的长期借款将给企业带来沉重的债务负担，极大地侵蚀企业利润。

7. 预计负债

预计负债是指根据或有事项等相关准则确认的各项预计负债，包括对外提供担保、未决诉讼、产品质量保证、重组义务。预计负债的确认具有一定的主观性。因此，预计负债的确认对企业净利润、资产和负债都会产生影响。

8. 或有负债

或有负债指过去的交易或事项形成的潜在义务，其存在需通过未来不确定事项的发生或不发生予以确认；过去的交易或事项形成的现时义务，履行该义务可能导致经济利益流出企业或该义务的金额不能可靠地计量。其主要类型有担保、未决诉讼、应收票据贴现、应收账款抵借。

（1）或有负债由过去的交易或事项产生。

（2）或有负债的结果具有不确定性。该现时义务导致经济利益流出企业的可能性不超过50%，且导致经济利益流出企业的金额难以预计。

（3）或有负债在披露问题上，一般遵循谨慎原则。极小可能导致经济利益流出企业的或有负债一般不予披露。

（三）股东权益质量分析

1. 实收资本

投资者实际投入企业经济活动的各种财产物资，包括国家投资、法人投资、个人投资和外商投资。实收资本应关注注册资金是否到位，如果没有需要查明原因。如果企业接受的投资是非货币性资产，应分析该资产的公允价值是否与合同金额相符，不应该高估资产。

2. 资本公积

资本公积是通过企业非营业利润所增加的净资产，包括接受捐赠、法定财产重估增值、资本汇率折算差额和资本溢价所得的各种财产物资。关注资本公积是否增长过大，并进一步关注资本公积的构成。

3. 盈余公积

盈余公积是指企业从税后净利润中提取的公积金。其最稳定，无使用期限，无须支付利息。盈余公积按规定可用于弥补企业亏损，也可按法定程序转增资本金，或者用于企业扩大生产经营规模。法定公积金提取率为10%。

4. 未分配利润

未分配利润是本年度所实现的净利润经过利润分配后所剩余的利润，等待以后分配。如果未分配利润出现负数，表示年末的未弥补的亏损，应由以后年度的利润或盈余公积来弥补。

$$资产 - 负债 = 股东权益（净资产） \quad (4-9)$$

（1）分析企业股东权益内部的股东持股构成状况，即指普通股与优先股的构成比例、控制性股东、重大影响性股东和非重大影响性股东的持股者的构成状况。控制性股东和重大影响性股东对企业未来的发展方向、财务状况起决定性的作用。

（2）分析企业股东权益的结构变化。

在股东权益的构成中，股本和资本公积的变化主要来自企业外部股权资金的投入。留存收益的变化主要来自内部的留存和利润的分配。如果企业股东权益快速增长，需要从结构上分析其增加是由外部股权资本的投入还是由内部利润的留存积累引起的。

章节总结

1. 资产负债表分析概述：对资产负债表的概念、格式、目的、内容和类型进行初步了解。

2. 资产负债表趋势分析：对企业多期资产负债表数据进行研究，以把握财务状况趋势，这种趋势对企业是有利还是不利进行的分析。资产负债表趋势分析首先要编制比较资产负债表，再在其基础上进行资产负债表定比趋势分析和环比趋势分析。

3. 资产负债表结构分析：在资产负债表有关数据的基础上，通过计算企业各项目所占比重的变动情况及变化趋势，明确资产的构成、负债的构成以及所有者权益的构成。资产负债表结构分析内容包括资产结构分析、负债与权益结构分析。

4. 资产负债表质量分析：对资产负债表表内具体项目的进一步分析，以期更好地评估企业的财务状况。资产负债表质量分析主要包括资产质量分析、负债质量分析、所有者权益质量分析。

课后练习题

一、单项选择题

1. 资产负债表分析的内容正表部分依据是（　　）。

A. 资产 = 负债 + 所有者权益　　　　　　　　B. 负债 = 资产 + 所有者权益

C. 所有者权益 = 负债 + 资产　　　　　　　D. 以上都不是

2. 流动资产是指企业可以在（　　）的一个营业周期内变现或被耗用的资产。
   A. 1 年　　　　　　B. 超过 1 年　　　　C. 1 年或超过 1 年　　D. 6 个月

3. 资产负债率是国际公认的衡量企业负债偿还能力和经营风险的重要指标，比较保守的经验判断其一般为不高于 50%，国际上一般公认（　　）比较好。
   A. 130%　　　　　　B. 80%　　　　　　C. 60%　　　　　　D. 55%

4. 流动比率是流动资产与（　　）的比率。
   A. 流动资产　　　　B. 资产总额　　　　C. 负债总额　　　　D. 流动负债

5. 速动比率是速动资产与（　　）的比率。
   A. 速动负债　　　　B. 资产总额　　　　C. 流动资产　　　　D. 流动负债

6. 产权比率是负债总额与（　　）的比率。
   A. 流动资产　　　　B. 资产总额　　　　C. 所有者权益总额　　D. 利润总额

7. 企业持有较少的流动资产、较多的长期资产，这样增加企业风险的同时，也提高了企业的盈利能力，这种资产称为（　　）的资产结构。
   A. 保守型　　　　　B. 适中型　　　　　C. 激进型　　　　　D. 稳健型

8. 现金比率是（　　）与流动负债的比率。
   A. 货币资金 + 有价证券　　B. 有价证券　　C. 货币资金　　　　D. 资产总额

9. 下列选项中，属于静态报表的是（　　）。
   A. 资产负债表　　　B. 利润表　　　　　C. 制造费用表　　　D. 管理费用表

10. 资产负债表中资产项目的排列顺序是（　　）。
    A. 相关性大小　　　B. 重要性大小　　　C. 可比性高低　　　D. 流动性大小

11. 资产负债表中所有者权益各项目自上而下排列的顺序是（　　）。
    A. 实收资本、资本公积、盈余公积、未分配利润
    B. 实收资本、盈余公积、资本公积、未分配利润
    C. 资本公积、盈余公积、未分配利润、实收资本
    D. 盈余公积、资本公积、未分配利润、实收资本

12. 下列各科目的期末余额，不应在资产负债表"存货"项目列示的是（　　）。
    A. 库存商品　　　　B. 生产成本　　　　C. 工程物资　　　　D. 委托加工物资

13. 对资产负债表上数据反映企业真实财务情况的程度的分析是指（　　）。
    A. 资产负债表结构分析　　　　　　　　B. 资产负债表质量分析
    C. 资产负债表趋势分析　　　　　　　　D. 资产负债表层次分析

14. 流动资产和流动负债的比值被称为（　　）。
    A 流动比率　　　　B. 速动比率　　　　C. 营运比率　　　　D 资产负债比率

15. 较高的现金比率一方面会使企业资产的流动性增强，另一方面会带来（　　）。
    A. 存货购进的减少　　　　　　　　　　B. 销售机会的丧失
    C. 利息费用的增加　　　　　　　　　　D. 机会成本的增加

16. 资产负债表的初步分析不包括（　　）。

A. 资产分析 B. 现金流量分析 C. 负债分析 D. 所有者权益分析

17. 下列各项中对账户式资产负债表表述不正确的是（　　）。

A. 将资产负债表中的三个项目自上而下依次排列

B. 将资产项目列在报表的左方

C. 资产负债表左右两方平衡，且满足会计恒等式

D. 我国现行的企业资产负债表采用账户式格式

18. 下列信息中不由资产负债表提供的是（　　）。

A. 企业的资产状况　　B. 企业的债务情况　　C. 企业的债权人信息　　D. 企业的自有资金

19. 在资产负债表中，为了保证生产和销售的连续性而投资的资产项目是（　　）。

A. 货币资金　　C. 长期股权投资　　B. 存货　　D. 固定资产

20. 反映内部筹资结果的资产负债表项目是（　　）。

A. 长期负债　　C. 长期股权投资　　B. 资本　　D. 留存收益

21. 按照我国现行会计准则的规定，确定发出存货成本时不可以采用的方法是（　　）。

A. 先进先出法　　B. 后进先出法　　C. 加权平均法　　D. 个别计价法

22. 商业汇票实质是一种（　　）。

A. 交易性资产　　B. 商业信用行为　　C. 可供出售资产　　D. 持有至到期投资

23. 根据会计准则，只有与或有事项相关的义务满足一定条件，才能确认为预计负债。下列不属于确认预计负债条件的是（　　）。

A. 与或有事项相关的义务是企业承担的现时义务

B. 履行该义务很可能导致经济利益流出企业

C. 该义务的发生无法预料

D. 该义务的金额能够可靠计量

24. 下列信息中不属于所有者权益变动表反映的是（　　）。

A. 所有者权益总量的增减变动信息　　B. 所有者权益增减变动的重要结构性信息

C. 直接计入所有者权益的利得和损失　　D. 企业经营规模和资产结构

25. 下列各项中未在所有者权益变动表中单独列示的是（　　）。

A. 净利润　　B. 一般差错准备　　C. 未分配利润　　D. 盈余公积

26. 下列表述中，关于"资产负债表结构分析"的理解不正确的是（　　）。

A. 资产负债表结构分析主要用于对报表结构的解析，以反映企业经营利润的状况

B. 资产负债表结构分析通常采用的方法是将企业的资产负债表转化为结构百分比形式的资产负债表

C. 通过资产负债表的结构分析，可以揭示企业资产运营和资金筹集情况

D. 资产负债表的结构分析也应结合报表中各项目的绝对数额

二、多项选择题

1. 所有者权益是企业投资者对企业的所有权，也就是企业全部资产中由投资者提供并属其所有的部分，包括（　　）。

A. 实收资本　　B. 资本公积　　C. 盈余公积　　D. 未分配利润

2. 投资性资产一般包括（　　）。
A. 短期借款　　　　　B. 长期借款　　　　　C. 应付债券　　　　　D. 长期应付款

3. 下列各项中，应列入资产负债表"应收账款"项目的有（　　）。
A. 预付职工差旅费　　　　　　　　B. 代购货单位垫付的运杂费
C. 销售商品应收取的款项　　　　　D. 对外提供劳务应收取的款项

4. 下列各项中，会使资产负债表负债项目金额增加的有（　　）。
A. 计提坏账准备　　　　　　　　　B. 计提存货跌价准备
C. 计提长期借款利息　　　　　　　D. 计提一次还本付息应付债券利息

5. 资产负债表结构包括（　　）。
A. 资产结构　　　　　B. 资本结构　　　　　C. 所有者权益结构　　　D. 负债结构

6. 对应收账款的分析应从以下几个方面进行（　　）。
A. 应收账款的规模　　　　　　　　B. 应收账款的质量
C. 坏账准备政策的影响　　　　　　D. 应收账款拖欠的时间

7. 对应收账款周转率正确计算有较大影响的因素有（　　）。
A. 季节性经营的企业使用这个指标时不能反映实际情况
B. 大量使用分期付款结算方式
C. 大量的销售为现销
D. 大力催收拖欠货款
E. 年末销量大幅上升或下降

8. 分析存货项目时应主要关注（　　）。
A. 存货的规模　　　　　　　　　　B. 存货发出的计价方法
C. 存货的期末计价及存货跌价准备的计提　　D. 分析存货的具体项目构成
E. 存货的库存周期

9. 企业持有货币资金是为了（　　）。
A. 投机的需要　　　　B. 经营的需要　　　　C. 投资的需要　　　　D. 获利的需要
E. 预防的需要

10. 进行负债结构分析必须考虑的因素有（　　）。
A. 负债的规模　　　　B. 负债的成本　　　　C. 债务偿还期限　　　　D. 财务风险
E. 经营风险

三、判断题

1. 资产负债表趋势分析是指资产负债表的每一个项目以某一期数据为基期数据，以本期或多期数据与其进行比较编制出的资产负债表。（　　）

2. 将融资租入固定资产视为自有资产入账体现了实质重于形式会计信息质量要求。（　　）

3. 企业为应对市场经济环境下生产经营活动面临的风险和不确定性，应高估负债和费用，低估资产和收益。（　　）

4. 从投资者角度而言，总是希望资产负债率越高越好。（　　）

5. 在其他因素不变的情况下，增加存货会使流动比率与速动比率同向变化。（　　）

6. 企业的资产越多越好。（ ）

7. 债权人通常不仅关心企业偿债能力比率，而且关心企业盈利能力比率。（ ）

8. 流动比率是评价企业短期偿债能力的指标。（ ）

9. 企业的盈利能力是影响企业最终偿债能力的最重要因素。（ ）

10. 现金比率的提高不仅增加资产的流动性，也会使机会成本增加。（ ）

11. A 公司 2019 年 12 月 31 日期末有存货 800 万元，2020 年 12 月 1 日期末有存货 1200 万元，采用定比趋势分析法以 2019 年为基数并且设定了一个指数为 100，则 2020 年为 150。（ ）

12. 在横向比较时，使用同业的平均数作为比较基准是比较好的。（ ）

四、简答题

1. 资产负债分析的目的是什么？
2. 写出流动比率的含义和其公式。
3. 什么是资产负债率？
4. 什么是产权比率？

五、综合业务题

题目要求：请将 A 公司比较资产负债表填写完整。

表 4-4 A 公司比较资产负债表　　　　　　　　　　　　单位：万元

项目		2022 年	2023 年	增减差额	百分比
流动资产	速动资产	500	620		
	存货	800	900		
	固定资产净额	1400	1600		
	资产总计	2700	3120		
负债	流动负债	300	400		
	长期负债	100	120		
所有者权益	股本	1800	1800		
	资本公积	100	200		
	盈余公积	200	300		
	未分配利润	200	300		
	负债与股东权益总计	2700	3120		

第五章 利润表分析

学习目标

知识目标

1. 了解利润表的概念、格式；
2. 了解利润表分析的目的、内容及类型；
3. 掌握利润表趋势分析要点；
4. 掌握利润表结构分析要点；
5. 掌握利润表项目分析要点。

技能目标

1. 能根据利润表数据和相关资料进行利润表比较趋势、定比趋势和环比趋势分析；
2. 能根据利润表数据和相关资料进行利润表横向、纵向结构分析；
3. 能根据利润表数据和相关资料进行收入、成本、费用等项目分析。

素质目标

1. 培养数据分析能力；
2. 树立质量意识，提高企业利润表各项目的质量；
3. 培养严谨细致的工作态度，养成精益求精的工匠精神。

案例导入

格力电器：2023年净利润290.17亿元，同比上涨18.41%

格力电器披露2023年年报，公司2023年实现营业收入2039.79亿元，同比上涨7.93%；净利润290.17亿元，同比上涨18.41%；基本每股收益5.22元。本次拟向全体股东每10股派发现金红利23.8元（含税）。公司同日披露2024年一季报，一季度实现营业收入363.64亿元，同比上涨2.56%；归母净利润46.75亿元，同比上涨13.77%；基本每股收益0.85元。

思考：你认为格力电器 2023 年的利润怎么样？哪些因素会对利润有影响？

网址：https：//baijiahao. baidu. com/s？id＝1797714205767203427&wfr＝spider&for＝pc

章节导图

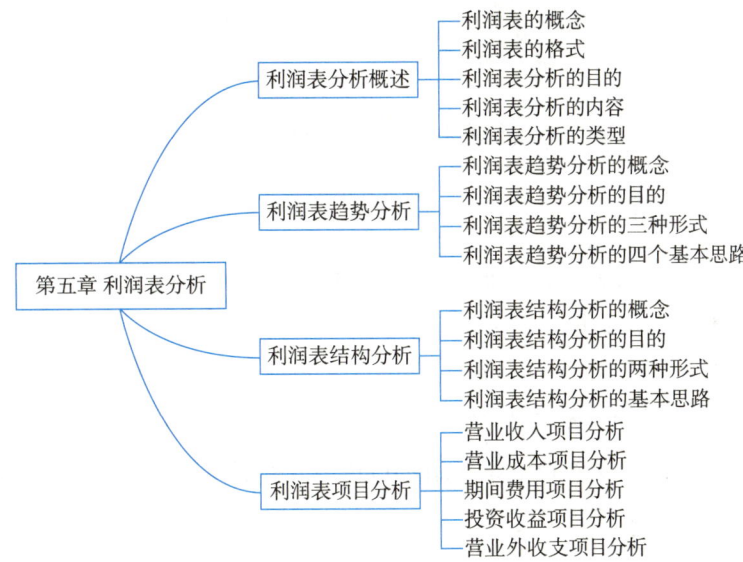

过程实施

第一节　利润表分析概述

一、利润表的概念

利润表是反映企业一定会计期间（如月度、季度、半年度或年度）生产经营成果的会计报表。企业一定会计期间的经营成果既可能表现为盈利，也可能表现为亏损，因此，利润表也被称为"损益表"。它全面揭示了企业在某一特定时期实现的各种收入、发生的各种费用、成本或支出，以及企业实现的利润或发生的亏损情况。

利润表是根据"收入－费用＝利润"的基本关系来编制的，其具体内容取决于收入、费用、利润等会计要素及其内容，利润表项目是收入、费用和利润要素内容的具体体现。从反映企业经营资金运用的角度来看，利润表是一种反映企业经营资金动态表现的报表，主要提供有关企业经营成果方面的信息，属于动态会计报表。

二、利润表的格式

利润表的编制通常遵循多步式结构，将利润的形成过程分为多个步骤，清晰地展示企业不同经营活动的成果。主要分为以下三大核心步骤：

1. 计算营业利润

营业利润是营业收入项目减去营业成本、税金及附加、期间费用（销售/管理/研发/财务费用)、资产减值损失、投资收益等多个项目的差额。营业利润反映了企业核心经营活动的盈利能力。

2. 计算利润总额

以营业利润项目为基础，加上营业外收入项目，减去营业外支出项目。利润总额体现企业全部经营活动的总利润。

3. 计算净利润

以利润总额项目为基础，减去所得税费用项目，从而得出企业最终可分配的净收益。

三、利润表分析的目的

利润表分析的目的主要包括三个方面：第一，了解企业利润的构成及主要来源；第二，了解成本支出数额及成本支出的构成；第三，了解企业收益水平。

利润表分析也称为"损益表分析"，是以利润表为对象进行的财务分析。利润表反映了公司在一定时期内的经营成果，解释了公司财务状况发生变动的主要原因，分析利润表可以直接了解公司的盈利状况和获利能力，并通过对收入、成本费用等项目的分析较为具体地确定公司获利能力高低变化的原因。

四、利润表分析的内容

（一）利润表主表分析

通过利润表主表的分析，主要对各项利润的增减变动、结构增减变动及影响利润的收入与成本进行分析。

1. 利润额增减变动分析

利润额增减变动分析主要通过对利润表的水平分析，从利润的形成角度，反映利润额的变动情况，揭示企业在利润形成过程中的管理业绩及存在的问题。

2. 利润结构变动情况分析

利润结构变动情况分析，主要是在对利润表进行垂直分析的基础上，揭示各项利润及成本费用与收入的关系，以反映企业的各环节的利润构成、利润及成本费用水平。

3. 企业收入分析

企业收入分析的内容包括收入的确认与计量分析，影响收入的价格因素与销售量因素分析，企业收入的构成分析等。

4. 成本费用分析

成本费用分析包括产品销售成本分析和期间费用分析两部分。产品销售成本分析包括销售总成本分析和单位销售成本分析，期间费用分析包括销售费用分析和管理费用分析。

（二）利润表附表分析

利润表附表分析主要是对利润分配表及分部报表进行分析。

1. 利润分配表分析

通过利润分配表分析，反映企业利润分配的数量与结构变动，揭示企业在利润分配政策、会计政策以及国家有关法规变动方面对利润分配的影响。

2. 分部报表分析

通过对分部报表的分析，反映企业在不同行业、不同地区的经营状况和经营成果，为企业优化产业结构，进行战略调整指明方向。

（三）利润表附注分析

利润表附注分析主要是根据利润表附注及财务情况说明书等相关详细信息，分析说明企业利润表及附表中重要项目的变动情况，深入揭示利润形成及分配变动的主观原因与客观原因。

五、利润表分析的类型

（一）趋势分析

利润表趋势分析是通过计算利润表中各项目在一个较长时期内的变动情况，观察各项利润及其影响因素的变动趋势。

（二）结构分析

利润表的结构分析是计算利润表各项目占总体的结构比率，以确定本年度收入、费用、利润各项内容占总体的结构比率。

（三）质量分析

质量分析是利润表分析的重要一环，主要关注利润的质量和可靠性。质量分析的目标是全面了解利润表的真实性和可靠性，从而为投资者、债权人和其他利益相关者提供准确的信息，有助于其做出明智的决策。

第二节　利润表趋势分析

一、利润表趋势分析的概念

利润表趋势分析是通过分析利润表中各项目在一个较长时期的变动情况，观察各项利润及其影响因素的变动趋势。

二、利润表趋势分析的目的

利润表趋势分析一方面可揭示企业经营活动业绩与特征，另一方面可为企业利润预测、决策及预算指明方向。

三、利润表趋势分析的三种形式

（一）比较利润表

比较利润表是指将连续若干期间的利润表数额或内部结构比率进行列示，用以考察企业经营成果的变化趋势。

例题 1：假设某企业 2021 年的净利润为 100 万元，2022 年的净利润为 120 万元，2023 年的净利润为 150 万元。则 2022 年的净利润比 2021 年增加了 20 万元，2023 年的净利润比 2022 年增加了 30 万元，我们可以发现净利润呈稳步上升趋势。

（二）利润表定比分析

利润表定比分析是指以一定时间作为分析期，选择分析期的第一期为基期，此后每期都与基期的指标对比，得出相对基期的指数，从而判断变动趋势和变动速度。计算公式如下：

$$定基动态比率 = 某一分析期数值 \div 固定基期数值 \times 100\% \qquad (5-1)$$

例题 2：以 2021 年为固定基期，分析 2022 年、2023 年利润增长比率，假设某企业 2021 年的净利润为 100 万元，2022 年的净利润为 120 万元，2023 年的净利润为 150 万元。则

$$2022 年的定基动态比率 = 120 \div 100 \times 100\% = 120\%$$
$$2023 年的定基动态比率 = 150 \div 100 \times 100\% = 150\%$$

（三）利润表环比分析

利润表环比分析是指以一定时间作为分析期，选择分析期的前一期设定为基期，此后每期都与前一期的指标对比，从而判断变动趋势和变动速度，表明利润表项目逐期的发展速度。计算公式如下：

$$环比动态比率 = 某一分析期数值 \div 前一期数值 \times 100\% \qquad (5-2)$$

例题 3：以 2021 年为固定基期，分析 2022 年、2023 年利润增长比率，假设某企业 2021 年的净利润为 100 万元，2022 年的净利润为 120 万元，2023 年的净利润为 150 万元。则

$$2022 年的环比动态比率 = 120 \div 100 \times 100\% = 120\%$$
$$2023 年的环比动态比率 = 150 \div 120 \times 100\% = 125\%$$

四、利润表趋势分析的四个基本思路

（1）首先分析企业利润总额和净利润的变动情况及变动趋势；
（2）其次分析利润总额及净利润的主要来源；
（3）再次分析营业利润的来源；
（4）最后分析一些变化异常的项目。

此外，还应该注意营业收入分析细化，营业成本结合存货分析以及结构分析相结合。

第三节 利润表结构分析

一、利润表结构分析的概念

利润表结构分析是计算利润表各项目占总体的结构比率，以确定本年度收入、费用、利润各项内容占总体的结构比率。

二、利润表结构分析的目的

（1）判断各组成项目本年度的变化情况及未来的发展趋势；

(2) 为决策者的正确判断提供可靠的依据。

三、利润表结构分析的两种形式

（一）利润表横向分析

利润表横向分析又称"水平分析"，是指用金额、百分比的形式，将每个项目的本期或多期的金额与其基期的金额进行比较分析，编制出横向结构百分比利润表，以观察企业经营成果的变化趋势。计算公式如下：

$$变动额 = 本期金额 - 上期金额 \qquad (5-3)$$

$$变动率 = 变动额 \div 上期金额 \times 100\% \qquad (5-4)$$

例题：假设某企业2022年的净利润为120万元，2023年的净利润为150万元。则

$$变动额 = 150 - 120 = 30（万元）$$

$$变动率 = 30 \div 120 \times 100\% = 25\%$$

（二）利润表纵向分析

利润表纵向分析又称"垂直分析"，是指将常规形式的利润表换算成结构百分比形式的利润表，即以营业收入总额为共同基数，定为100%，然后求出表中各项目相对于共同基数的百分比，从而可以了解企业有关的销售利润率以及各项费用率的百分比，以判断企业盈利状况的发展趋势。计算公式如下：

$$某项目的结构百分比 = 项目金额 \div 营业收入 \times 100\% \qquad (5-5)$$

$$变动情况 = 年末结构 - 年初结构 \qquad (5-6)$$

四、利润表结构分析的基本思路

利润表横向结构分析思路是从净利润出发，经过利润总额到达营业利润，分析其每个项目构成情况及原因，最后进行总结描述。

利润表纵向结构分析思路是进行收支结构分析、收益结构分析、支出结构分析以及盈利结构分析。其中，收支结构的分析要点是企业的总利润是怎样通过收支形成的，企业的收入和支出是怎样通过不同的收入和支出项目构成的。收益结构主要分析主营业务收入的品种构成、收入行业情况、收入地区、收入有效性、投资收益、收入成本稳定性、收益比重、关联交易收入比重等。支出结构主要分析的是主营业务成本项目、管理费用、研发费用、财务费用、销售费用项目。盈利结构主要分析不同利润来源对总利润的影响程度。

第四节 利润表项目分析

一、营业收入项目分析

（一）营业收入的定义

营业收入是指企业在从事销售商品、提供劳务和让渡资产使用权等日常经营业务过程中形成的

经济利益的总流入。营业收入包括主营业务收入和其他业务收入。

（二）分析要点

（1）关注营业收入的增长幅度；

（2）关注企业营业收入的品种构成；

（3）关注收入和费用的确认方式或确认时间的一致性；

（4）关注收入与应收账款的对应关系；

（5）关注关联方交易；

（6）关注日后退货事项。

二、营业成本项目分析

（一）营业成本的定义

营业成本是指企业当前已实现销售的商品和已对外提供劳务的成本。营业成本应当与所销售商品或者所提供劳务而取得的收入进行配比。

制造业企业的营业成本主要包括直接材料、直接工资、燃料和动力、制造费用等。

不能将其直接归结于商品或劳务的支出一般计入期间费用（销售费用、管理费用、财务费用）。

（二）分析要点

（1）整体把握营业成本概况；

（2）营业成本的产品品种构成分析；

（3）营业成本的变动原因分析；

（4）关注企业存货发出的方法及其变动；

（5）检查营业收入与营业成本之间的匹配关系。

三、期间费用项目分析

期间费用是指与当期产品的管理和销售直接相关，而与产品产量和产品制造过程不直接相关，不能直接或间接归属于某个特定对象的各种费用。这些费用容易确定其发生期间和归属期间，但很难判别其归属对象，因而在发生的当期应从损益中扣除。

《财政部关于修订印发2018年度一般企业财务报表格式的通知》（财会〔2018〕15号），对现行的财务报表格式进行了较大的修订。修订后的期间费用包括销售费用、管理费用、财务费用和研发费用。

"研发费用"项目反映企业进行研究与开发过程中发生的费用化支出。该项目应根据"管理费用"科目下的"研发费用"明细科目的发生额分析填列。

（一）销售费用

1. 销售费用的定义

销售费用是指企业销售商品和材料、提供劳务过程中发生的各项费用，包括保险费、包装费、展览费和广告费、商品维修费、预计产品质量保证损失、运输费、装卸费等以及为销售本企业商品而专设的销售机构（含销售网点、售后服务网点等）的职工薪酬、业务费、折旧费等。

2. 销售费用项目分析要点

（1）销售费用与营业收入对比分析；

（2）销售费用的构成因素分析。

（二）管理费用

1. 管理费用的定义

"管理费用"项目反映企业为组织和管理企业生产经营所发生的各项费用，包括行政管理部门职工薪酬、物料消耗、低值易耗品摊销、办公费和差旅费、工会经费、董事会费（包括董事会成员津贴、会议费和差旅费等）、聘请中介机构费、咨询费（含顾问费）、诉讼费、业务招待费、技术转让费、矿产资源补偿费、研究费、排污费等。

2. 管理费用的会计分析要点

（1）管理费用与营业收入的对比分析；

（2）管理费用的构成因素分析；

（3）关注折旧摊销费用。

（三）财务费用

1. 定义

财务费用是由于企业筹资活动而发生的，分析时与筹资活动联系起来判断增减变动的合理性和有效性。

2. 分析要点

（1）贷款规模；

（2）贷款利率和贷款期限。

四、投资收益项目分析

（一）定义

投资收益指企业对外投资所得的收入或者发生的损失。企业对外投资，无论是短期投资还是长期投资，其目的都是获得更多的收益，正是这种收益驱使企业将自己的闲散资金用来购买股票、债券或者将实物（包括固定资产、流动资产）和无形资产投资于其他企业。

（二）分析要点

（1）分析企业投资的目的；

（2）在关注投资收益规模的同时，有必要关注其产生的现金流量的能力。

五、营业外收支项目分析

（一）定义

营业外收入反映的是与企业日常生产经营活动无直接关系的各项收入，营业外支出反映的是与企业日常生产经营活动无直接关系的各项支出。

根据新的会计准则，资产处置收益从营业外收入里面剥离，现单独划归为"资产处置收益"科目。

由于营业外收支属于非经常性损益，具有一次性、偶发性和非重复性等特点。

（二）分析要点

（1）影响对公司盈利能力和可持续发展能力的判断；

（2）难以准确预测企业未来的发展前景。

章节总结

1. 利润表分析概述：利润表的概念、格式、利润表分析的目的、内容、类型。

利润表是反映企业一定会计期间（如月度、季度、半年度或年度）生产经营成果的会计报表。当前，国际上常用的利润表格式有单步式和多步式两种。利润表分析的目的主要包括三个方面：第一，了解企业利润的构成及主要来源；第二，了解成本支出数额及成本支出的构成；第三，了解企业收益水平。利润表分析的内容主要包括利润表主表分析、附表分析以及附注分析。利润表分析的类型主要有趋势分析、结构分析、质量分析三种。

2. 利润表趋势分析：利润表趋势分析的概念、目的、三种形式。

利润表趋势分析是通过计算利润表中各项目在一个较长时期的变动情况，观察各项利润及其影响因素的变动趋势。利润表趋势分析一方面可揭示企业经营活动业绩与特征；另一方面可为企业利润预测、决策及预算指明方向。利润表趋势分析主要有比较利润表、利润表定比分析以及利润表环比分析三种形式。利润表趋势分析的思路：首先，分析企业利润总额和净利润的变动情况及变动趋势；其次，分析利润总额及净利润的主要来源；再次，分析营业利润的来源；最后，分析一些变化异常的项目。此外，还应该注意营业收入分析细化，营业成本结合存货分析以及结构分析相结合。

3. 利润表结构分析：利润表结构分析的概念、目的、两种形式、利润表结构分析的基本思路。

利润表结构分析是计算利润表各项目占总体的结构比率，以确定本年度收入、费用、利润各项内容占总体的结构比率。利润表结构分析的目的是判断各组成项目本年度的变化情况及未来的发展趋势，为决策者的正确判断提供可靠的依据。利润表结构分析的两种形式分别是利润表横向分析和利润表纵向分析。利润表横向结构分析思路是从净利润出发，经过利润总额到达营业利润，分析其每个项目构成情况及原因，最后进行总结描述。利润表纵向结构分析思路是进行收支结构分析、收益结构分析。

4. 利润表项目分析：主要分析的项目有营业收入项目、营业成本项目、期间费用项目、投资收益项目、营业外收支项目。

课后练习题

一、单项选择题

1. 利润表是反映企业在一定会计期间的经营成果的财务报表，以下不属于利润表反映的经营成果的是（　　）。

　　A. 收入　　　　　　　B. 费用　　　　　　　C. 所有者权益　　　　D. 利润

2. 在企业收入分析中，以下哪项不是主要内容？（　　）

　　A. 收入的确认与计量　　　　　　　　B. 影响收入的价格与销售量因素

　　C. 企业收入的构成　　　　　　　　　D. 企业成本的结构

3. 下列哪项不属于成本费用分析的范畴？（　　）

　　A. 产品销售成本分析　　　　　　　　B. 产品生产成本分析

　　C. 期间费用分析　　　　　　　　　　D. 财务费用分析

4. 某企业2020年营业收入为100万元，营业成本为80万元，管理费用为5万元，资产减值损失为2万元，投资收益为10万元。假定不考虑其他因素，该企业当年的营业利润是（　　）万元。

　　A. 13　　　　　　　B. 15　　　　　　　C. 18　　　　　　　D. 23

5. 利润表趋势分析的目的不包括（　　）。

　　A. 揭示企业经营活动业绩与特征　　　B. 为企业利润预测、决策及预算指明方向

　　C. 评估企业的偿债能力　　　　　　　D. 观察各项利润及其影响因素的变动趋势

6. 在利润表趋势分析中，环比分析的目的是（　　）。

　　A. 判断企业净利润的变动趋势　　　　B. 揭示企业经营活动业绩与特征

　　C. 表明利润表项目逐期的发展速度　　D. 评估企业的偿债能力

7. 在利润表趋势分析中，以下关于比较利润表、定比分析和环比分析的说法中，正确的是（　　）。

　　A. 定比分析与环比分析在计算上完全相同，只是分析的参照点不同

　　B. 定比分析与环比分析在计算上存在差异，所以它们所揭示的信息也存在差异

　　C. 定比分析与环比分析在计算上虽然存在差异，但它们所揭示的信息相同

　　D. 定比分析与环比分析在计算上存在差异，但它们所揭示的信息不同

8. 定基动态比率的计算公式是什么？（　　）

　　A. 定基动态比率 = 某一分析期数值 ÷ 固定基期数值 × 100%

　　B. 定基动态比率 = 固定基期数值 ÷ 某一分析期数值 × 100%

　　C. 定基动态比率 = 前一期 ÷ 某一分析期数值 × 100%

　　D. 定基动态比率 = 某一分析期数值 ÷ 前一期数值 × 100%

9. 环比动态比率的计算公式是什么？（　　）

　　A. 环比动态比率 = 某一分析期数值 ÷ 固定基期数值 × 100%

　　B. 环比动态比率 = 前一期数值 ÷ 某一分析期数值 × 100%

　　C. 环比动态比率 = 某一分析期数值 ÷ 前一期数值 × 100%

　　D. 环比动态比率 = 固定基期数值 ÷ 某一分析期数值 × 100%

10. 利润表结构分析的主要目的是什么？（　　）

　　A. 判断各组成项目本年度的变化情况及未来的发展趋势

　　B. 评估企业的偿债能力

　　C. 评估企业的盈利能力

D. 为企业决策提供依据

11. 利润表横向分析是指什么？（　　）

   A. 将每个项目的本期金额与基期的金额进行比较分析

   B. 将每个项目的本期金额与上期的金额进行比较分析

   C. 将每个项目的本期金额与前一期的金额进行比较分析

   D. 将每个项目的本期金额与未来一期的金额进行比较分析

12. 利润表纵向分析又称为什么？（　　）

   A. 水平分析　　　　B. 垂直分析　　　　C. 结构百分比分析　　　　D. 时间序列分析

13. 在利润表结构分析中，某项目的结构百分比是如何计算的？（　　）

   A. 项目金额÷上期营业收入×100%　　　　B. 项目金额÷下期营业收入×100%

   C. 项目金额÷本期营业收入×100%　　　　D. 项目金额÷基期营业收入×100%

14. 利润表纵向分析不可以了解以下哪项信息？（　　）

   A. 企业有关的销售利润率以及各项费用率的百分比，以判断企业盈利状况的发展趋势

   B. 企业收入和支出的项目构成情况及原因

   C. 企业不同利润来源对总利润的影响程度

   D. 企业偿债能力及经营效率与效果

15. 下列关于营业收入项目分析的描述，错误的是（　　）。

   A. 营业收入是指企业在从事销售商品、提供劳务和让渡资产使用权等日常经营业务过程中所形成的经济利益的总流入

   B. 营业收入包括主营业务收入和其他业务收入

   C. 营业收入不包括企业对外投资的收入或者发生的损失

   D. 对营业收入的分析要点包括关注营业收入的增长幅度、品种构成、确认方式或确认时间的一致性等

16. 下列关于销售费用项目分析的描述，错误的是（　　）。

   A. 销售费用是指企业销售商品和材料、提供劳务过程中发生的各项费用

   B. 销售费用的构成因素主要包括保险费、包装费、展览费和广告费等

   C. 销售费用的分析要点包括与营业收入的对比分析和构成因素的分析

   D. 销售费用是企业为组织和管理企业生产经营所发生的费用，不属于销售环节的费用

二、多项选择题

1. 下列属于利润表分析主要目的的有（　　）。

   A. 了解企业的盈利能力　　　　B. 评估企业的偿债能力

   C. 预测企业未来现金流量　　　　D. 判断企业的发展趋势

2. 利润表的格式主要有（　　）。

   A. 账户式　　　　B. 报告式　　　　C. 单步式　　　　D. 多步式

3. 在进行利润表趋势分析时，以下哪些项目是需要注意的异常变化？（　　）

   A. 大额的非正常收入或费用　　　　B. 营业收入的异常下降或增长

   C. 营业成本的异常增加或减少　　　　D. 所有者权益的异常增加或减少

4. 利润表趋势分析的三种形式包括哪些？（　　）

A. 比较利润表　　　　　　　　　　　B. 利润表定比分析

C. 利润表环比分析　　　　　　　　　D. 利润表结构分析

5. 在利润表趋势分析中，以下哪些项目对判断企业经营活动业绩与特征有重要影响？
（　　）

A. 营业收入的变化趋势　　　　　　　B. 营业成本的变化趋势

C. 营业利润的变化趋势　　　　　　　D. 利润总额的变化趋势

6. 利润表结构分析的基本思路包括哪些？（　　）

A. 从净利润出发，经过利润总额到达营业利润的分析

B. 进行收支结构、收益结构、支出结构和盈利结构分析

C. 对比不同项目的金额和百分比变化

D. 计算变动额和变动率

7. 利润表结构分析的两种形式包括哪些？（　　）

A. 横向分析　　　　B. 纵向分析　　　　C. 时间序列分析　　　　D. 定基分析

8. 利润表横向分析的目的是什么？（　　）

A. 判断各组成项目本年度的变化情况及未来的发展趋势

B. 为决策者的正确判断提供可靠的依据

C. 分析企业的偿债能力

D. 分析企业的经营效率与效果

9. 收益结构主要分析哪些方面？（　　）

A. 主营业务收入的品种构成　　　　　B. 主营业务收入的行业情况

C. 主营业务收入的地区情况　　　　　D. 主营业务收入的有效性

10. 下列关于营业收入项目分析的描述中，正确的有（　　）。

A. 营业收入是指企业在从事销售商品、提供劳务和让渡资产使用权等日常经营业务过程中所形成的经济利益的总流入

B. 营业收入是企业利润的主要来源，是衡量企业经营业绩的重要指标

C. 营业收入的确认应当遵循权责发生制原则，以实际收到款项为标准

D. 在进行营业收入项目分析时，需要关注企业营业收入的品种构成和增长情况

11. 关于营业成本项目分析，下列描述正确的有（　　）。

A. 营业成本是指企业已销售商品和已提供劳务所发生的各种耗费

B. 营业成本与营业收入进行配比，以计算出企业的毛利率

C. 在进行营业成本项目分析时，需要关注企业存货发出的方法及其变动

D. 营业成本中不包括企业的期间费用

12. 下列关于投资收益项目分析的描述中，正确的有（　　）。

A. 投资收益是企业对外投资所获得的收入或者发生的损失

B. 投资收益是企业利润总额的重要组成部分，直接反映了企业的盈利能力

C. 分析投资收益时，应关注企业投资的目的、投资的对象以及投资的收益和风险情况

D. 在关注投资收益规模的同时，也需要关注其产生的现金流量的能力

13. 关于营业外收支项目分析，下列描述正确的有（　　）。
A. 营业外收入和营业外支出与企业日常生产经营活动无直接关系
B. 营业外收支属于非经常性损益，难以预测企业未来的发展前景
C. 在分析营业外收支时，应关注其与企业经营活动的相关性及其对企业利润的影响
D. 根据新的会计准则，资产处置收益已从营业外收入中剥离，现单独划归为"资产处置收益"科目

14. 下列关于管理费用项目分析的描述中，正确的有（　　）。
A. 管理费用是企业为组织和管理企业生产经营所发生的各项费用
B. 管理费用的构成因素包括行政管理部门职工薪酬、物料消耗、低值易耗品摊销
C. 分析管理费用时，需要关注折旧摊销费用以及研发费用的变化情况
D. 管理费用的分析应关注与企业营业收入的对比分析以及构成因素的分析

三、判断题

1. 利润表反映的是企业在一定会计期间内的收入、费用和利润的变动情况。（　　）
2. 利润表的格式只有一种，即单步式。（　　）
3. 利润表附表分析主要是为了反映企业的利润分配情况。（　　）
4. 分部报表分析的目的是揭示企业在不同地区、不同行业的经营状况和经营成果。（　　）
5. 利润表附注分析主要是对重要项目的变动情况进行说明，而不需要深入揭示利润形成及分配变动的原因。（　　）
6. 利润表趋势分析主要是对企业利润的稳定性和持续性进行分析。（　　）
7. 定基动态比率是指某一分析期的指标与固定基期指标的比率，用于判断企业利润的变动趋势。（　　）
8. 环比动态比率是指某一分析期的指标与前一期指标的比率，主要用于揭示企业利润的变动速度。（　　）
9. 在进行利润表趋势分析时，不需要关注企业营业收入和营业成本的变动情况。（　　）
10. 通过利润表趋势分析，可以为企业未来的经营策略和预算制定提供决策依据。（　　）
11. 利润表结构分析可以有效地判断企业未来的发展趋势和盈利能力。（　　）
12. 利润表横向分析主要是比较每个项目的本期金额与基期金额的变化情况。（　　）
13. 在利润表纵向分析中，营业收入被定为100%，其他项目以百分比形式表示。（　　）
14. 收益结构的分析主要是了解企业收入的构成和变化情况。（　　）
15. 支出结构的分析主要是分析企业各项成本和费用的构成情况。（　　）
16. 盈利结构的分析主要是了解企业的净利润来源和各部分的贡献程度。（　　）
17. 进行利润表结构分析时，不需要考虑企业所处行业的发展状况。（　　）
18. 利润表结构分析可以帮助企业决策者更好地理解企业的经营状况和未来发展趋势。（　　）
19. 在进行利润表结构分析时，只需要关注金额的变化情况，不需要关注百分比的变化情况。（　　）
20. 横向结构分析和纵向结构分析是利润表结构分析的两种基本形式。（　　）

21. 营业收入是衡量企业经营业绩的重要指标之一，因此在进行营业收入项目分析时，不需要关注企业营业收入的品种构成。（　　）

22. 在进行利润表结构分析时，应当关注企业各项成本和费用的确认方式与确认时间的一致性。（　　）

23. 在进行营业成本项目分析时，需要关注企业存货发出的方法及其变动情况。（　　）

24. 营业外收入和营业外支出属于企业的非经营性损益，与企业日常生产经营活动无直接关系。（　　）

25. 管理费用是企业为组织和管理企业生产经营所发生的费用，其中不包括研发费用。（　　）

第六章
现金流量表分析

学习目标

知识目标

1. 了解现金流量表的结构和内容；
2. 了解现金流量表分析的目的和内容；
3. 掌握现金流量表趋势分析要点；
4. 掌握现金流量表结构分析要点；
5. 掌握现金流量表质量分析要点。

技能目标

1. 能根据现金流量表数据和相关资料进行现金流量表比较趋势、定比趋势和环比趋势分析；
2. 能根据现金流量表数据和相关资料进行现金流量表横向、纵向结构分析；
3. 能根据现金流量表数据和相关资料进行经营、投资和筹资项目的质量分析。

素质目标

1. 培养数据分析能力；
2. 树立质量意识，提高企业现金流入、流出、净现金流量的质量；
3. 培养严谨细致的工作态度，养成精益求精的工匠精神。

案例导入

W. T. Grant 曾经是美国最大的商业企业之一，它曾连续五年保持每年的收入和净利润都翻一番的记录，相当于经过五年的增长，这家公司的收入和利润都增长到原来的 32 倍，但它在 1975 年宣告破产。而它破产的前一年，银行贷款达 6 亿美元，经营活动提供营运资金 2000 多万美元，营业净利润也是近 1000 万美元。就在 1973 年，W. T. Grant 公司的股票仍按照其收益 20 倍的价格出售，对于这样一家庞大公司的破产，很多人都非常惊讶。但是，当我们去关注这家企业的现金流，就不会感觉奇怪了。早在五年前，该公司的净现金流量就已经出现负数，公司的现金不能支付巨额的生产性支出和债务费用，最后导致公司"成长性破产"。

讨论分析：为什么 W. T. Grant 利润收入一直在增长，却破产了？

章节导图

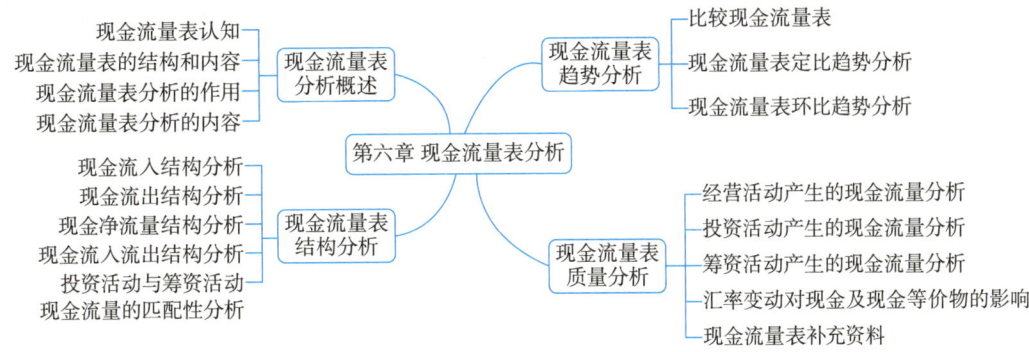

过程实施

第一节 现金流量表分析概述

一、现金流量表认知

现金流量表是一种动态报表，是以现金为基础编制的，反映一定时期内（如月度、季度或年度）企业经营活动、投资活动和筹资活动对其现金及现金等价物所产生影响的财务报表。现金是指企业库存现金以及可以随时用于支付的存款。现金等价物是指企业持有的期限短（通常3个月内）、流动性强、易于转换为已知金额现金、价值变动风险很小的投资。3个月内到期本息金额确定的债券投资属于现金等价物。投资时间短、变现能力强的权益性投资，由于到期收回金额不确定，因此不属于现金等价物。

二、现金流量表的结构和内容

现金流量表由表头、基本内容和补充资料三部分组成。其基本内容部分是现金流量表的核心，按照经济活动的性质分为经营活动产生的现金流量、投资活动产生的现金流量和筹资活动产生的现金流量三部分。每一类现金流量分别按现金流入和现金流出总额反映。

经营活动形成的现金流量，体现企业通过拥有的资产创造现金流量的能力，是企业的"造血"能力，也是与利润表联系最紧密的现金流。由于经营活动现金流与企业日常经营活动息息相关，通过分析经营活动现金流的稳定性和持续性，可以更好地判断企业的价值和风险。

投资活动产生的现金流量，包括对内投资和对外投资两类，对内投资主要是指处置或购建固定资产、无形资产和其他长期资产产生的现金流量，对外投资主要是指对外股权或债券投资。它反映企业获得未来的收益和现金流量而转出资源的程度，以及以前资源转出带来的现金流入的信息。

筹资活动形成的现金流量，反映企业的"输血"能力，与资产负债表的负债、所有者权益项目息息相关，通过它可以分析企业筹资能力，帮助企业资本提供者预计从企业未来现金流量中索偿产权的信息。

三、现金流量表分析的作用

现金流量表是反映企业一定时期内现金流入与流出情况的报表。它关注企业资金链的安全性和流动性情况。现金流量表分析的作用体现在以下几个方面。

（1）现金流量表有助于分析企业现金流量的变动及其原因。

（2）现金流量表有助于评价企业的支付能力、偿债能力和资金周转能力。

（3）现金流量表有助于评价企业净利润的质量。

（4）现金流量表有助于分析企业的投资和筹资活动。

（5）现金流量表有助于预测企业未来获取现金的能力。

四、现金流量表分析的内容

现金流量表分析是指对现金流量表上的有关数据进行比较、分析和研究，从而了解企业的财务状况，发现企业在财务方面存在的问题，预测企业未来的财务状况，为报表使用者科学决策提供依据。现金流量表分析的内容包括现金流量表质量分析、现金流量表趋势分析、现金流量表结构分析。

第二节　现金流量表趋势分析

现金流量表趋势分析是对企业的现金收入、现金支出及余额发生了怎样的变动，其变动趋势如何，这种趋势对企业是否有利进行的分析。通常采用编制历年现金流量表的方法，即将连续多年的报表并列在一起加以分析，以观察变化趋势。观察连续数期的会计报表，比单看一个报告期的财务报表，能了解到更多的信息和情况，并有利于分析变化的趋势，了解变动的原因，在此基础上预测分析企业未来现金流状况，从而为决策提供依据。现金流量趋势分析首先要编制比较现金流量表，其次在其基础上进行现金流量表定比趋势分析和环比趋势分析。

一、比较现金流量表

比较现金流量分析是将连续若干期间的现金流量表数额或内部结构比率进行列示，用来考察企业现金流量的变化趋势。通过比较和观察同一项目增减变化的金额及幅度，把握经营活动、投资活动和筹资活动现金流量的变动趋势。

二、现金流量表定比趋势分析

现金流量表定比趋势分析就是将一定时间作为分析期，选择分析期的第一期为基期，为了便于观察，将该期的所有指标设定为一个指数（一般为100%或1），此后每期与基期的指标对比，得出相对于基期的指数，即定基指数，从而判断变动趋势和变动速度。现金流量表定比趋势分析可表明现金流量表项目总的发展速度。

$$定基指数 = \frac{分析期数额}{固定基期数额} \times 100\% \tag{6-1}$$

【工作任务】A 公司 2022 年经营活动产生的净现金流量为 100000 元，2023 年经营活动产生的净现金流量为 90000 元，2024 年经营活动产生的净现金流量为 120000 元，以 2022 年为基期，计算 2023 年、2024 年定基指数。

2023 年经营活动产生的净现金流量定基指数 = 90000 ÷ 100000 × 100% = 90%

2024 年经营活动产生的净现金流量定基指数 = 120000 ÷ 100000 × 100% = 120%

三、现金流量表环比趋势分析

现金流量表环比趋势分析就是将一定时间作为分析期，选择分析期的前一期为基期，为了便于观察，将该期的所有指标设定为一个指数（一般为 100% 或 1），此后每期都与前一期的指标对比，得出相对于前一期的指数，称为"环比指数"，从而判断变动趋势和变动速度。现金流量表定比趋势分析可表明现金流量表项目逐期的平均发展速度。

$$环比指数 = \frac{本期数额}{上期数额} \times 100\% \tag{6-2}$$

【工作任务】A 公司 2022 年经营活动产生的净现金流量为 100000 元，2023 年经营活动产生的净现金流量为 90000 元，2024 年经营活动产生的净现金流量为 120000 元，以 2022 年为基期，计算 2023 年、2024 年定基指数。

2023 年经营活动产生的净现金流量环比指数 = 90000 ÷ 100000 × 100% = 90%

2024 年经营活动产生的净现金流量环比指数 = 120000 ÷ 90000 × 100% ≈ 133.33%

第三节　现金流量表结构分析

现金流量表结构分析是在现金流量表有关数据的基础上，通过计算企业各项目所占比重的变动情况及变化趋势，明确现金流入的构成、现金流出的构成及净现金流量的构成，揭示企业经营活动、投资活动、筹资活动的特点及对净现金流量的影响程度，发现和掌握企业现金流量的动态方向，为现金流量表信息的使用者提供有用的现金流量信息以帮助决策。

现金流量表结构分析内容包括现金流入结构分析、现金流出结构分析、净现金流量结构分析、现金流入流出结构分析、投资活动与筹资活动现金流量的匹配性分析。

一、现金流入结构分析

现金流入结构分析将经营活动、投资活动、筹资活动的现金流入加总合计，然后计算每个现金流入项目金额占总流入金额的比率，分析现金流入的结构和意义。当然，还可以对经营活动现金流入结构、投资活动现金流入结构及筹资活动现金流入结构进行细分分析。

$$某项目现金流入的比重 = \frac{某项目现金流入金额}{各项目总现金流入金额} \times 100\% \tag{6-3}$$

【工作任务】A 公司 2024 年经营活动产生的现金流量收入合计为 200000 元,投资活动产生的现金流量收入合计为 100000 元,筹资活动产生的现金流量收入合计为 100000 元,试计算 A 公司 2024 年经营活动产生的现金流入所占比重。

A 公司经营活动产生的现金流入所占比重 = 200000 ÷ (200000 + 100000 + 100000) × 100% = 50%

二、现金流出结构分析

现金流出结构分析将经营活动、投资活动、筹资活动的现金流出加总合计,然后计算每个现金流出项目金额占总流出金额的比重,找到企业的现金主要用往何处,分析其现金流出的结构和意义。当然,还可以对经营活动现金流出结构、投资活动现金流出结构及筹资活动现金流出结构进行细分分析。

$$某项目现金流出的比重 = \frac{某项目现金流出金额}{各项目总现金流出金额} \times 100\% \qquad (6-4)$$

【工作任务】A 公司 2024 年经营活动产生的现金流量流出合计为 80000 元,投资活动产生的现金流量流出合计为 80000 元,筹资活动产生的现金流量流出合计为 40000 元,试计算 A 公司 2024 年投资活动产生的现金流出所占比重。

A 公司投资活动产生的现金流出所占比重 = 80000 ÷ (80000 + 80000 + 40000) × 100% = 40%

三、净现金流量结构分析

净现金流量结构分析是指分析经营活动、投资活动、筹资活动的现金收支净额占全部净现金流量的百分比,它反映企业净现金流量是如何形成与分布的,可以分析出企业收支是否平衡及其原因。

【工作任务】A 公司 2024 年经营活动产生的净现金流量为 120000 元,投资活动产生的净现金流量为 60000 元,筹资活动产生的净现金流量为 20000 元,试计算 A 公司 2024 年筹资活动产生的净现金流量所占比重。

A 公司筹资活动产生的净现金流量所占比重 = 20000 ÷ (120000 + 20000 + 60000) × 100% = 10%

四、现金流入流出结构分析

现金流入流出结构分析是指分析经营活动产生的现金流入与流出比例、投资活动产生的现金流入与流出比例、筹资活动产生的现金流入与流出比例。一般来说,企业经营活动现金流入和流出的比率应大于 1,投资活动现金流入和流出的比率应小于 1,筹资活动现金流入和流出的比率应随着企业资金余缺的程度围绕 1 上下波动。

【工作任务】A 公司 2024 年经营活动产生的现金流量收入合计为 200000 元,经营活动产生的现金流量流出合计为 80000 元,试计算 A 公司 2024 年经营活动产生的现金流入与流出比率。

A 公司 2024 年经营活动产生的现金流入与流出比率 = 200000 ÷ 80000 × 100% = 250%

A 公司经营活动产生的现金流入与流出比率大于 1,说明 A 公司经营活动净现金流量大于 0。

五、投资活动与筹资活动现金流量的匹配性分析

一般来说,一个企业的投资活动与筹资活动具有匹配关系,企业应该以长期筹资支付长期投

资，以短期筹资支付短期投资。投资活动与筹资活动的匹配性分析主要通过投资活动筹资比率和投资活动经营筹资比率进行。

$$投资活动筹资比率 = \frac{投资活动净现金流量}{筹资活动净现金流量} \times 100\% \qquad (6-5)$$

投资活动筹资比率可以衡量全部投资活动的资金来源的依赖程度。若该比率绝对值小于等于1，则表明投资活动可以完全依赖筹资活动资金；若该比率绝对值大于1，则表明筹资活动资金不能满足投资资金的需要，还需要经营活动的资金支持。

【工作任务】A 公司 2024 年经营活动产生的净现金流量为 120000 元，投资活动产生的净现金流量为 20000 元，筹资活动产生的净现金流量为 60000 元，试计算 A 公司 2024 年投资活动筹资比率。

A 公司投资活动筹资比率 = 20000 ÷ 60000 × 100% = 33.33%

A 公司投资活动筹资比率小于1，说明 A 公司投资活动资金可以完全依赖筹资活动资金。

$$投资活动经营筹资比率 = \frac{投资活动净现金流量}{经营活动净现金流量 + 筹资活动净现金流量} \times 100\% \qquad (6-6)$$

若投资活动经营筹资比率绝对值小于等于1，则表明同期产生的经营和筹资活动的净现金流量可以支撑投资活动的需要；若投资活动经营筹资比率绝对值大于1，则表明企业投资活动所需要的资金会耗尽同期经营和筹资活动的净现金流量，这会影响企业未来的财务流动性。

【工作任务】A 公司 2024 年经营活动产生的净现金流量为 120000 元，投资活动产生的净现金流量为 20000 元，筹资活动产生的净现金流量为 60000 元，试计算 A 公司 2024 年投资活动经营筹资比率。

A 公司投资活动经营筹资比率 = 20000 ÷ (120000 + 60000) × 100% = 11.11%

A 公司投资活动经营筹资比率小于1，说明 A 公司经营和筹资活动的净现金流量可以支撑投资活动的需要。

第四节 现金流量表质量分析

一、经营活动产生的现金流量分析

（一）经营活动产生的现金流量内容

经营活动是指企业投资和筹资活动以外的所有交易与事项。经营活动现金流主要包括以下几项内容。

1. 销售商品、提供劳务收到的现金

"销售商品、提供劳务收到的现金"反映企业销售商品、提供劳务实际收到的现金，包括销售收入和应向购买者收取的增值税销项税额，具体指本期销售商品、提供劳务收到的现金，以及前期销售商品、提供劳务本期收到的现金和本期预收的款项，减去本期销售本期退回的商品和前期销售本期退回的商品支付的现金。企业销售材料和代购代销业务收到的现金，也在本项目反映。本项目

是企业现金流产生的源泉，其数额不仅取决于销售商品、提供劳务取得的收入额，还取决于企业的信用政策，分析时应重点予以关注。

2. 收到的税费返还

"收到的税费返还"反映企业收到返还的各种税费，如收到的增值税、消费税、所得税、关税和教育费附加返还款等。这在一定程度上反映了企业享受的税收优惠政策。

3. 收到其他与经营活动有关的现金

"收到其他与经营活动有关的现金"反映企业除上述各项目外，收到的其他与经营活动有关的现金，如罚款收入、经营租赁固定资产收到的现金、投资性房地产收到的租金收入、流动资产损失中由个人赔偿的现金收入、除税费返还外的其他政府补助收入等。

4. 购买商品、接受劳务支付的现金

"购买商品、接受劳务支付的现金"反映本期购买商品、接受劳务支付的现金（包括增值税进项税额），以及本期支付前期的未付款项和本期预付款项，扣除本期发生购货退回而收到的现金。

5. 支付给职工以及为职工支付的现金

"支付给职工以及为职工支付的现金"反映企业本期实际支付给职工的工资、奖金、各种津贴和补贴等，以及为职工支付的其他费用。需要注意的是，支付给离退休职工的各项费用（包括支付的统筹退休金及未参加统筹的退休人员费用），在"支付其他与经营活动有关的现金"项目中反映；由在建工程、无形资产负担的职工薪酬，在"购建固定资产、无形资产和其他长期资产支付的现金"项目中反映。

6. 支付的各项税费

"支付的各项税费"反映企业按规定支付的各项税费，包括本期发生并支付的税费，以及本期支付以前各期发生的税费和预交的税金，如支付的增值税、消费税、所得税、教育费附加、印花税、房产税、土地增值税、车船使用税等。其中，不包括本期退回的增值税、所得税，本期退回的增值税、所得税等在"收到的税费返还"项目中反映。本项目体现了企业的真实税负情况。

7. 支付其他与经营活动有关的现金

"支付其他与经营活动有关的现金"反映企业除上述各项目外，支付的其他与经营活动有关的现金，如罚款支出、支付的差旅费、业务招待费、保险费、经营租赁支付的现金等。其他与经营活动有关的现金，如果金额较大的，应单列项目反映。

经营活动产生的现金流量相当于企业的"造血功能"，是企业通过核心竞争力的主营业务创造的企业生存和发展所需要的现金流量。如果经营性现金流入显著大于现金流出，则表明企业"造血功能"较强，对外部筹资的依赖性较低；反之，如果经营性现金流入显著小于现金流出，则表明企业"造血功能"衰弱，对如银行贷款、股东注资等外部筹资方式依赖性较高。

（二）经营活动产生的现金流量质量分析

1. 经营活动净现金流量大于零

经营活动净现金流量大于零意味着企业生产经营能力比较正常，具有"自我造血"功能。如果经营活动产生的净现金流量大于零并在补偿当期的非现金消耗性成本后仍有剩余，这意味着企业通

过正常的商品购、产、销所带来的现金流入量，不但能够支付因经营活动而引起的现金流出、补偿全部当期的非现金消耗性成本，如固定资产折旧、无形资产摊销、长期待摊费用摊销，还有余力为企业规模的扩大提供支持。在这种情况下，企业经营活动产生的现金流量已经处于良好的运行状态。如果这种状态一直持续，则企业经营活动产生的现金流量将对企业经营稳步发展起到重要作用。

如果经营活动产生的净现金流量大于零并恰能补偿当期的非现金消耗性成本，这意味着企业通过正常的商品购、产、销所带来的现金流入量，不但能够支付因经营活动而引起的现金流出，而且正好补偿当期全部的非现金消耗性成本。在这种状态下，企业在经营活动方面的现金流量的压力已经解除。如果这种状态持续，则企业经营活动产生的现金流量从长期来看，正好能够维持企业经营活动的货币"简单再生产"。但从总体上看，维持这种"简单再生产"的状态，仍然不能为企业稳定发展提供货币支持。

如果经营活动产生的净现金流量大于零但不足以补偿当期的非现金消耗性成本，这意味着企业通过正常的商品购、产、销所带来的现金流入量，不但能够支付因经营而引起的现金流出，而且有余力补偿一部分当期的非现金消耗性成本。如果这种状态持续，从长期来看，企业经营活动产生的现金流量将不可能维持企业经营活动的货币"简单再生产"。因此，企业在正常生产经营期间若持续出现这种状态，则对企业经营活动的现金流量的质量不能给予较高评价。

2. 经营活动净现金流量等于零

经营活动净现金流量等于零意味着企业通过正常的商品购、产、销所带来的现金流入量，正好能够支付因经营活动而引起的现金流出。若企业经营活动产生的净现金流量等于零，则说明企业经营活动现金流量正好处于收支平衡的状态。企业正常经营活动不需要额外补充流动资金，企业的经营活动也不能为企业的投资活动以及融资活动贡献现金。应该注意的是，当经营活动产生的净现金流量等于零时，企业经营活动产生的现金流量是不可能为企业的非现金消耗性成本的资源消耗提供货币补充的，因此，从长远来看，经营活动现金流量等于零的状态，根本不可能维持企业经营活动的货币"简单再生产"。如果企业在正常生产期间持续出现这种状况，那就此可以判断企业经营活动现金流量的质量不高。

3. 经营活动净现金流量小于零

经营活动净现金流量小于零意味着企业通过正常的商品购、产、销所带来的现金流入量，不足以支付因经营活而引起的现金流出。从企业的成长过程进行分析，在企业开始从事经营活动的初期，产品没有被市场广泛接受，而且生产经营活动没有步入正轨，设备、人力资源的利用率相对较低，材料的消耗量相对较高，因而导致企业的成本较高。如果是上述因素导致企业经营活动产生的现金流量为负，则可以认为是企业在发展过程中不可避免的正常状态。但是，如果企业在正常生产期间仍然出现这种情况，那么就此可以判断企业经营过程中的现金流转存在问题，经营"入不敷出"，这是最糟糕的情形。

二、投资活动产生的现金流量分析

（一）投资活动产生的现金流量内容

投资活动是指企业长期资产的购建和不包括在现金等价物范围内的投资及其处置活动。投资活动现金流，主要包括以下几项内容。

1. 收回投资收到的现金

"收回投资收到的现金"反映企业出售、转让或到期收回除现金等价物以外的对其他单位的权益工具、债务工具而收到的现金，但不包括债权投资中的利息、股权投资中的股利、处置子公司以及其他经营单位收到的现金净额。

2. 取得投资收益收到的现金

"取得投资收益收到的现金"反映企业因股权性投资及债权性投资而取得的现金股利、利息，以及从子公司、联营企业和合营企业分回利润而收到的现金。注意股票股利由于不产生现金流量，不在本项目中反映。

3. 处置固定资产、无形资产和其他长期资产收回的现金净额

"处置固定资产、无形资产和其他长期资产收回的现金净额"反映企业出售固定资产、无形资产和其他长期资产（如投资性房地产）所取得的现金，扣除为处置这些资产而支付的有关税费用后的净额。

4. 处置子公司及其他营业单位收到的现金净额

"处置子公司及其他营业单位收到的现金净额"反映企业处置子公司及其他营业单位取得的现金减去子公司或其他营业单位持有的现金和现金等价物以及相关处置费用后的净额。如果本项目为负数，则在"支付其他与投资活动有关的现金"项目反映。

5. 收到其他与投资活动有关的现金

"收到其他与投资活动有关的现金"反映企业除上述各项目外，收到的其他与投资活动有关的现金。其他与投资活动有关的现金，如果价值较高，应单列项目反映。

6. 购建固定资产、无形资产和其他长期资产支付的现金

"购建固定资产、无形资产和其他长期资产支付的现金"反映企业购买、建造固定资产，取得无形资产和其他长期资产（如投资性房地产）支付的现金，包括购买机器设备所支付的现金、建造工程支付的现金、支付在建工程人员的工资等现金支出，不包括为购建固定资产、无形资产和其他长期资产而发生的借款利息资本化部分，以及融资租入固定资产所支付的租赁费。

7. 投资支付的现金

"投资支付的现金"反映企业进行权益性投资和债权性投资所支付的现金，以及支付的佣金、手续费等交易费用。

8. 取得子公司及其他营业单位支付的现金净额

"取得子公司及其他营业单位支付的现金净额"反映企业取得子公司及其他营业单位购买价中以现金支付的部分，减去子公司或其他营业单位持有的现金和现金等价物后的净额。

9. 支付其他与投资活动有关的现金

"支付其他与投资活动有关的现金"反映企业除上述各项目外，支付的其他与投资活动有关的现金。其他与投资活动有关的现金，如果价值较大，应单列项目反映。

(二) 投资活动产生的现金流量质量分析

1. 投资活动净现金流量大于零

投资活动净现金流量大于零意味着企业在投资活动方面的现金流入量大于流出量。这种情况的发生，是由于企业在本会计期间投资回收的规模大于投资支出的规模，或者是由于企业在经营活动与筹资活动方面急需资金而不得不处理手中的长期资产以求变现等。在这种情况下，应该对企业投资活动产生的现金流量进行具体分析。

2. 投资活动净现金流量小于零

投资活动净现金流量小于零意味着企业在购建固定资产、无形资产、其他长期资产以及对外投资等方面所支付的现金之和，大于企业在收回投资、取得投资收益、处置固定资产、无形资产和其他长期资产而收到的现金净额之和。这通常是正常现象，但需关注投资支出的合理性和投资收益的实现情况（投资是否与企业发展阶段、长期规划及短期计划相吻合）来判断现金流量的质量。比如，企业投资活动产生的现金流出量，有的需要由经营活动产生的现金流入来补偿。假如企业购买了大型生产设备，该设备价值高，当期固定资产购建支出大，但该设备会形成企业的优质固定资产，将提高企业未来的生产经营能力，这时该固定资产的购建支出将由未来使用该设备会计期间的经营活动的现金流量来补偿，所以这种情况尽管当期投资活动净现金流量小于零，从长远来看，对企业的发展仍是有利的。

三、筹资活动产生的现金流量分析

（一）筹资活动产生的现金流量内容

筹资活动是指导致企业资本及债务规模和构成发生变化的活动。筹资活动现金流主要包括以下几项内容。

1. 吸收投资收到的现金

"吸收投资收到的现金"反映企业以发行股票等方式筹集资金实际收到的款项净额（发行收入减去支付的佣金等发行费用后的净额）。注意以发行股票等方式筹集资金而由企业直接支付的审计、咨询等费用，在"支付其他与筹资活动有关的现金"项目中反映。

2. 取得借款收到的现金

"取得借款收到的现金"反映企业举借各种短期、长期借款而收到的现金，以及发行债券实际收到的款项净额（发行收入减去直接支付的佣金等发行费用后的净额）。

3. 收到其他与筹资活动有关的现金

"收到其他与筹资活动有关的现金"反映企业除上述各项目外，收到的其他与筹资活动有关的现金。其他与筹资活动有关的现金，如果价值较大，应单列项目反映。

4. 偿还债务支付的现金

"偿还债务支付的现金"反映企业以现金偿还的短期借款、长期借款和应付债券的本金，以及偿还的长期应付款。

5. 分配股利、利润或偿付利息支付的现金

"分配股利、利润或偿付利息支付的现金"反映企业实际支付的现金股利、利润和支付的借款利息、债券利息等。

6. 支付其他与筹资活动有关的现金

"支付其他与筹资活动有关的现金"反映企业除上述各项目外，支付的其他与筹资活动有关的现金，如以发行股票、债券等方式筹集资金而由企业直接支付的审计、咨询等费用，融资租赁各期支付的现金，以分期付款方式购建固定资产、无形资产等各期支付的现金等。

（二）筹资活动产生的现金流量质量分析

1. 筹资活动净现金流量大于零

筹资活动净现金流量大于零意味着企业在吸收权益性投资、借款等方面所收到的现金之和大于企业在偿还债务、偿付利息和股利等方面所支付的现金之和。在企业处于发展阶段、投资需要大量资金、企业经营活动产生的现金流量小于零的条件下，企业对现金的需求，主要通过筹资活动来满足。因此，分析企业筹资活动产生的现金流量大于零是否正常，关键要看企业的筹资活动是否已经被纳入企业的发展规划，是企业管理层以扩大投资和经营活动为目标的主动筹资行为还是企业因投资活动和经营活动的现金流出失控而不得已的筹资行为。

2. 筹资活动净现金流量小于零

筹资活动净现金流量小于零意味着企业在吸收权益性投资、发行债券以及借款等方面所收到的现金之和小于企业在偿还债务、支付筹资费用、分配股利或利润、偿付利息、融资租赁所支付的现金以及减少注册资本等方面所支付的现金之和。出现这种情况，是由于企业在本会计期间集中发生偿还债务、支付筹资费用、分配股利或利润、偿付利息、融资租赁等业务，或者是因为企业经营活动与投资活动在现金流量方面运转较好、有能力完成上述各项支付。当企业发展到成熟阶段，对资金的需求下降之后偿还银行借款，有助于企业适当控制经营风险，还有助于提高企业的资产周转率。如果向股东支付红利，则说明企业当期找不到更好的投资项目，与其把资金投入效益不好的项目上，还不如把钱还给股东，让他们自己去寻找更好的投资机会。因此，这样做对于股东来说是有意义的。从这个角度来说，这种现金流模式是大多数成熟阶段的企业的理想模式。当然，企业筹资活动产生的现金流量小于零，也可能是企业在投资和扩张方面没有更多作为的一种表现。

四、汇率变动对现金及现金等价物的影响

汇率变动对现金的影响，是指企业外币现金流量及境外子公司的现金流量折算成记账本位币时采用发生日的即期汇率（或近似的汇率），而现金流量表"现金及现金等价物净增加额"项目中外币现金净增加额采用资产负债表日的即期汇率，这两者的差额即为汇率变动对现金的影响，在现金流量表中单独列报。

五、现金流量表补充资料

企业还应在附注中披露将净利润调节为经营活动现金流量、不涉及现金收支的重大投资和筹资

活动、现金及现金等价物净变动情况等信息。

章节总结

1. 现金流量表分析概述：对现金流量表的概念、结构、内容和作用进行初步了解。

2. 现金流量表趋势分析：对企业的现金收入、现金支出及余额发生了怎样的变动，其变动趋势如何，这种趋势对企业是否有利进行分析。现金流量趋势分析首先要编制比较现金流量表，在其基础上进行现金流量表定比趋势分析和环比趋势分析。

3. 现金流量表结构分析：在现金流量表有关数据的基础上，通过计算企业各项目所占比重的变动情况及变化趋势，明确现金流入的构成、现金流出的构成以及净现金流量的构成，现金流量表结构分析内容包括现金流入结构分析、现金流出结构分析、净现金流量结构分析、现金流入流出结构分析、投资活动与筹资活动现金流量的匹配性分析。

4. 现金流量表质量分析：对现金流量表表内具体项目的进一步分析，以期更好地评估企业的现金质量。其包括经营活动产生的现金流量分析、投资活动产生的现金流量分析、筹资活动产生的现金流量分析、汇率变动对现金及现金等价物的影响、现金流量表补充资料等。

课后练习题

一、单项选择题

1. 下列经营活动净现金流量质量分析的表述中，错误的是（　　）。

A. 经营活动净现金流量小于零是最糟糕的情况，企业经营经常"入不敷出"

B. 经营活动净现金流量大于零意味着企业生产经营具有"自我造血"功能

C. 经营活动净现金流量等于零意味着企业经营过程中现金"收支平衡"，这种情况企业经营活动产生的现金流量为企业的非现金消耗性成本的资源消耗提供了货币补充

D. 经营活动净现金流量等于零意味着企业经营过程中现金"收支平衡"，这种情况企业经营活动产生的现金流量是不可能为企业的非现金消耗性成本的资源消耗提供货币补充的

2. 支付给离退休职工的各项费用（包括支付的统筹退休金及未参加统筹的退休人员费用），在（　　）项目中反映。

A. 支付给职工以及为职工支付的现金　　　　B. 支付其他与经营活动有关的现金

C. 投资支付的现金　　　　　　　　　　　　D. 支付其他与投资活动有关的现金

3. 由在建工程、无形资产负担的职工薪酬，在（　　）中反映。

A. 购建固定资产、无形资产和其他长期资产支付的现金

B. 支付给职工以及为职工支付的现金

C. 投资支付的现金

D. 支付其他与经营活动有关的现金

4. 对一个处于初创期的企业来说（　　）。

A. 经营活动净现金流量一定大于零　　　　　B. 投资活动净现金流量一定大于零

C. 筹资活动净现金流量一般大于零　　　　　D. 筹资活动净现金流量一般小于零

5. 通过计算企业现金流量表各项目所占比重的变动情况及变化趋势，明确现金流入的构成、现金流出的构成及净现金流量的构成，揭示企业经营活动、投资活动、筹资活动的特点及对净现金流量的影响程度属于（　　）。

　　A. 现金流量表结构分析　　　　　　　　B. 现金流量表趋势分析

　　C. 现金流量表质量分析　　　　　　　　D. 现金流量表比率分析

6. 下列财务活动中，不属于企业筹资活动的是（　　）。

　　A. 购建固定资产　　　B. 发行债券　　　C. 吸收权益性投资　　　D. 分配股利

7. A 公司 2022 年产生下列现金流量：(1) 收到客户订购商品预付款 800 万元；(2) 收到增值税即征即退款 60 万元；(3) 支付购入作为交易性金融资产核算的股票投资款 300 万元；(4) 支付管理人员报销差旅费 18 万元；(5) 收到租出包装物的保证金 2 万元；(6) 支付为发行债券发生的咨询费用 50 万元。不考虑其他因素，A 公司 2022 年经营活动净现金流量是（　　）万元。

　　A. 792　　　　　　　B. 794　　　　　　　C. 560　　　　　　　D. 844

8. 下列说法正确的是（　　）。

　　A. 企业经营活动现金流入和流出的比率应小于 1

　　B. 企业投资活动现金流入和流出的比率应大于 1

　　C. 企业筹资活动现金流入和流出的比率应随着企业资金余缺的程度围绕 1 上下波动

　　D. 企业筹资活动现金流入和流出的比率大于 1

二、多项选择题

1. 以下说法正确的是（　　）。

　　A. 企业经营活动产生的现金流量直接反映企业创造现金的能力

　　B. 本期退回的增值税、所得税等，在"收到的税费返还"项目中反映

　　C. 尽管当期投资活动净现金流量小于零，从长远来看，对企业的发展也可能仍是有利的

　　D. 筹资活动净现金流量大于零多出现在企业初始发展阶段

2. 下列项目在"购建固定资产、无形资产和其他长期资产支付的现金"反映的包括（　　）。

　　A. 购买机器设备所支付的现金　　　　　B. 支付在建工程人员的工资

　　C. 为购建固定资产而发生的借款利息资本化部分　　D. 融资租入固定资产所支付的租赁费

3. 企业现金流量增减变动分析，可采用（　　）方法。

　　A. 差异分析　　　B. 定比分析　　　C. 环比分析　　　D. 替代分析

4. 现金流量的结构分析包括的内容有（　　）的结构分析。

　　A. 净现金流量　　　B. 现金流入　　　C. 现金流出　　　D. 现金总流量

5. 下列选项中，属于企业筹资活动产生的现金流量的是（　　）。

　　A. 支付为生产存货而借入专门借款的资本化利息

　　B. 支付因租入设备确认的租赁负债的本金及利息

　　C. 将销售产生的应收账款以不附追索权的方式申请保理取得现金

　　D. 支付发行债券的佣金等发行费用

6. 下列选项中，属于企业投资活动产生的现金流量的是（　　）。

　　A. 长期借款支付的利息　　　　　　　　B. 从联营企业分回的利润而收到的现金

C. 处置固定资产收到的现金　　　　　D. 向投资方分配利润而支付的现金

7. 投资活动与筹资活动的匹配性分析主要通过（　　）进行计算分析。

A. 投资活动筹资比率　　　　　　　　B. 定基指数

C. 环比指数　　　　　　　　　　　　D. 投资活动经营筹资比率

三、判断题

1. 投资活动净现金流量越大越好。（　　）

2. 现金流量表是按照权责发生制编制的。（　　）

3. 现金流量表环比分析表就是将一定时间作为分析期，选择分析期的前一期为基期，为了便于观察，将该期的所有指标设定为一个指数（一般为100%或1），此后每期都与基期的指标对比，得出相对于基期的指数，称为"环比指数"。（　　）

4. 在企业处于高速成长阶段，投资活动产生的现金流出量一般大于流入量。（　　）

5. 投资活动经营筹资比率绝对值小于等于1，则表明同期产生的筹资活动的净现金流量可以支撑投资活动的需要。（　　）

四、实训题

请选择一家上市公司，对其2023年现金流量表做质量分析。

第七章
财务报表综合分析

学习目标

知识目标

1. 了解财务报表综合分析的概念和特点；
2. 了解杜邦分析法的特点与应用；
3. 掌握杜邦分析法的基本思路；
4. 掌握杜邦分析法的财务指标关系；
5. 了解沃尔综合评分法的基本步骤。

技能目标

1. 能根据已知数据进行杜邦分析；
2. 能根据已知数据进行沃尔综合评分分析。

素质目标

1. 培养数据分析能力；
2. 树立质量意识，提高企业销售利润率、资产周转率，减少负债；
3. 培养严谨细致的工作态度，养成精益求精的工匠精神。

案例导入

星途汽车主营业务多为系列散装水泥车、混凝土搅拌车和混凝土泵车等专用汽车及汽车配件的生产与销售。

2010年，国家开展了"4万亿元投资计划"，拉动内需。国家汽车产业调整和振兴规划、装备制造业振兴规划的颁布实施，和国家提出的提高水泥散装率、发展商品混凝土以及保护环境政策的逐步落实，推动了混凝土机械行业的快速发展，公司产品市场需求旺盛。

面对持续向好的经营形势，星途汽车紧紧围绕"强化内部管理，提升竞争优势"这一工作主题，认真落实降成本、抓质量、创品牌和增效益的各项经营措施，不断提高应对市场变化的意识和能力，充分利用并购重组、结构调整和行业机遇，灵活调整生产经营策略，积极开拓市场，通过加强内部管理和成本费用控制，提高工艺装备水平，加大新产品研发投入，完善营销网络、金融按揭网络和售后服务网络建设，利用品牌优势和规模优势，进一步巩固和强化了公司在行业中的优势地位。2016年公司产销规模和经营效益均创历史新高，综合竞争力不断增强，开创了跨越式发展的新局面，净资产收益率达到了32.75%。

思考分析：
1. 星途汽车想全面快速了解是什么因素决定了净资产收益率，可以用什么方法？
2. 杜邦分析法有什么优势？

章节导图

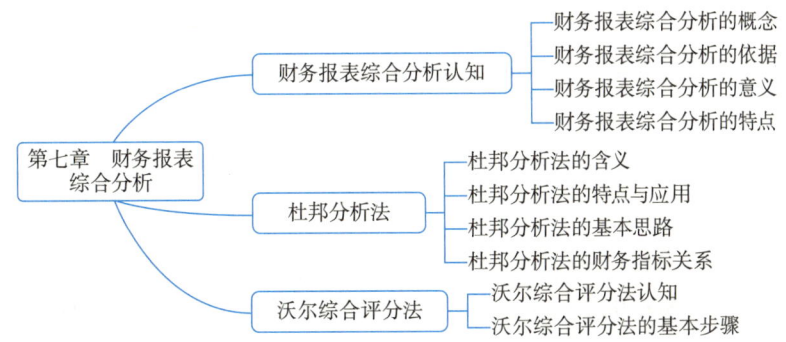

过程实施

第一节 财务报表综合分析认知

一、财务报表综合分析的概念

财务报表综合分析是对财务报表的综合把握。它是在各专项或专题分析的基础上将财务报表作为一个整体，系统、全面、综合地对企业财务状况和经营情况进行剖析、解释与评价，以对企业整体财务状况和经济效益做出更为全面、准确、客观的判断。只有将企业偿债能力、营运能力、获利能力及发展能力等各项分析有机联系起来，作为一套完整的体系，相互配合使用，做出系统的综合评价，才能从总体意义上把握企业财务状况和经营情况。综合分析正是在专项分析的基础上，将企业各方面的分析纳入一个有机的分析系统，从而做出更全面评价的过程。

二、财务报表综合分析的依据

财务报表综合分析的依据是财务会计报表及一些相关资料，其本质是报告企业财务状况、经营业绩和财务情况的统计数据，它包括企业现金流量表、利润表、资产负债表等。

三、财务报表综合分析的意义

（1）正确评价企业的财务状况、经营成果和现金流量情况。通过分析财务报表，我们可以了解企业的资产、负债、所有者权益等财务状况，以及企业的盈利能力、偿债能力、运营能力等经营成果。同时，我们还可以了解企业的现金流情况，包括现金流入和流出的情况。

（2）揭示企业未来的报酬和风险。通过对财务报表的分析，我们可以了解企业的盈利能力和偿债能力，从而预测企业未来的报酬和风险。这对于投资者、债权人和其他利益相关者来说非常重要，因为他们需要根据这些信息做出决策。

（3）检查企业预算完成情况，考核经营管理人员的业绩。财务报表分析还可以用于检查企业预算的完成情况，以及考核经营管理人员的业绩。这有助于企业更好地管理其财务和人力资源，提高企业的效率和竞争力。

四、财务报表综合分析的特点

与财务单项分析相比，财务报表综合分析具有以下特点。

（1）从财务分析的方法来看，财务报表综合分析是通过归纳综合，把个别财务现象从财务活动的总体上做出总结。

（2）从财务分析性质上看，财务报表综合分析具有高度的抽象性和概括性，着重从整体上概括财务状况的本质特征。

（3）从财务分析的重点和比较基准上看，财务报表综合分析关注企业整体发展趋势。

（4）从财务指标在分析中的地位上看，财务报表综合分析强调各种指标有主辅之分，并且特别注意主辅指标间的本质联系和层次关系。

五、财务报表综合分析的方法

财务报表综合分析方法有很多，主要有杜邦分析法、综合系统分析法、雷达图分析法、沃尔综合评分法等。

第二节　杜邦分析法

一、杜邦分析法的含义

杜邦分析法又称"杜邦财务分析体系"，简称"杜邦体系"，是利用各主要财务比率指标间的内在联系，对企业财务状况及经济利益进行综合系统分析评价的方法。这种分析方法最早由美国杜邦公司使用，故名"杜邦分析法"。该方法以净资产收益率为龙头，以资产净利率和权益乘数为核心，重点揭示企业获利能力、资产投资收益能力及权益乘数对净资产收益率的影响，以及各相关指标间的相互影响作用关系。

二、杜邦分析法的特点与应用

杜邦分析法是最经典的财务指标分析方法，它是一种用来评价企业盈利能力和股东权益回报水平，从财务角度评价企业绩效的方法。杜邦分析法最显著的特点是将若干个用以评价企业经营效率和财务状况的比率按其内在联系有机结合起来，形成一个完整的指标体系，并最终通过权益收益率来综合反映。采用这一方法，可使财务比率分析的层次更清晰、条理更突出，为报表分析者全面仔细地了解企业的经营和盈利状况提供方便。杜邦分析法有助于企业管理层更加清晰地看到权益基本收益率的决定因素，以及销售净利润与总资产周转率、债务比率之间的相互关联关系，给管理层提供了一张明晰的考察公司资产管理效率和是否最大化股东投资回报的路线图。

三、杜邦分析法的基本思路

（1）权益净利率，也称"净资产收益率"，是综合性最强的财务分析指标，也是杜邦分析系统的核心。

（2）总资产净利率是影响权益净利率最重要的指标，具有很强的综合性，而总资产净利率又取决于销售净利率和总资产周转率的高低。总资产周转率是反映总资产的周转速度。对资产周转率的分析，需要对影响资产周转的各因素进行分析，以判明影响公司资产周转的主要问题在哪里。销售净利率反映销售收入的收益水平。提高销售收入、降低成本是提高企业销售利润率的根本途径，而扩大销售，也是提高资产周转率的必要条件和途径。

（3）权益乘数表示企业的负债程度，反映了公司利用财务杠杆进行经营活动的程度。资产负债率高，权益乘数就大，这说明公司负债程度高，公司会有较多的杠杆利益，但风险也高；反之，资产负债率低，权益乘数就小，这说明公司负债程度低，公司会有较少的杠杆利益，但相应承担的风险也低。

四、杜邦分析法的财务指标关系

1. 净资产收益率——综合能力最重要的指标

净资产收益率是杜邦分析体系的核心比率，也是综合性最强的财务比率。净资产收益率反映了企业所有者投入资本的盈利能力，说明了企业筹资、投资、资产营运等各项财务及其管理活动的效率。其中几种财务指标关系为

$$\text{净资产收益率} = \text{总资产净利率} \times \text{权益乘数} \quad (7-1)$$

因为：总资产净利率 = 销售净利率 × 总资产周转率

所以：净资产收益率 = 销售净利率 × 总资产周转率 × 权益乘数

= （净利润÷营业收入）×（营业收入÷平均总资产）×（总资产÷所有者权益）

从式（7-1）可以看出，无论提高其中哪个比率，净资产收益率都会提高。其中，销售净利率是利润表的概括，净利润与营业收入两者相除可以概括企业的全部经营成果；权益乘数是资产负债的概括，表明资产、负债和所有者权益的比例关系，可以反映企业最基本的财务状况；总资产周转率把利润表和资产负债表联系起来，使净资产收益率可以综合整个企业经营活动和财务活动业绩。

2. 销售净利率——盈利能力最重要的指标

销售净利率反映企业净利润与营业收入的关系，是企业商品经营的结果，是商品经营盈利能力最重要的指标。它的高低取决于企业销售收入与成本总额的高低。其计算公式为

$$\text{销售净利率} = \text{净利润} \div \text{销售收入} \times 100\% \quad (7-2)$$

其中，净利润（税后利润）=利润总额-所得税费用=主营业务收入+其他业务收入-主营业务成本-其他业务成本-营业税金及附加-期间费用（销售费用+管理费用+财务费用）-资产减值损失+公允价值变动收益（亏损为负）+投资收益（亏损为负）-所得税费用。

3. 总资产周转率——营运能力最重要的指标

总资产周转率是度量企业效率的一种比率。它反映的是企业利用各项资产所取得的收入水平，即一定时期内企业获得的收入与企业在这一时期内投入的资金总额的比率，因而也可以将其看作营运能力的指标。

总资产周转率的变化可以反映企业的营运能力是否有所提高，它的变化可以说明企业资产是否有效利用，可以表现企业的盈利能力，以及企业管理层在资产管理方面的好坏。如果企业把资产利用到最佳效果，那么总资产周转率就会很高，企业利润也会很高；如果企业管理运作不当，不能有效利用资产，那么总资产周转率就会很低，企业利润也会降低。总资产周转率的计算公式如下：

$$总资产周转率（次）=销售收入 \div 平均资产总额 \quad (7-3)$$

在式（7-3）中，销售收入是指销售总收入减去销售退回、折扣、扣让后的净额。

平均资产总额可采用年初年末的平均数衡量，公式为平均资产总额=（资产总额年初数+资产总额年末数）/2。

总资产周转率也可用周转天数来表示，其计算公式为

$$总资产周转天数=365 \div 总资产周转率（次）=365 \times 平均资产总额 \div 销售收入 \quad (7-4)$$

4. 权益乘数——偿债能力最重要的指标

权益乘数也称为"业主权益乘数"，是企业资本经营（筹资活动）的结果，它是反映企业偿债能力的一个重要指标。权益乘数越大，说明股东投入的资本在资产中所占比重越小，负债程度越高，会导致企业财务杠杆率较高，所面对的财务风险较大。其计算公式如下：

$$权益乘数=总资产 \div 所有者权益 \quad (7-5)$$

杜邦分析体系如图7-1所示。由图可见，杜邦分析体系是对企业财务状况的综合分析。它通过几种主要的财务比率之间的相互关系，全面、系统、直观地反映企业的财务状况，从而大大提升了财务报表分析者的分析效率和效果。

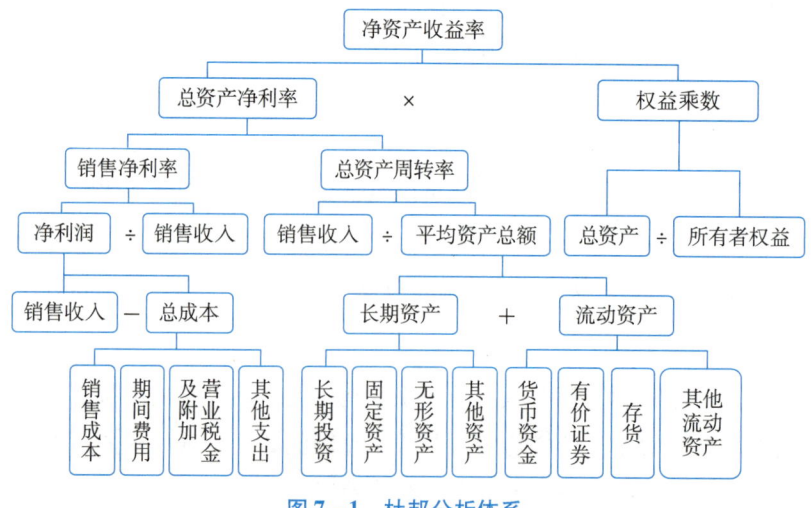

图7-1 杜邦分析体系

杜邦分析指标与企业各能力之间的关系如图 7-2 所示。

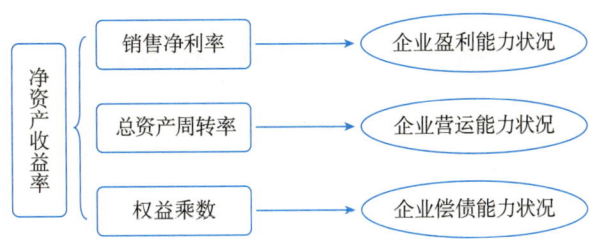

图 7-2　杜邦分析指标与企业各能力之间的关系

【工作任务】杜邦分析涉及四个指标：净资产收益率、销售净利率（营业净利润率）、总资产周转率以及权益乘数。A 公司 2021 年、2022 年、2023 年的分析指标计算如表 7-1 所示，杜邦分析如图 7-3、图 7-4、图 7-5 所示。

表 7-1　A 公司杜邦分析指标

分析指标	2023 年	2022 年	2021 年
净资产收益率（%）	30.41	27.31	35.23
销售净利率（%）	14.33	12.91	10.35
总资产周转率（次）	0.64	0.63	0.97
权益乘数	3.39	3.47	3.68

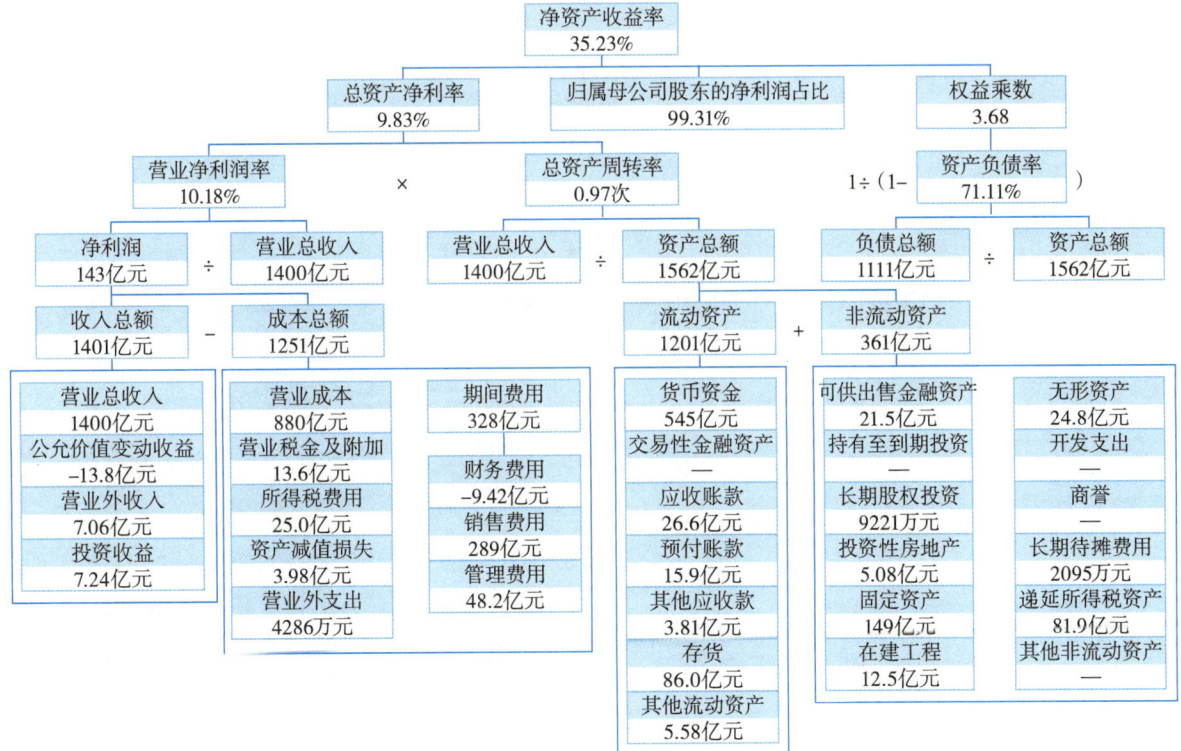

图 7-3　A 公司 2021 年杜邦分析

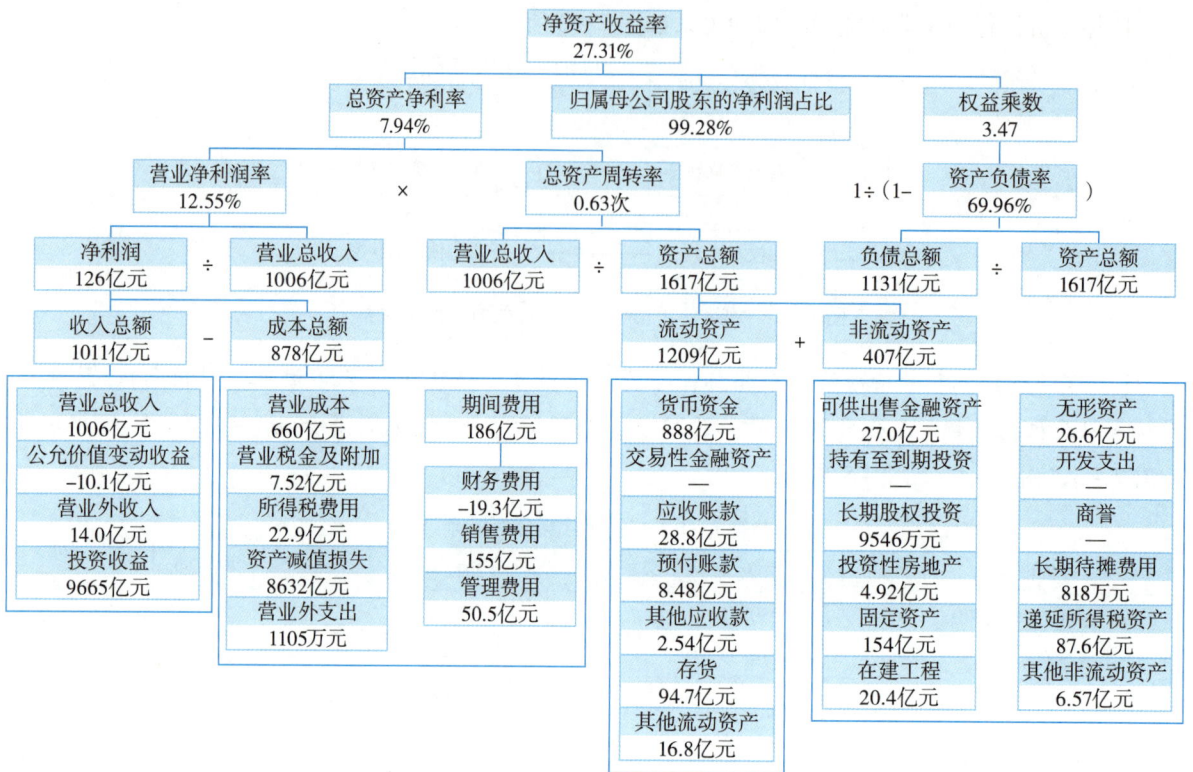

图 7-4　A 公司 2022 年杜邦分析

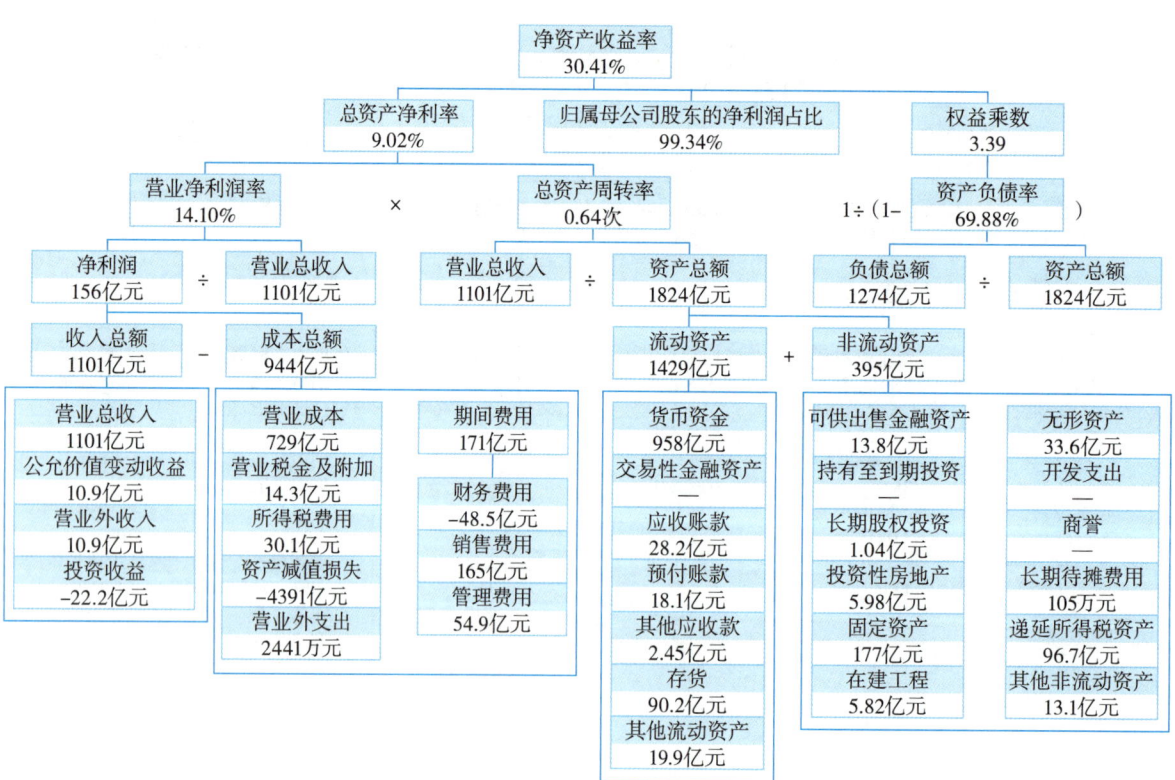

图 7-5　A 公司 2023 年杜邦分析

根据 A 公司 2021—2023 年的年度报告数据，可以计算出近三年的销售净利率分别为 10.35%、12.91%、14.33%，该企业三年的销售净利率在同行业中处于中上水平。销售净利率水平的高低主要取决于企业的成本和成本管理水平的高低，通过销售净利率可以看出该企业的成本管理还是不错的。要想提高销售净利率，一是要提高销售收入，二是要降低成本费用。提高销售收入具有重要意义，它既有利于提高销售净利率，又可以提高总资产周转率。降低成本费用是提高销售净利率的一个重要手段。为了详细了解企业成本费用的发生情况，在具体列示成本总额时，还可根据重要原则，将那些影响较大的成本费用单独列示，以便为寻求降低成本费用的途径提供依据。

根据 A 公司 2021—2023 年的总资产周转率分别为 0.97 次、0.63 次、0.64 次，表明企业自身的总资产周转速度虽在放慢，但总资产周转率在同行业中的速度是较快的。这主要是企业的主营业务收入增加引起的，说明企业销售能力在提高，总资产运用效率在转好，其结果将使企业的偿债能力和盈利能力逐步增强。

根据 A 公司 2021—2023 年的权益乘数分别为 3.68、3.47、3.39，对权益乘数的分析要联系销售收入分析企业的资产使用是否合理，联系资本结构分析企业的偿债能力。在资产总额不变的条件下，适当开展负债经营，可以减少所有者权益所占的份额，从而达到提高所有者权益净利率的目的；在权益总额及资本结构相对稳定的情况下，加速资产周转也可以提高企业的偿债能力和盈利能力。

【杜邦分析法对各指标分析】

（1）从短期偿债能力角度来看，A 公司有着很强的营运资本，流动比率和速动比率及现金比率较好，说明 A 公司把大部分资金用于企业的运营和发展，企业的短期偿债能力很强。从长期偿债能力的几个数据指标来看，可以得出企业财务风险有所提高，有可能存在不能偿还到期债务的风险。但是还有一个指标——利息偿付倍数很高，说明 A 公司的负债经营赚取的利润远远高于负债的资金成本，偿还需支付利息的能力很强。所以综合来看，A 公司还是有很强的长期偿债能力的。

（2）从短期资产营运能力分析，可以看出 A 公司 2023 年应收账款周转率、存货周转率和流动资产周转率较 2022 年有所下降，比 2021 年略有上涨。表明企业的营运资金过多地滞留在应收账款和存货上，影响资金的周转，流动资产变现力减弱，资金的机会成本变大。

（3）从长期资产营运能力分析，可以看出 A 公司 2023 年固定资产周转率与上一年基本持平；长期资产周转率较低。说明企业固定资产投资比较得当，固定资产结构分布较合理，尽可能发挥固定资产的使用效率，为企业带来了更多的经营成果。长期投资还要进一步改善，争取为企业带来更多的收益。企业总资产周转率基本维持在一个较平稳的状态，表明企业总资产运用效率较好，进而可以保证企业的盈利能力。

（4）从盈利能力分析来看，A 公司 2023 年的营业净利润率比前两年有所增长，说明了该企业主营业务的获利能力逐年增强；该企业 2022 年的总资产净利率跟 2021 相比较有所降低，表明该企业利用全部资产获取利润的能力在变弱，2023 年总资产净利率较 2022 年有所提高，表明该企业通过一年的调整，利用全部资产获取利润的能力有所提高。A 公司 2023 年的净资产收益率指标相比 2022 年有了明显的上升，从图表数据可以看出，净资产收益率的增长是由总资产净利率的提升影响的。

第三节 沃尔综合评分法

一、沃尔综合评分法认知

1928年，亚历山大·沃尔出版的《信用晴雨表研究》和《财务报表比率分析》中提出了信用能力指数的概念，他选择了7个财务比率即流动比率、产权比率、固定资产比率、存货周转率、应收账款周转率、固定资产周转率和自有资金周转率，分别给定各指标的比重，然后确定标准比率（以行业平均数为基础），将实际比率与标准比率相比，得出相对比率，将此相对比率与各指标比重相乘，得出总评分。其中提出了综合比率评价体系，把若干个财务比率用线性关系结合起来，以此来评价企业的财务状况。

沃尔综合评分法是指将选定的财务比率用线性关系结合起来，并分别给定各自的分数比重，然后通过与标准比率进行比较，确定各项指标的得分及总体指标的累计分数，从而对企业的信用水平做出评价的方法。

沃尔综合评分法为综合评价企业的财务状况提供了一种非常重要的思路，即把分散的财务指标通过一个加权体系综合起来考虑，使一个多维度的评价体系变成一个综合得分，这样就可以用综合得分对企业做出综合评价。这一方法的优点在于简单实用、易于操作且容易理解。缺点是它未能说明选择某几个财务比率，而不用其他财务比率的原因；也未能说明财务比率值是如何确定的。

二、沃尔综合评分法的基本步骤

1. 选择评价指标并分配指标权重

本书在传统沃尔综合评分法的基础上，做了一些改进，分别从盈利能力、偿债能力、营运能力和发展能力的财务指标中选取8个指标进行综合分析，同时根据具体分析要求确定各指标的权重。

（1）盈利能力指标：净资产收益率、总资产收益率。
（2）偿债能力指标：资产负债率、已获利息倍数。
（3）营运能力指标：总资产周转率、存货周转率。
（4）发展能力指标：销售增长率、资本增长率。

按重要程度确定各项比率指标的评分值，评分值之和为100。四类指标的评分值比约为4∶2∶3∶1，可根据具体行业的特点对指标和权重做适当调整。

2. 确定各项比率指标的标准值

确定各项比率指标的标准值即各项比率指标在企业现时条件下的最优值。

3. 计算企业在一定时期各项比率指标的实际值

净资产收益率 = 净利润 ÷ 净资产 × 100%
总资产收益率 = 净利润 ÷ 总资产 × 100%
资产负债率 = 负债 ÷ 资产 × 100%

已获利息倍数 = 息税前利润 ÷ 利息费用（可用利润表的财务费用代替）

存货周转率 = 营业成本 ÷ 存货平均余额

销售增长率 = 销售增长额 ÷ 基期销售额 × 100%

资本增长率 =（所有者权益年末数 – 所有者权益年初数）÷ 所有者权益年初数 × 100%

4. 形成评价结果

沃尔综合评分法的公式为

$$实际分数 = 实际值 ÷ 标准值 × 权重 \qquad (7-6)$$

当实际值大于标准值为理想时，此公式正确，但当实际值小于标准值为理想时，实际值越小得分应越高，用此公式计算的结果却恰恰相反；另外，当某一单项指标的实际值畸高时，会导致最后总分大幅增加，掩盖情况不良的指标，从而给管理者造成一种假象。

【工作任务】根据改进后的沃尔综合评分法选取并计算8个指标。恒星医药沃尔综合评分分析数据表、根据分析需要选择指标的权重、各项指标的行业均值和其2019年沃尔综合评分分析指标计算如表7-2~表7-5所示。

表7-2　恒星医药沃尔综合评分分析数据　　　　　　　　　　　　　　　单位：元

序号	项目	2018年	2019年
1	总资产平均余额	1029178.50	1291339.00
2	存货平均余额	53693.00	57978.00
3	所有者权益平均余额	932382.50	1161608.00
4	资产总计	1149672.00	1433006.00
5	负债合计	113895.00	145567.00
6	所有者权益合计	1035777.00	1287439.00
7	营业收入	931576.01	1109372.41
8	营业成本	137167.04	143463.15
9	营业利润	255887.06	302433.36
10	财务费用	–14834.58	–16593.69
11	息税前营业利润	241052.48	285839.67
12	净利润	222396.98	263419.47

表7-3　根据分析需要选择指标的权重

选择的评价指标		分配的权重（%）
一、盈利能力指标	1. 净资产收益率	20
	2. 总资产收益率	14
二、偿债能力指标	1. 资产负债率	15
	2. 已获利息倍数	9
三、营运能力指标	1. 总资产周转率	11
	2. 存货周转率	11
四、发展能力指标	1. 销售增长率	10
	2. 资本增长率	10
综合得分		100

表7-4　各项指标的行业均值

选择的评价指标		行业均值
一、盈利能力指标	1. 净资产收益率	8.30%
	2. 总资产收益率	8.00%
二、偿债能力指标	1. 资产负债率	60.00%
	2. 已获利息倍数	3.30
三、营运能力指标	1. 总资产周转率	0.40
	2. 存货周转率	3.80
四、发展能力指标	1. 销售增长率	9.50%
	2. 资本增长率	9.30%

表7-5　恒星医药2019年沃尔综合评分分析指标

选择的评价指标		权重（%）	行业均值	实际值	指数	实际得分
		a	b	c	$d=c\div b$	$e=a\times d$
一、盈利能力指标	1. 净资产收益率	20	8.30%	22.68%	2.73	54.60
	2. 总资产收益率	14	8.00%	20.40%	2.55	35.70
二、偿债能力指标	1. 资产负债率	15	60.00%	10.16%	0.17	2.55
	2. 已获利息倍数	9	3.30	—	—	—
三、营运能力指标	1. 总资产周转率	11	0.40	0.86	2.15	23.65
	2. 存货周转率	11	3.80	2.47	0.65	7.15
四、发展能力指标	1. 销售增长率	11	9.50%	19.08%	2.01	20.10
	2. 资本增长率	11	9.30%	24.30%	2.61	26.10
综合得分		100	—	—	—	169.85

通过沃尔综合评分法计算出来的综合得分为169.85分，表明恒星医药财务状况很好，高于行业平均水平。通过将其与行业标准值比较，资产负债率、存货周转率等财务指标需要提高。资产负债率较低说明企业大多是利用自有资金来进行经营活动的，企业资金雄厚，可以考虑增加负债，发挥财务杠杆的作用。恒星医药的净资产收益率和总资产收益率都高于行业均值，因此值得投资。

章节总结

通过本章的学习，读者能够全面理解财务报表综合分析的概念、依据、意义、特点和方法，掌握杜邦分析法的基本含义、特点与应用，熟悉杜邦分析法的基本思路，掌握杜邦分析法的财务指标关系，了解沃尔综合分析法的定义和基本步骤。

课后练习题

一、单项选择题

1. 杜邦财务分析体系的核心指标是（　　）。

   A. 权益乘数　　　　　　B. 1-股利支付率　　　　C. 净资产收益率　　　　D. 可持续增长率

2. 杜邦财务分析体系的第一层次分解，将（　　）分解为销售净利润率和总资产周转率两个因素的乘积。

  A. 权益乘数　　　　　B. 总资产净利率　　　C. 净资产收益率　　　D. 可持续增长率

3. 总资产与净资产的比率是（　　）。

  A. 权益乘数　　　　　B. 净资产收益率　　　C. 总资产报酬率　　　D. 可持续增长率

4. （　　）越大，可持续增长率越低。

  A. 营业净利率　　　　B. 总资产周转率　　　C. 权益乘数　　　　　D. 股利支付率

5. 下列指标中，对权益乘数大小产生影响的主要指标是（　　）。

  A. 资产负债率　　　　B. 资产周转率　　　　C. 权益净利率　　　　D. 销售利润率

6. 总资产净利率20%，销售利润率10%，则资产周转率为（　　）。

  A. 3.36　　　　　　　B. 2　　　　　　　　C. 3.6　　　　　　　D. 0.28

7. 反映资本经营盈利能力的指标是（　　）。

  A. 营业利润率　　　　B. 净资产收益率　　　C. 总资产报酬率　　　D. 股利支付率

8. 下列指标中，属于正指标的是（　　）。

  A. 资产负债率　　　　B. 流动比率　　　　　C. 流动资产周转天数　D. 资本收益率

二、多项选择题

1. 下列各选项中属于财务报表综合分析方法的有（　　）。

  A. 比较分析法　　　　B. 比率分析法　　　　C. 杜邦分析法　　　　D. 沃尔综合评分法
  E. 因素分析法

2. 仅利用资产负债表不能直接分析的内容有（　　）。

  A. 偿债能力　　　　　B. 盈利能力　　　　　C. 运营能力　　　　　D. 发展能力
  E. 研发能力

3. 财务分析体系包含两大层次，分别对（　　）进行分解。

  A. 总资产收益率　　　B. 权益乘数　　　　　C. 净资产收益率　　　D. 营业净利率
  E. 总资产周转率

4. 净资产收益率可以分解为（　　）因素的乘积。

  A. 销售净利率　　　　B. 权益乘数　　　　　C. 存货构成　　　　　D. 1-股利支付率
  E. 总资产周转率

5. 依据沃尔综合评分法原理，评价企业综合财务状况的指标体系中包括（　　）。

  A. 资产负债率　　　　B. 净资产收益率　　　C. 总资产周转率　　　D. 销售增长率
  E. 产权比率

三、判断题

1. 财务分析就是财务比率分析。（　　）

2. 会计报表综合分析能够得出十分准确的分析结果。（　　）

3. 企业会计报表综合分析会改变单个报表分析时计算的许多指标分析值。（　　）

4. 权益乘数越大，净资产收益率越高，财务风险越小。（　　）

5. 在分析总资产周转率时，只需要选用年末资产余额做基数即可。（　　）

6. 在其他条件不变的情况下，权益乘数越小，企业的负债程度越高，给企业带来更多财务杠杆利益的同时增加了企业的财务风险。（　　）

四、实训题

根据表7-6和表7-7，对洋流股份进行杜邦分析。

表7-6　洋流股份杜邦分析数据　　　　　　　　　　　　　　　　　　　　　单位：元

项目	2018年	2019年	2020年
总资产平均余额	2593805	2848805	3130900
所有者权益平均余额	1605360	1856290	2133530
净利润	500212	450804	536520
营业收入	1502360	1467221	1605244

表7-7　洋流股份杜邦分析指标

项目	2017年	2018年	2019年	2020年
销售净利率（%）	35.62	33.30	30.73	33.42
总资产周转率（次）	0.81	0.58	0.52	0.51
总资产收益率（%）	20.18	19.28	15.82	17.14
权益乘数	1.61	1.62	1.53	1.47
净资产收益率（%）	32.64	31.16	24.29	25.15
净资产收益率行业均值（%）	2.20	2.38	2.57	2.50

第八章
使用Power BI进行资产负债表分析

学习目标

知识目标

1. 了解Power BI开展资产负债表分析的一般流程（数据获取与整理、数据建模、报表数据可视化）；
2. 熟悉各种可视化图形的制作。

技能目标

1. 能够结合企业资产负债表的数据，掌握Power BI开展资产负债表分析的一般流程；
2. 运用整理洗涤所得的案例企业资产负债表数据，采用合理的可视化元素对其进行可视化分析。

素质目标

1. 培养在市场中不断挖掘视觉对象，不断丰富数据展示知识的习惯；
2. 培养创新意识，自主调整视觉效果的能力；
3. 培养爱岗敬业的职业道德，激发对财务数据可视化技术的信心与兴趣；
4. 培养审美意识，自主合理化布局报表。

案例导入

格力电器成立于1991年，是一家集研发、生产、销售、服务于一体的国际化家电企业，拥有格力、TOSOT、晶弘三大品牌，主营家用空调、中央空调、空气能热水器、手机、生活电器、冰箱等产品。作为家电行业的龙头，企业的经营状况、资产状况备受外界关注。通过使用Power BI获取其近五年资产负债表及辅助分析表，并对其资产负债表进行分析，为类似企业的经营分析提供借鉴思路。

章节导图

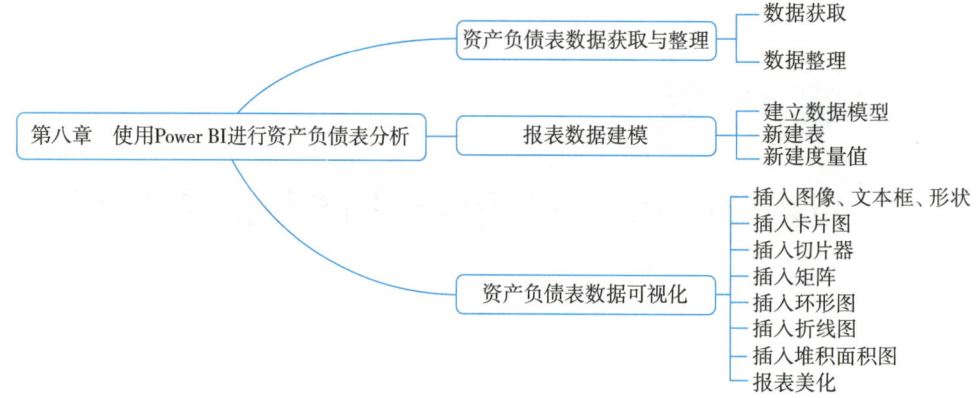

第八章 使用Power BI进行资产负债表分析
- 资产负债表数据获取与整理
  - 数据获取
  - 数据整理
- 报表数据建模
  - 建立数据模型
  - 新建表
  - 新建度量值
- 资产负债表数据可视化
  - 插入图像、文本框、形状
  - 插入卡片图
  - 插入切片器
  - 插入矩阵
  - 插入环形图
  - 插入折线图
  - 插入堆积面积图
  - 报表美化

过程实施

第一节 资产负债表数据获取与整理

一、数据获取

（1）打开东方财富网（https：//www.eastmoney.com/），在股票代码中输入"000651"，在出现的新窗口中点击"财务分析"中的"资产负债表"，下载其2022年3月31日至2024年3月31日的资产负债表数据，如图8-1所示。

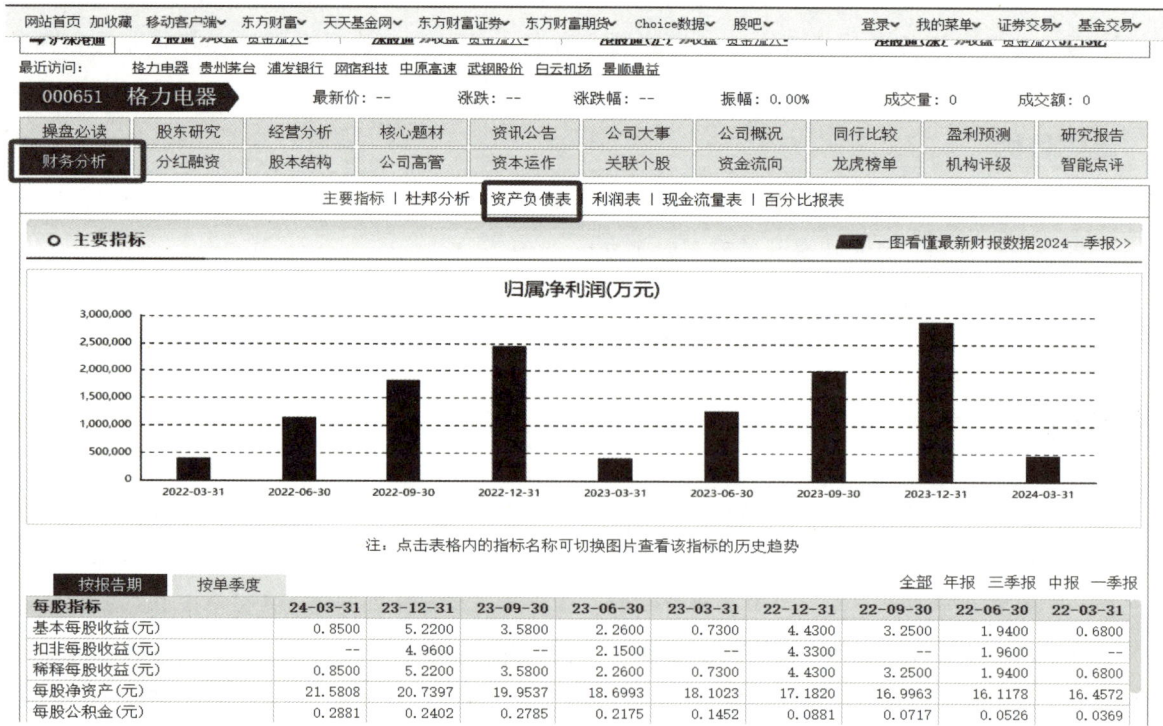

图8-1 格力电器网页数据

第八章 使用Power BI进行资产负债表分析

（2）将下载好的 Excel 进行简单的数据处理，如将表中"万元"单位统一成"亿元"，同时按资产负债表的结构做一个资产负债表—辅助表，作为 PBI 分析的维度表。

（3）简单处理好数据启动 Power BI Desktop，如图 8-2 所示。

图 8-2　Power BI Desktop 主界面

（4）在"主页"选项卡下的"数据"组中点击"Excel 工作簿"，如图 8-3 所示，或者点击"获取数据"按钮，在打开的"获取数据"对话框中选择"Excel 工作簿"，如图 8-4 所示。

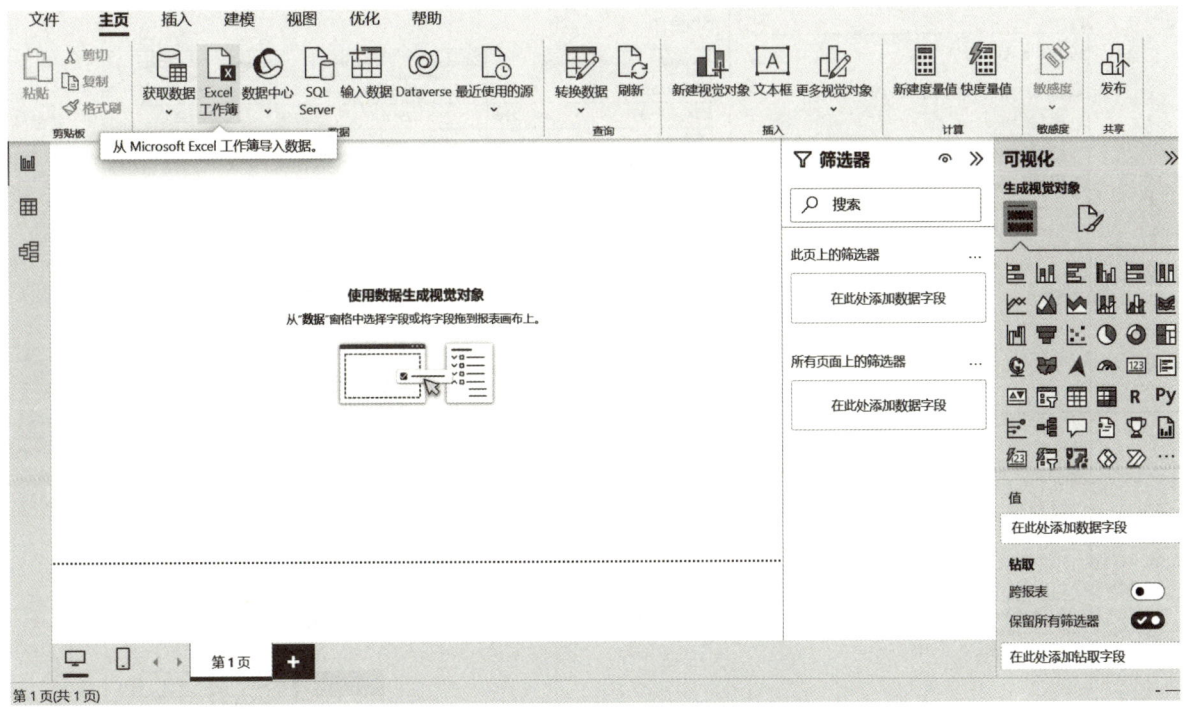

图 8-3　直接从 Excel 工作簿导入数据

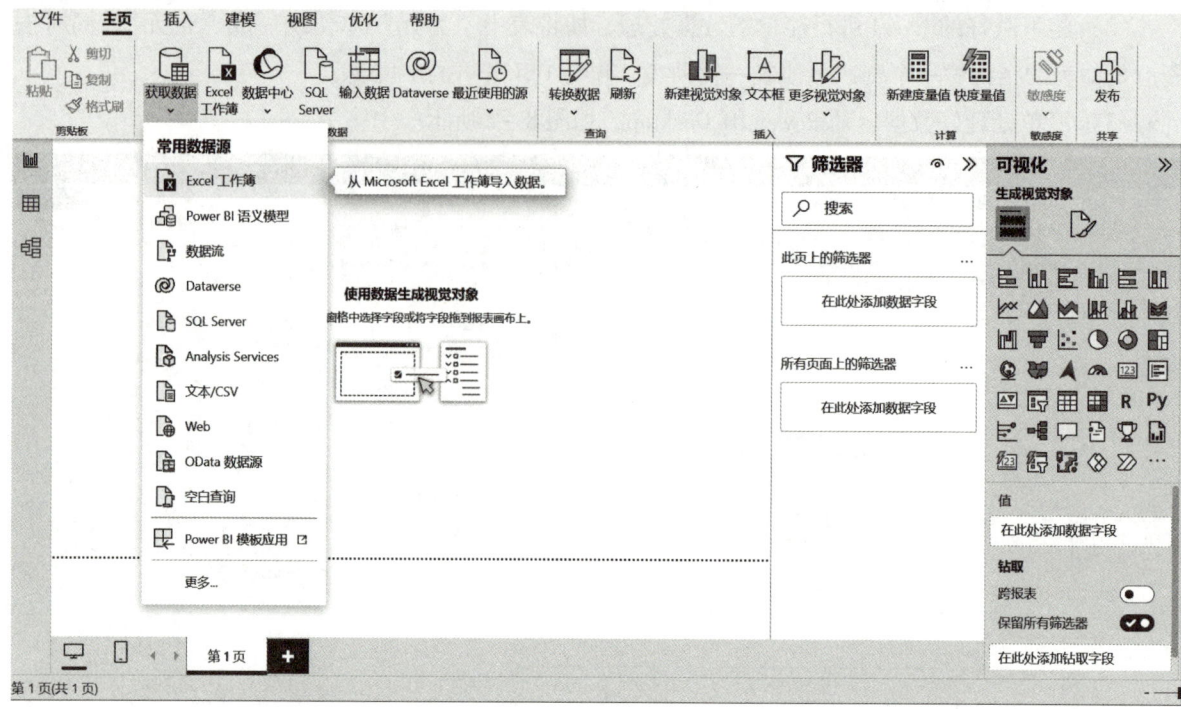

图 8-4 "获取数据"对话框（选择"Excel 工作簿"）

（5）在打开的对话框中选择"资产负债表—格力电器""资产负债表辅助表—格力电器"Excel 文件，由于涉及二次数据处理，要点击"转换数据"，如图 8-5 所示。

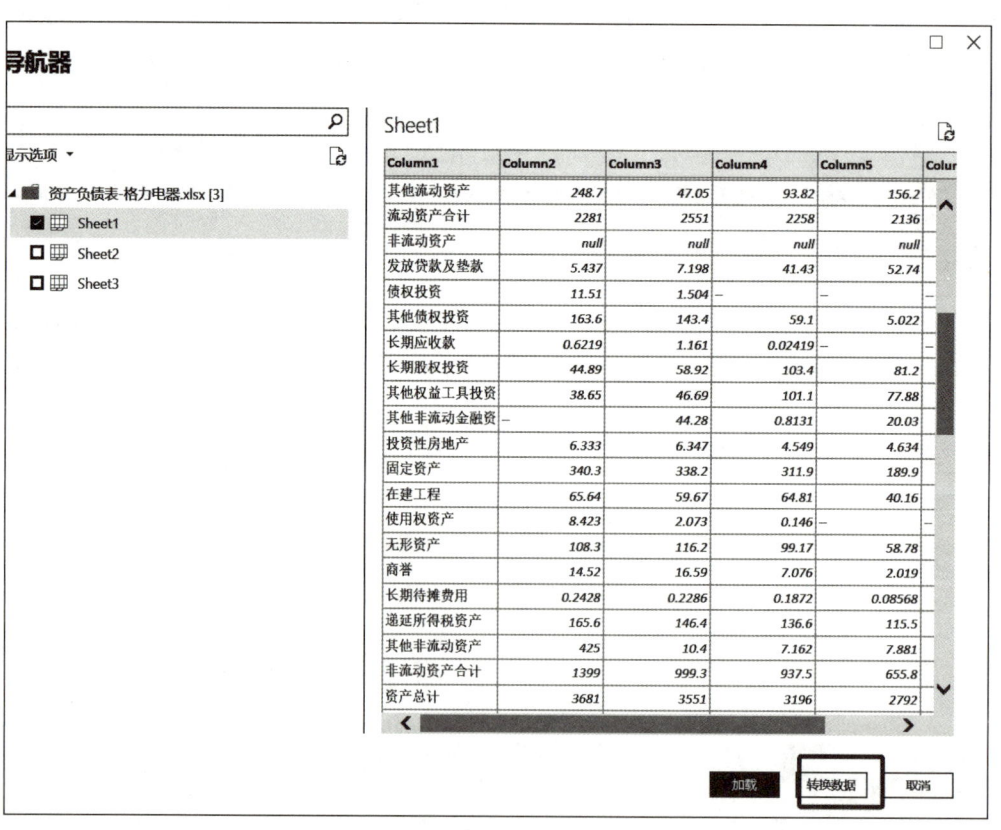

图 8-5 转换数据

二、数据整理

导入 Power BI 中的数据表，原表的数据类型可能会改变，而且表中可能存在空行、空值等情况，因此需要在集成的 Power Query 编辑器中整理数据。整理数据的方法主要有筛选、填充、替换、逆透视等。本任务整理数据的思路如下：

（1）将第一行整体提升为标题。

（2）对除第一列之外的其他列进行逆透视处理，并对其列标题进行重命名，依次命名为项目名称、日期、金额。

（3）将空值进行替换。

（4）进行数据格式转化。

（5）删除空行、错误行。

（6）筛选掉一些影响分析的指标。

【任务实现】

步骤1：在 Power Query 编辑器主页中，选中"将第一行用作标题"，如图8-6所示。

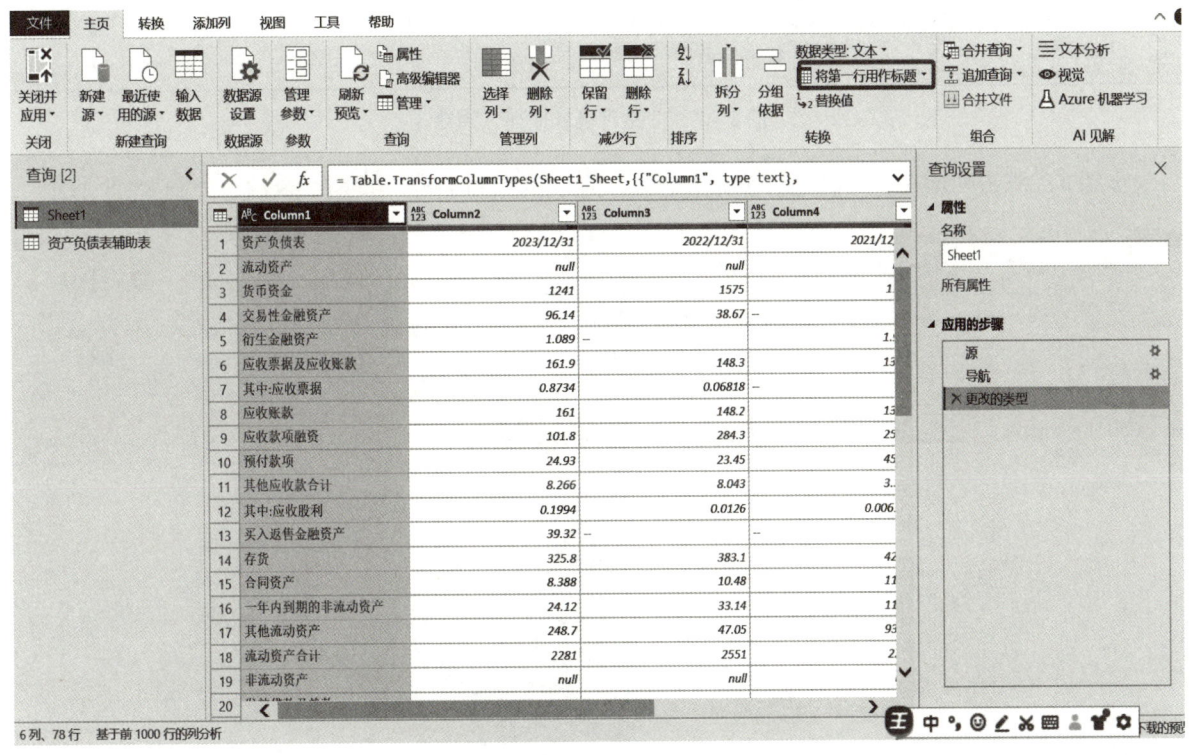

图8-6 提升标题命令

步骤2：由于数据是二维的不易处理，因此选中第一列，对其他列数据进行逆透视，执行"转换"→"逆透视列"→"逆透视其他列"，转换后如图8-7所示。

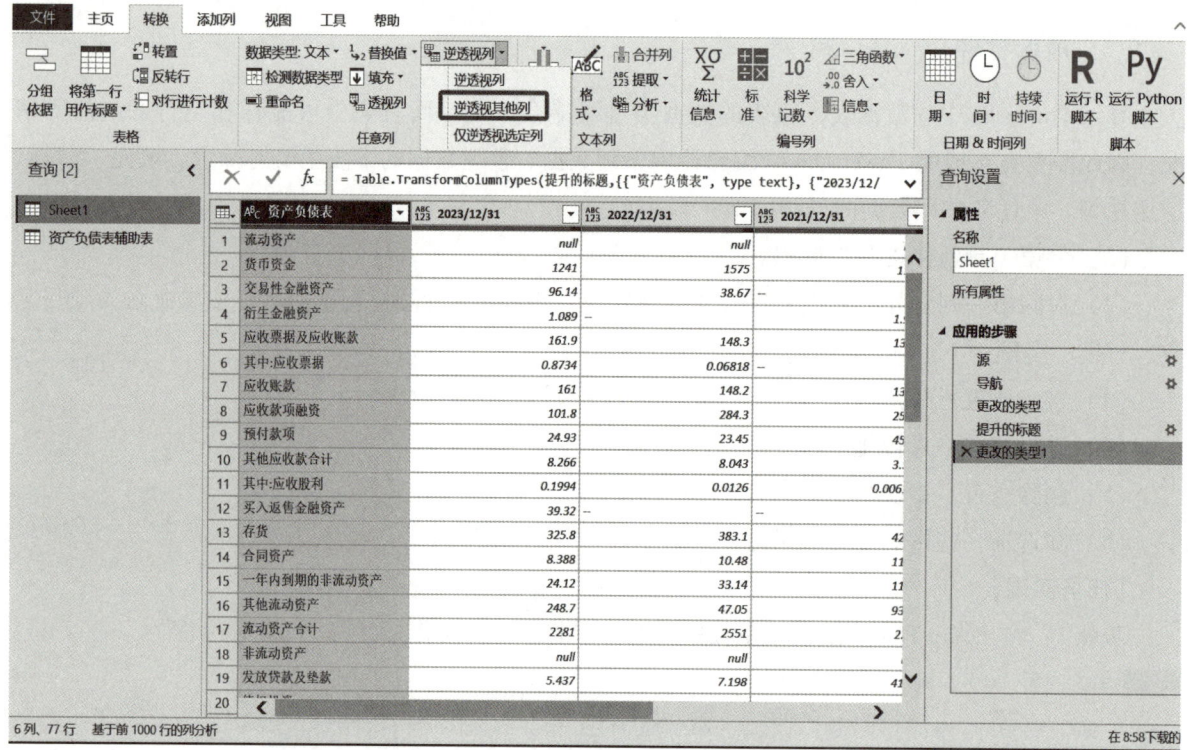

图 8-7 "逆透视其他列"命令

步骤 3：双击列标题，对其进行重命名，依次命名为项目名称、日期、金额，如图 8-8 所示。

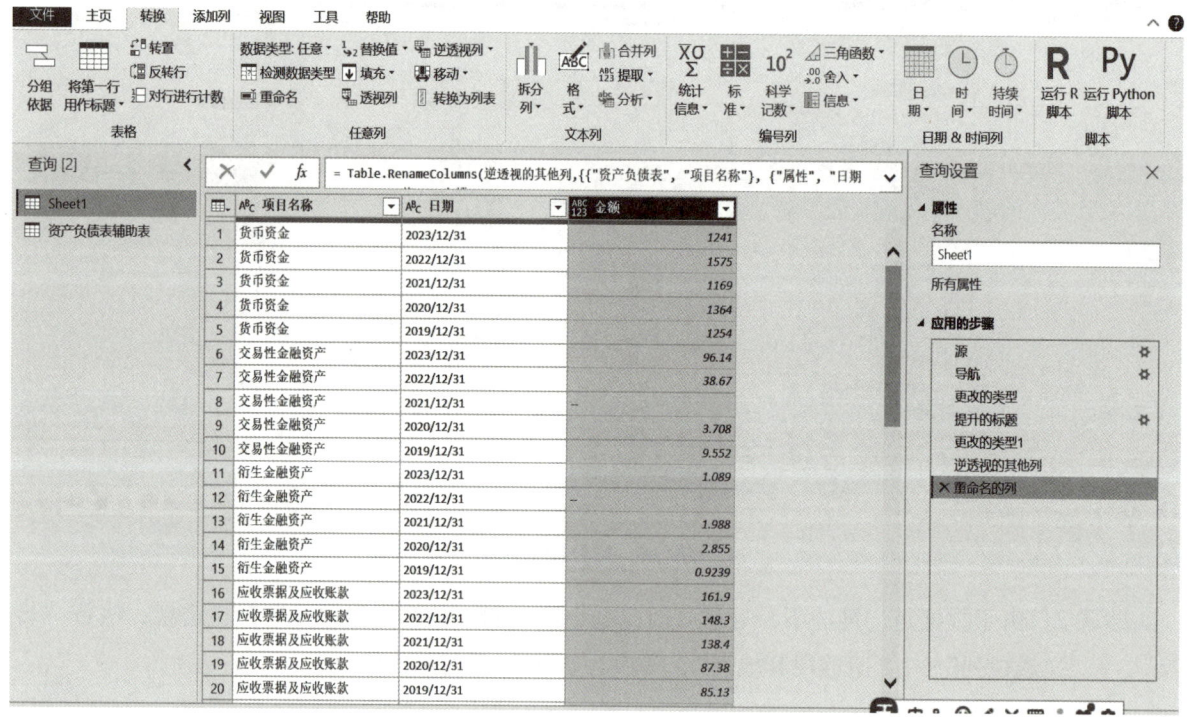

图 8-8 重命名列标题

步骤4：选中金额列，在主页将替换值"—"替换成"0"，如图8-9所示。

图8-9 替换值

步骤5：选中主页下"数据类型"，将日期列的数据类型改为"日期"，金额列的数据类型改为"小数"，如图8-10所示。

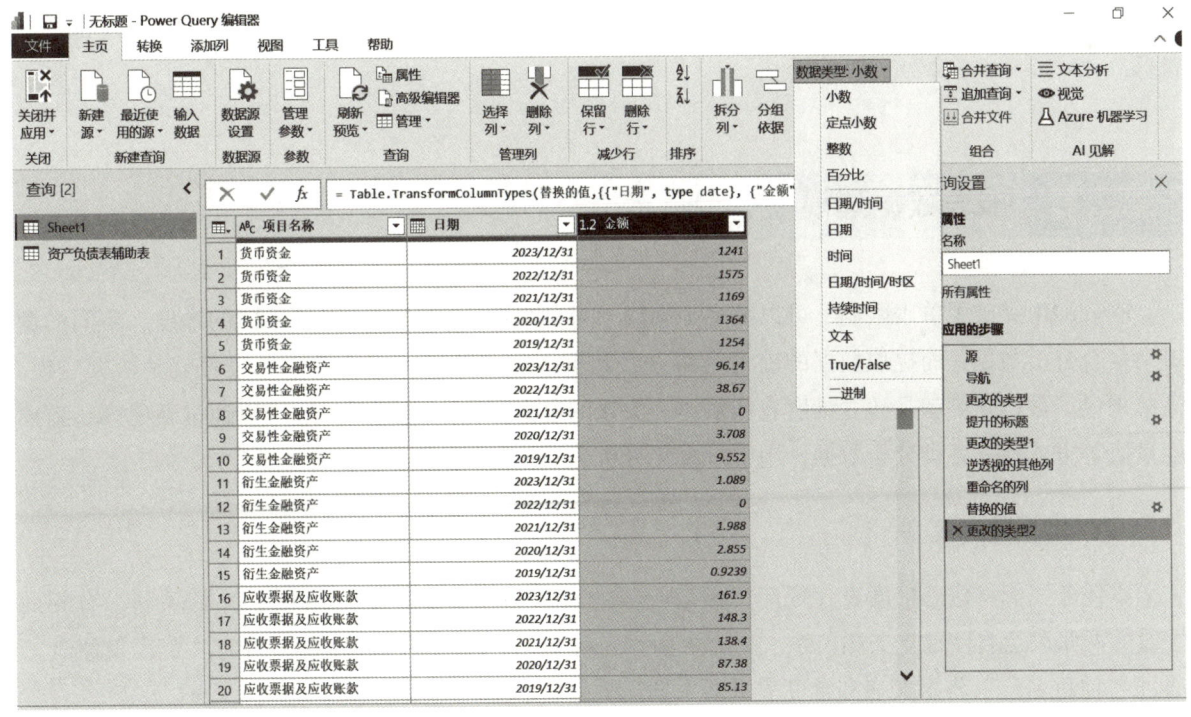

图8-10 修改数据类型

步骤6：选中"主页"→"删除行"→"删除错误"，就可以将主页中保留审计意见的一些错误行删除，如图8-11所示。

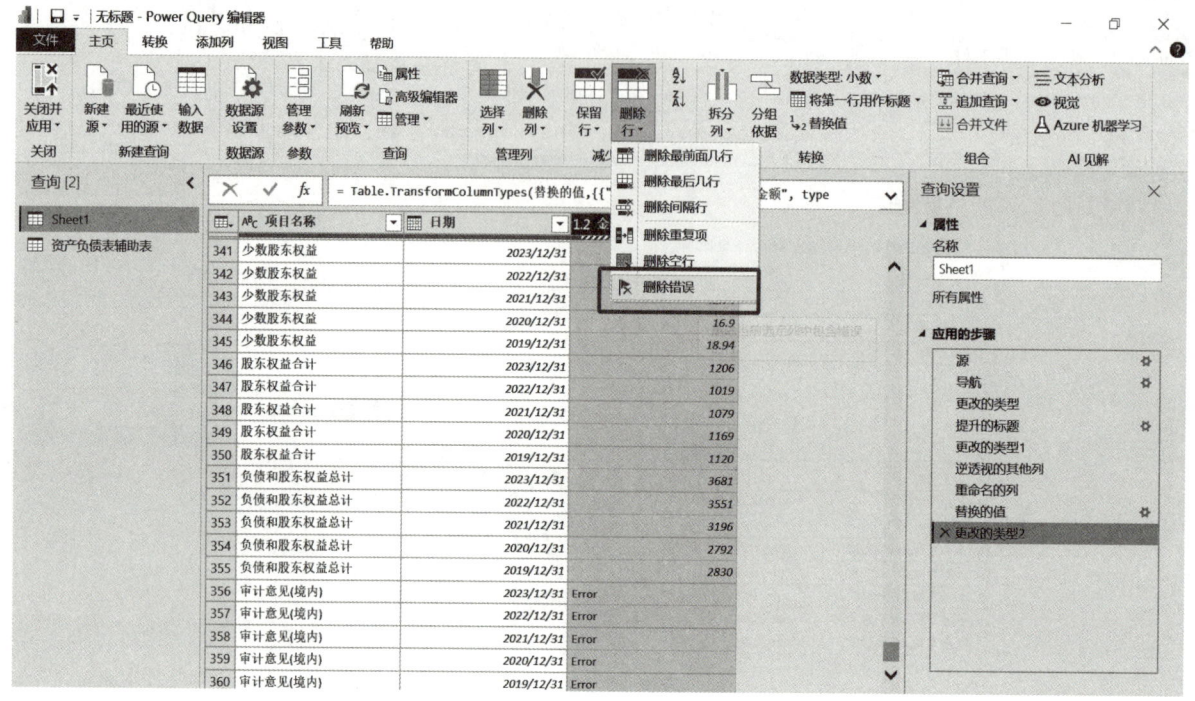

图8-11 删除错误行

步骤7：单击"项目名称"下的下拉按钮，取消其中的应付票据、应付账款，其中的应付股利、归属于母公司股东权益总计，其中的应收票据、应收账款，其中的应收股利几个项目的勾选框。

完成以上几个步骤后，执行"文件"→"关闭"→"关闭并应用"命令，退出 Power Query 编辑器。

第二节 报表数据建模

Power BI 突破了单表限制，可以从多个表格、多种来源的数据中，根据不同的维度、不同的逻辑来聚合分析数据；而提取数据的前提是将这些数据表建立关系，建立关系的过程就是数据建模。简单来说，数据建模就是建立维度表和事实表关系的过程。数据建模后，还可以通过新建列、新建度量值等方式建立各类分析数据，用于可视化分析。

一、建立数据模型

本任务我们将建立维度表（资产负债表—辅助表）和事实表（资产负债表）的关联，有相同字段的两张表会自动建立关联关系。在此之前，先将 Power BI 中的 Sheet 重命名为"资产负债表"，通过"项目名称"将事实表和维度表进行关联。

【任务实现】

单击 Power BI Desktop 窗口左侧的"模型"按钮，即可显示各表之间的关联关系，资产负债表和资产负债表—辅助表自动建立关系,模型视图如图 8-12 所示。

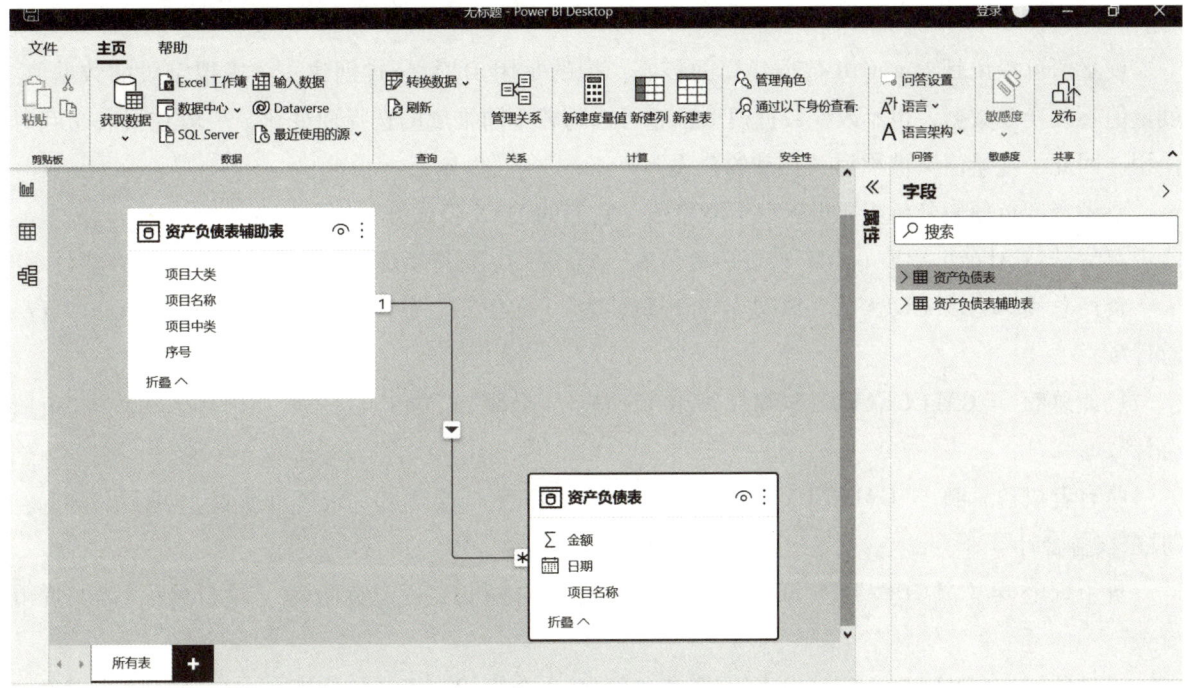

图 8-12　模型视图

二、新建表

关系建立后,后续需要用到的度量值较多,分散在各个表中不易进行管理,因此需要建立一个度量值表进行管理,如图 8-13 所示。

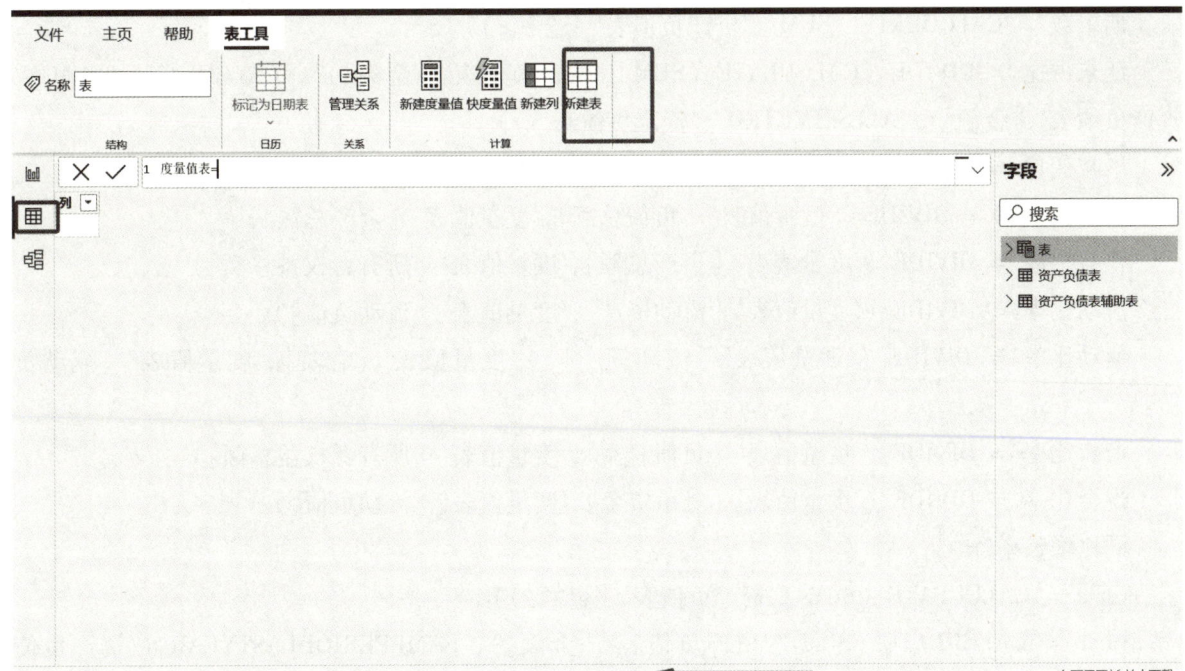

图 8-13　新建度量值表

三、新建度量值

度量值可以说是 Power BI 数据建模的核心，指的是用 DAX 公式创建一个虚拟字段的数据值。度量值不改变源数据，也不改变数据模型，它可以随着不同维度的选择而变化，一般在报表交互时使用。因此，度量值又被称为"移动的公式"。

要做资产负债表分析需要设置以下度量值。它们的 DAX 公式分别如下：

存货 = CALCULATE（SUM（'资产负债表'［金额］），'资产负债表'［项目名称］="存货"）

资产总额 = CALCULATE（SUM（'资产负债表'［金额］），'资产负债表'［项目名称］="资产总计"）

负债总额 = CALCULATE（SUM（'资产负债表'［金额］），'资产负债表'［项目名称］="负债合计"）

所有者权益总额 = CALCULATE（SUM（'资产负债表'［金额］），'资产负债表'［项目名称］="股东权益合计"）

货币资金 = CALCULATE（SUM（'资产负债表'［金额］），'资产负债表'［项目名称］="货币资金"）

流动负债 = CALCULATE（SUM（'资产负债表'［金额］），'资产负债表'［项目名称］="流动负债合计"）

流动资产 = CALCULATE（SUM（'资产负债表'［金额］），'资产负债表'［项目名称］="流动资产合计"）

期初数 = CALCULATE（SUM（'资产负债表'［金额］），SAMEPERIODLASTYEAR（'资产负债表'［日期］））

期末数 = CALCULATE（SUM（'资产负债表'［金额］））

期末占比 = DIVIDE（CALCULATE（SUM（'资产负债表'［金额］）），CALCULATE（SUM（'资产负债表'［金额］），ALLSELECTED（'资产负债表'）））

增减变化 = '度量值表'［期末数］－'度量值表'［期初数］

资产负债率 = DIVIDE（'度量值表'［负债总额］，'度量值表'［资产总额］）

权益乘数 = DIVIDE（'度量值表'［资产总额］，'度量值表'［所有者权益总额］）

流动比率 = DIVIDE（'度量值表'［流动资产］，'度量值表'［流动负债］）

速动比率 = DIVIDE（'度量值表'［流动资产］－'度量值表'［存货］，'度量值表'［流动负债］）

产权比率 = DIVIDE（'度量值表'［负债总额］，'度量值表'［所有者权益总额］）

现金比率 = DIVIDE（'度量值表'［货币资金］，'度量值表'［流动负债］）

同比增长率 =

var a = CALCULATE（SUM（'资产负债表'［金额］））

var b = CALCULATE（SUM（'资产负债表'［金额］），SAMEPERIODLASTYEAR（'资产负债表'［日期］））

return DIVIDE（a－b，b）

【任务实现】

步骤1：选择"度量值表"，执行"表工具"→"计算"→"新建度量值"命令，如图8-14所示。此外，在"主页"选项卡的"计算"组中也可以找到"新建度量值"命令。

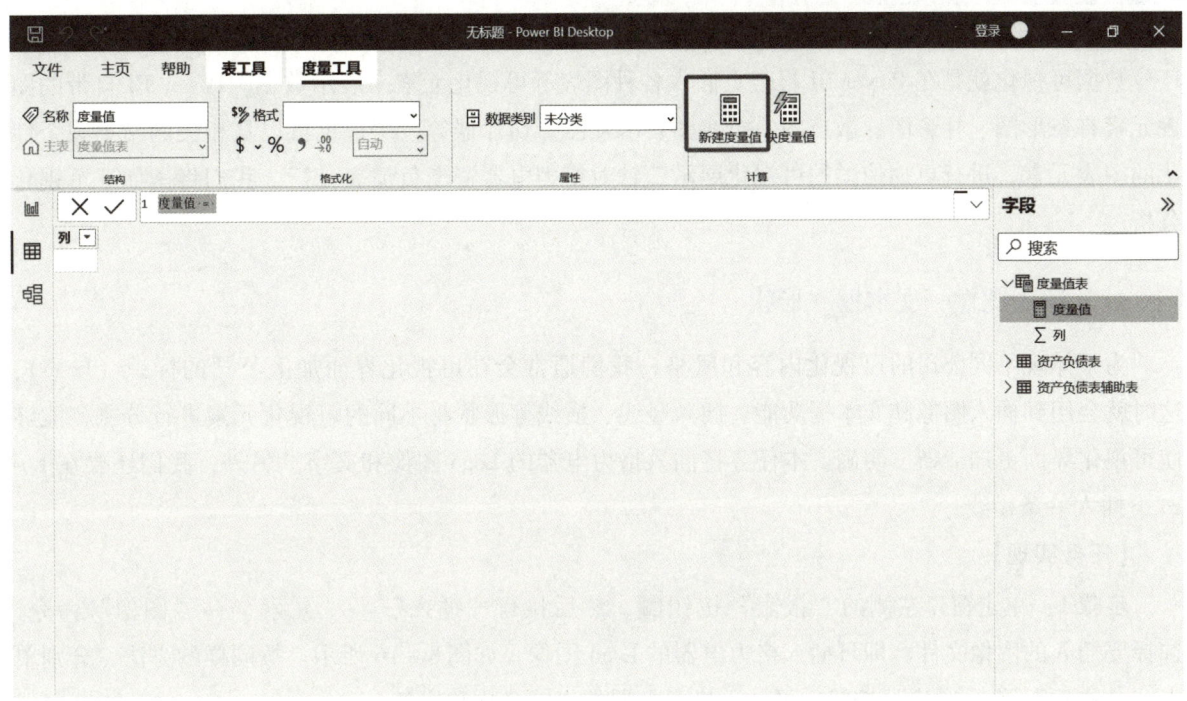

图8-14 "新建度量值"命令

步骤2：在公式编辑栏输入任务中度量值公式，输入完成后如图8-15所示。

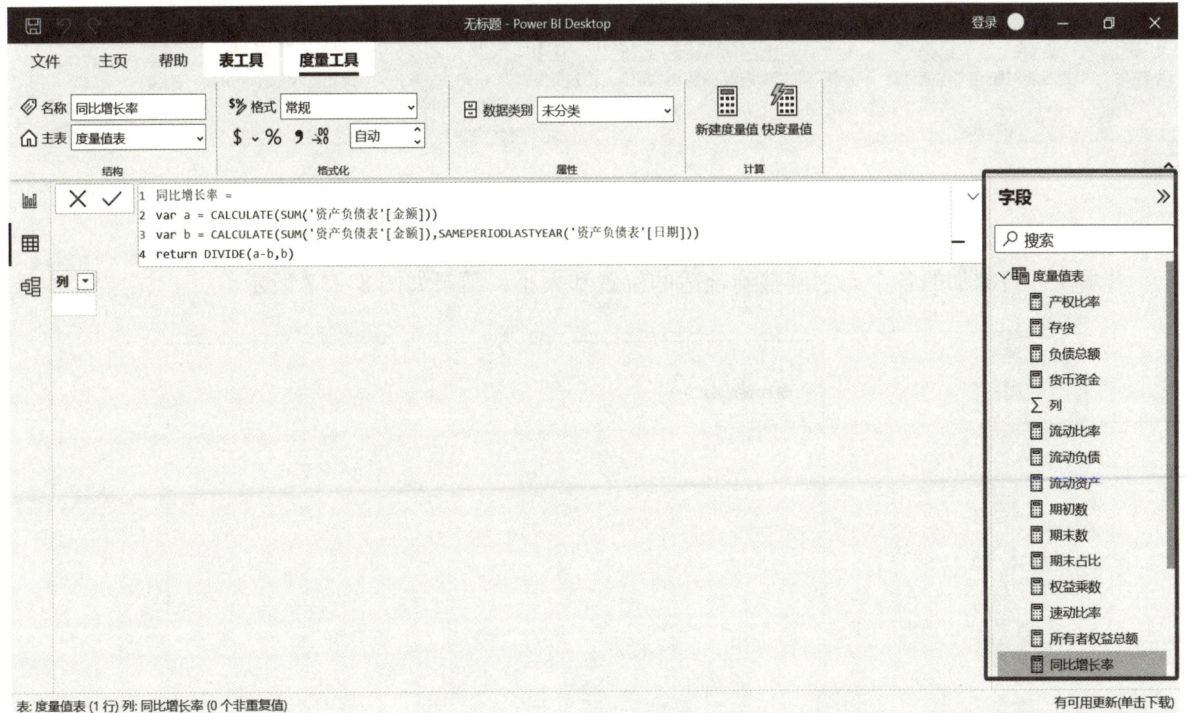

图8-15 输入度量值公式

第三节 资产负债表数据可视化

数据可视化就是在 Power BI 报表页插入各种图表等可视化元素来展示数据。Power BI 自带的图表元素有条形图、柱形图、散点图、折线图、卡片图、切片器等。用户也可以从相关网站下载个性化的图表元素,进行更加炫酷的可视化展示。针对格力电器资产负债表分析,我们将做如下可视化分析。

一、插入图像、文本框、形状

为了体现不同公司的可视化内容和风格,我们通常会在可视化界面加上公司的标识(Logo),这时就会用到插入图像和文本框功能。插入竖线、横线等形状将不同的可视化元素进行分割,能够使可视化界面更加清晰、明确。本任务将插入格力电器的 Logo 图像和文字。另外,我们还要在 Logo 下插入一条横线。

【任务实现】

步骤 1:单击窗口左侧的"报表"按钮,然后执行"插入"→"元素"→"图像"命令,选择要插入的图像文件,即可插入格力电器的 Logo 图像,如图 8-16 所示。按同样的方法,分别单击"文本框"和"形状"按钮,可插入格力电器的店铺名称和线条。

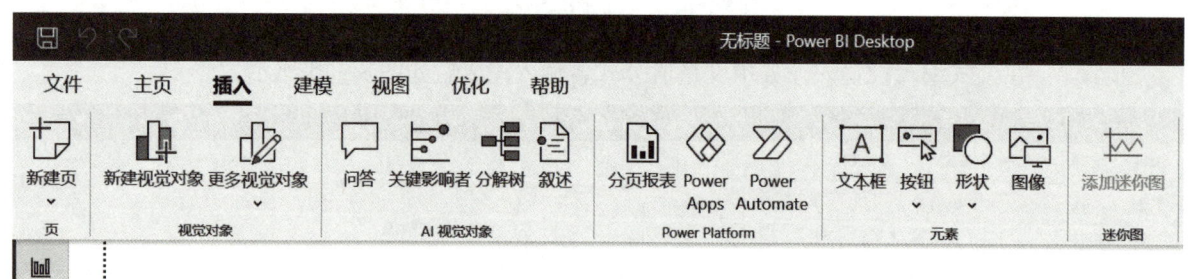

图 8-16 插入图像、文本框和形状

步骤 2:将添加的各个元素调整到合适的位置和大小,结果如图 8-17 所示。

图 8-17 图像、文本框、形状结果

二、插入卡片图

卡片图通常用于突出显示可视化分析的关键数据,如收入、利润、完成率等指标。本任务将"资产总额""负债总额""所有者权益总额"3个度量值以卡片图形式呈现。

【任务实现】

步骤1:单击窗口右侧"可视化"窗格中的"卡片图"按钮画,然后将"字段"窗格中"度量值表"的"资产总额"度量值拖拽到卡片图中。再单击"格式"按钮,在"数据标签"栏设置文本大小为25磅,显示单位设置成"无",值的小数位为零,并添加视觉对象边框,结果如图8-18所示。

图8-18 插入卡片图

步骤2:同理,设置"负债总额""所有者权益总额""单店平均销售额"3个度量值的卡片图,调整其大小及合适位置,结果如图8-19所示。

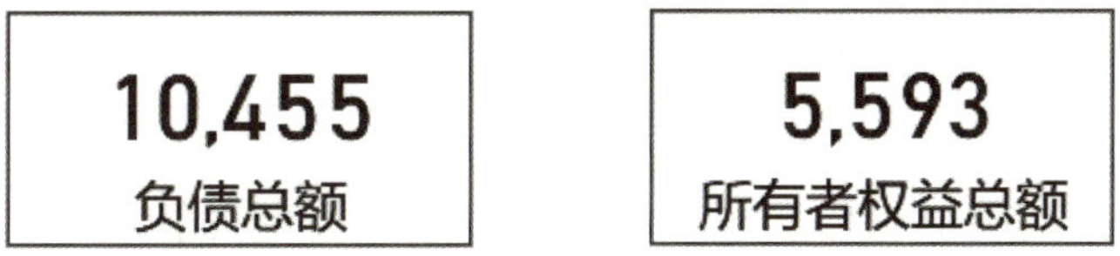

图8-19 插入其他卡片图并调整大小及位置

三、插入切片器

切片器是画布中的视觉筛选器,也是报表中的一种可视化图形元素。切片器的作用不是展示数据,而是提供展示数据时的各种维度选择。切片器的主要作用是筛选和查找数据,但应用非常灵活,尤其在制作动态图表时,可以创建连接多个图表,切换切片器的选项,图表也会相应地变动,而呈现出"动态"的数据展示。为更好地体现每年的资产、负债、所有者权益的变动情况,需要设置切片器来显示日期中的年份,反映不同年份资产、负债、所有者权益的动态变化。

【任务实现】

步骤1:单击窗口右侧"可视化"窗格中的"切片器"按钮,将资产负债表中的日期拖拽到"可视化"的"字段"区,选择切片器上"..."标识,选择"以表的形式显示",如图8-20所示。

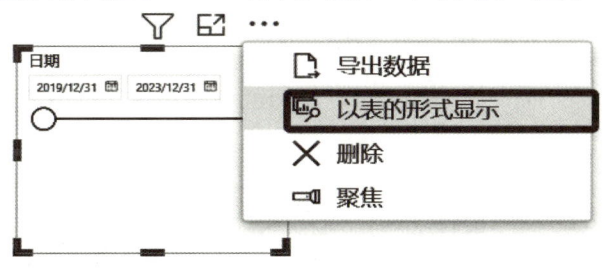

图8-20 日期以表的形式显示

步骤 2：选择下拉箭头中的"列表"，完成之后返回到报表，操作如图 8-21 所示。

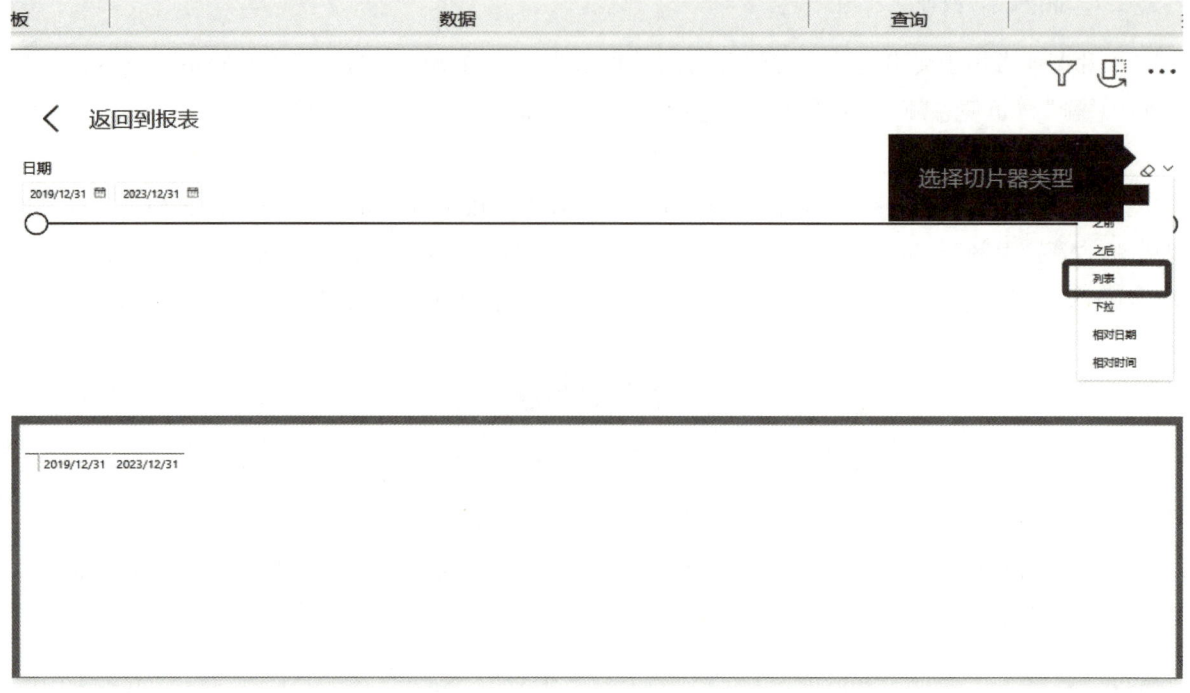

图 8-21　选择下拉箭头中的"列表"

步骤 3：单击下拉箭头选择列表，单击"字段"中日期，主页上方将会出现"格式"，选择如下格式，如图 8-22 所示。

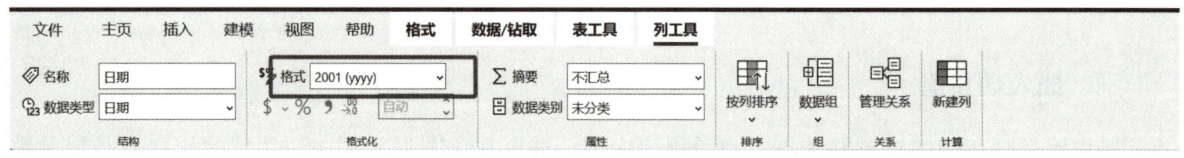

图 8-22　修改日期显示格式

步骤 4：在"可视化"中设置视觉对象格式，选择"切片器设置"→"方向"，将垂直方向改为水平方向，并拖拽日期为一排，如图 8-23 所示。随意选择不同的年份就能查看不同年份资产、负债、所有者权益总额的变动了。

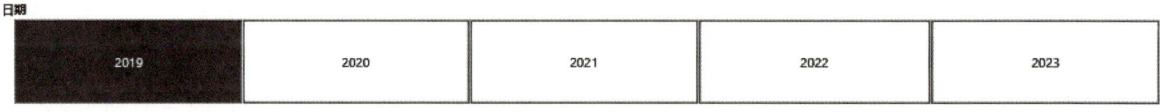

图 8-23　修调切片器位置和布局

步骤 5：插入两个形状，即"＝""＋"，将最后的资产总额、负债总额、所有者权益总额形成一个等式样式，如图 8-24 所示。

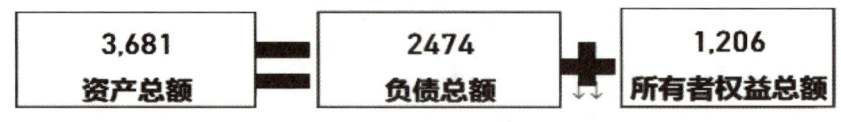

图 8-24　会计恒等式设计

四、插入矩阵

矩阵的最大优点在于寻找对应元素的交点很方便，而且不会遗漏，显示对应元素的关系也很清楚。矩阵图可用于分析成对的影响因素；各因素之间的关系清晰明了，便于确定。本任务将通过矩阵动态分析不同年份的期初数、期末数、期末占比、增减变化、同比增长率。

【任务实现】

步骤1：单击窗口右侧"可视化"窗格中的"矩阵"按钮，将度量值表中的期初数、期末数、增减变化、期末占比、同比增长率这些字段拖拽到"可视化"的"值"区，将资产负债表辅助表中的项目大类、项目中类、项目名称拖拽到"可视化"的"行"中，在"字段"中分别单击同比增长率和期末占比，将数据类型改为百分比格式，以2023年为例，最终效果如图8-25所示。

项目大类	期初数	期末数	增减变化	期末占比	同比增长率
⊟ 资产	3,550.79	3,680.52	129.73	25.00%	3.65%
⊞ 流动资产	2,551.53	2,281.45	-270.08	15.50%	-10.59%
⊞ 非流动资产	999.26	1,399.07	399.81	9.50%	40.01%
⊟ 所有者权益	1,018.77	1,206.34	187.57	8.19%	18.41%
⊞ 所有者权益	1,018.77	1,206.34	187.57	8.19%	18.41%
⊟ 负债	2,531.94	2,474.18	-57.76	16.81%	-2.28%
⊞ 流动负债	2,163.76	2,009.89	-153.88	13.65%	-7.11%
⊞ 非流动负债	368.18	464.29	96.11	3.15%	26.10%
⊞	7,102.00	7,361.00	259.00	50.00%	3.65%
总计	14,203.51	14,722.04	518.53	100.00%	3.65%

图 8-25 矩阵构建

步骤2：在"筛选器"中筛选项目大类，勾选"资产"，就会在矩阵中只显示"资产"的项目了，如图8-26所示。

图 8-26 筛选器筛选

步骤3：复制当前的矩阵，按照上一步骤筛选出"负债"和"所有者权益"的项目大类放置在右边图形中，将两张图拼接在一起，并在"可视化"面板中设置视觉对象边框、文字大小、数值格式，添加边框线等操作，这部分的呈现形式可以按个人喜好安排，完成效果如图8-27所示。

项目大类	期初数	期末数	增减变化	期末占比	同比增长率	项目大类	期初数	期末数	增减变化	期末占比	同比增长率
资产	3,550.79	3,680.52	129.73	100.00%	3.65%	所有者权益	1,018.77	1,206.34	187.56	32.78%	18.41%
流动资产	2,551.53	2,281.45	-270.08	61.99%	-10.59%	所有者权益	1,018.77	1,206.34	187.56	32.78%	18.41%
预付款项	23.45	24.93	1.48	0.68%	6.31%	减库存股	-56.44	-49.43	7.01	-1.34%	-12.42%
应收票据及应收账款	148.30	161.90	13.60	4.40%	9.17%	其他综合收益	20.43	2.76	-17.68	0.07%	-86.51%
应收款项融资	284.30	101.80	-182.50	2.77%	-64.19%	少数股东权益	51.17	38.52	-12.65	1.05%	-24.72%
一年内到期的非流动资产	33.14	24.12	-9.02	0.66%	-27.22%	实收资本（或股本）	56.31	56.31	0.00	1.53%	0.00%
衍生金融资产	0.00	1.09	1.09	0.03%		未分配利润	914.60	1,122.00	207.40	30.48%	22.68%
其他应收款合计	8.04	8.27	0.22	0.22%	2.77%	一般风险准备	5.07	5.07	0.00	0.14%	0.00%
其他流动资产	47.05	248.70	201.65	6.76%	428.59%	盈余公积	22.41	17.31	-5.10	0.47%	-22.76%
买入返售金融资产	0.00	39.32	39.32	1.07%		专项储备	0.26	0.27	0.01	0.01%	4.25%
交易性金融资产	38.67	96.14	57.47	2.61%	148.62%	资本公积	4.96	13.53	8.57	0.37%	172.73%
总计	3,550.79	3,680.52	129.73	100.00%	3.65%	总计	3,550.72	3,680.51	129.80	100.00%	3.66%

图8-27 矩阵完成效果

五、插入环形图

环形图也叫"圆环图"，它形如中间挖空的饼状图，依靠环形的长度来表达比例的大小。本任务将在环形图中显示格力电器资产负债表中的总体结构、负债的流动性结构以及资产的流动性结构。

【任务实现】

步骤1：单击窗口右侧"可视化"窗格中的"环形图"按钮，将资产负债表的项目大类拖动到"可视化"图例中，

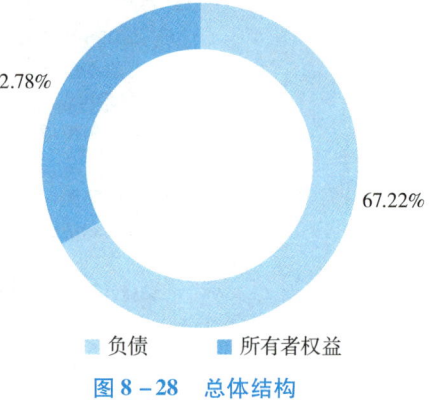

图8-28 总体结构

将资产负债表中的金额拖动到"可视化"值中。用户可将其调整到合适位置，并设置数据显示格式，然后在"筛选器"中勾选"负债""所有者权益"选项，同时在"可视化"中可以根据自身习惯设置颜色、标题字体大小、布局位置等，完成后如图8-28所示。

步骤2：同理，复制当前的环形图，将资产负债表的项目中类拖动到"可视化"图例中，然后在"筛选器"中勾选"流动负债""非流动负债"项目作为负债流动性结构分析项，在"筛选器"中勾选"流动资产""非流动资产"项目作为资产流动性结构分析项，完成后如图8-29所示。

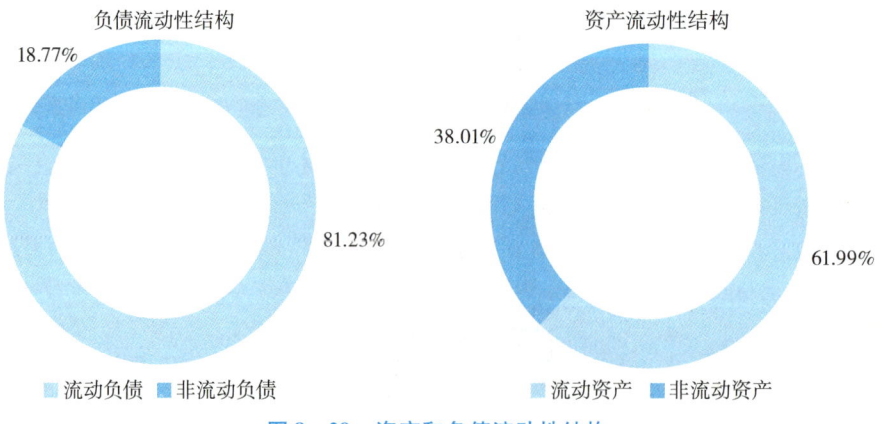

图8-29 资产和负债流动性结构

六、插入折线图

折线图可以显示随时间变化的连续数据,非常适用于显示在相同时间间隔下的数据变化趋势。本任务将在折线和簇状柱形图中制作总体项目趋势分析、流动资产和流动负债趋势对比分析、流动负债与非流动负债趋势对比分析。

【任务实现】

步骤1:单击窗口右侧"可视化"窗格中的"折线图",根据表8-1中的参数设置将"字段"窗格中的相关字段拖拽到"可视化"窗格的相应参数中,添加数据标签后完成总体项目趋势分析,如图8-30所示。

表8-1 参数设置

参数名称	图例	X轴	Y轴
属性值	项目大类	日期	增减变化

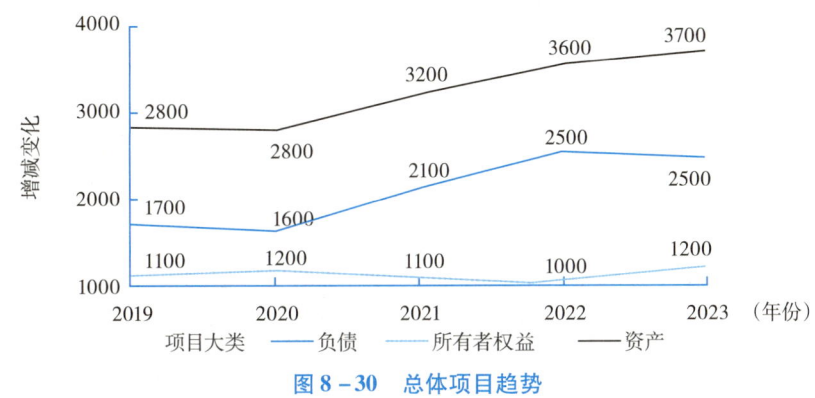

图8-30 总体项目趋势

步骤2:同理,将项目中类推到"可视化"中的图例,其余参数不变,分别在"筛选器"中筛选流动资产和非流动资产作为资产流动性趋势对比项,在"筛选器"中筛选流动负债和非流动负债作为负债流动性趋势对比项,如图8-31、图8-32所示。

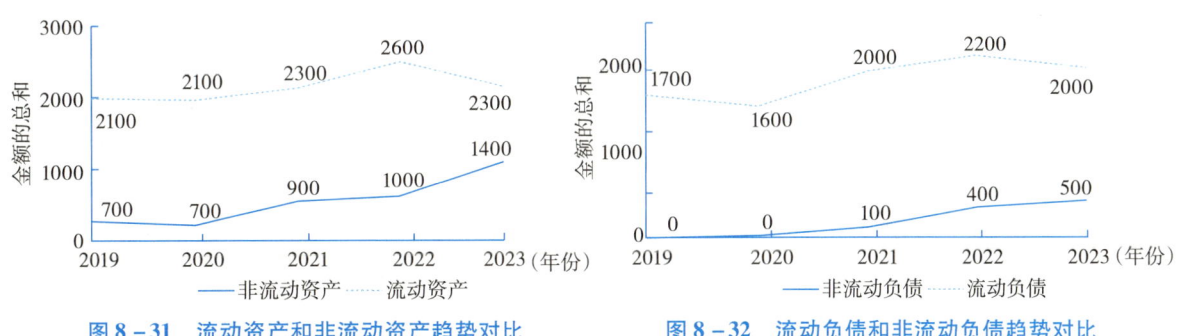

图8-31 流动资产和非流动资产趋势对比　　图8-32 流动负债和非流动负债趋势对比

步骤3:单击窗口右侧"可视化"窗格中的"折线图",根据表8-2中的参数设置将"字段"窗格中的相关字段拖拽到"可视化"窗格的相应参数中,如图8-33、图8-34所示。

表8-2 参数设置

关键比率分析	X轴	Y轴
短期偿债能力变化	日期	流动比率、现金比率、速动比率
长期偿债能力变化	日期	资产负债率、权益乘数、产权比率

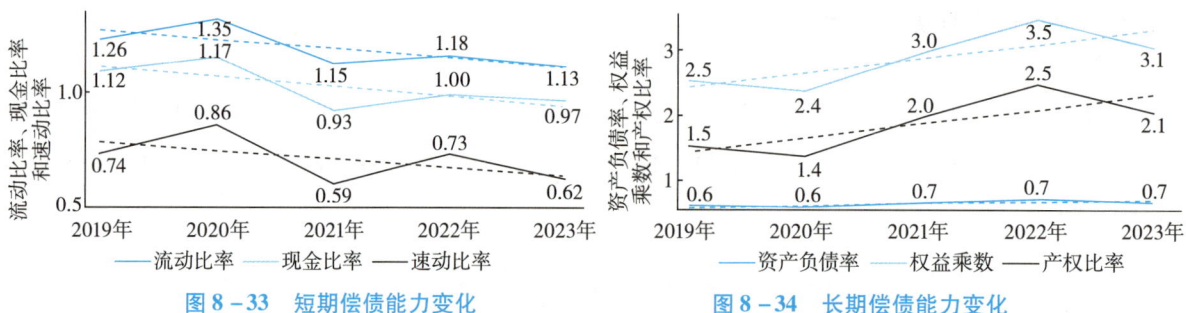

图8-33 短期偿债能力变化　　　　　图8-34 长期偿债能力变化

步骤4：得到图8-33、图8-34两个图形，将其命名为"短期偿债能力变化""长期偿债能力变化"，设置标题字体大小、颜色、选择添加趋势线。

七、插入堆积面积图

通过堆积面积图，可以直观地看出每个类别或变量在总量中所占的比例和变化趋势，有利于进行分析和决策，本任务将在堆积面积图中显示不同项目大类重要项目金额变动的趋势。

【任务实现】

单击窗口右侧"可视化"窗格中的"堆积面积图"按钮，根据表8-3中的属性参数设置将窗口右侧"字段"窗格的相关字段拖拽到"可视化"窗格的相应参数中，在"筛选器"中勾选"存货""货币资金""无形资产""固定资产"作为主要资产项目金额变化对比分析项。同时复制此图，改变"筛选器"中勾选项，将"短期借款""应付账款及票据""应付职工薪酬"作为主要负债项目的金额变化对比分析项，将资本公积、盈余公积、实收资本、未分配利润作为主要所有者权益项目金额变化对比分析项，如图8-35、图8-36、图8-37所示。

表8-3 属性参数设置

参数名称	图例	X轴	Y轴
属性值	项目名称	日期	金额

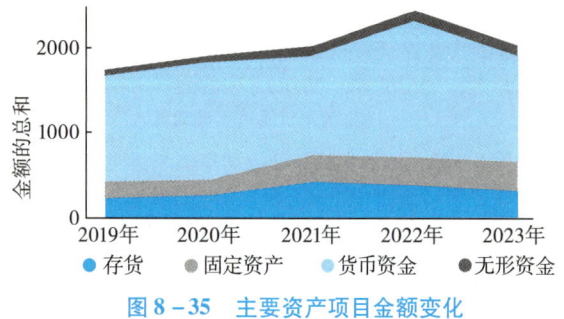

图8-35 主要资产项目金额变化

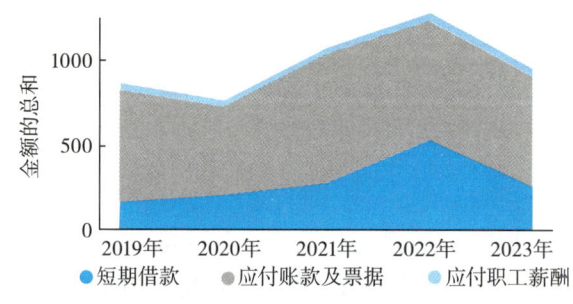

图8-36 主要负债项目金额变化

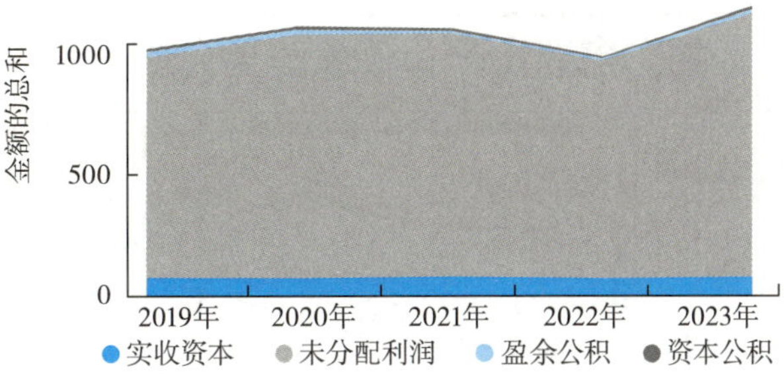

图 8-37　主要所有者权益项目金额变化

八、报表美化

设置好报表中的各类可视化元素后,需调整各类可视化元素的位置,以及格式、主题风格等,使其更加美观、醒目。本任务给图形归类,并应用适合的主题风格调整图形的布局。

【任务实现】

步骤1：将格力电器的Logo移动至画布左上方的位置,并添加一个文本框,内容是"格力电器资产负债表结构分析",设置其字体大小和是否粗体。同时,会计恒等式图排列在以年份为切片器的下方,将矩阵图拖到画布中间,将期末占比和同比增长率格式改为百分比,画布的下方整齐排列总体结构图、负债流动性结构图、资产流动性结构图。应用视图→默认值或其他样式,并将此页布局名字改为"结构分析"。美化后的报表如图8-38所示。

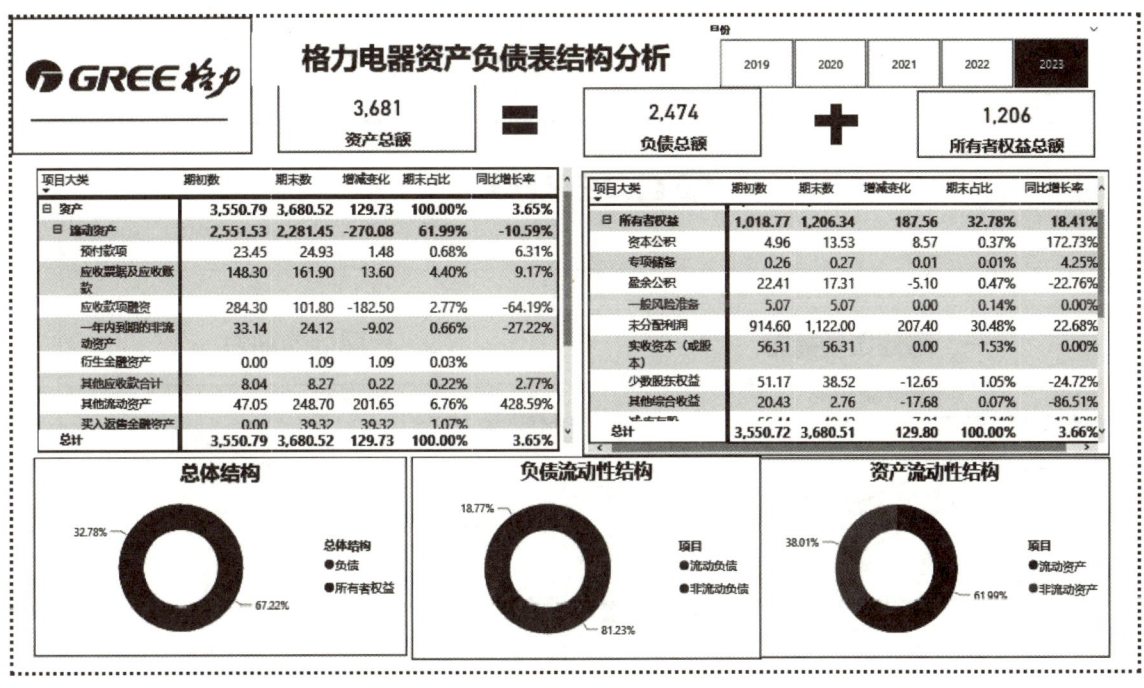

图 8-38　结构分析

步骤2：将总体项目趋势分析、流动资产和非流动资产趋势对比、流动负债与非流动负债趋势对比、主要资产项目金额变化对比、主要负债项目金额变化对比、主要所有者权益项目金额变化对比图依次排列到第二页画布中,改画布名称为"趋势分析"。美化后的报表如图8-39所示。

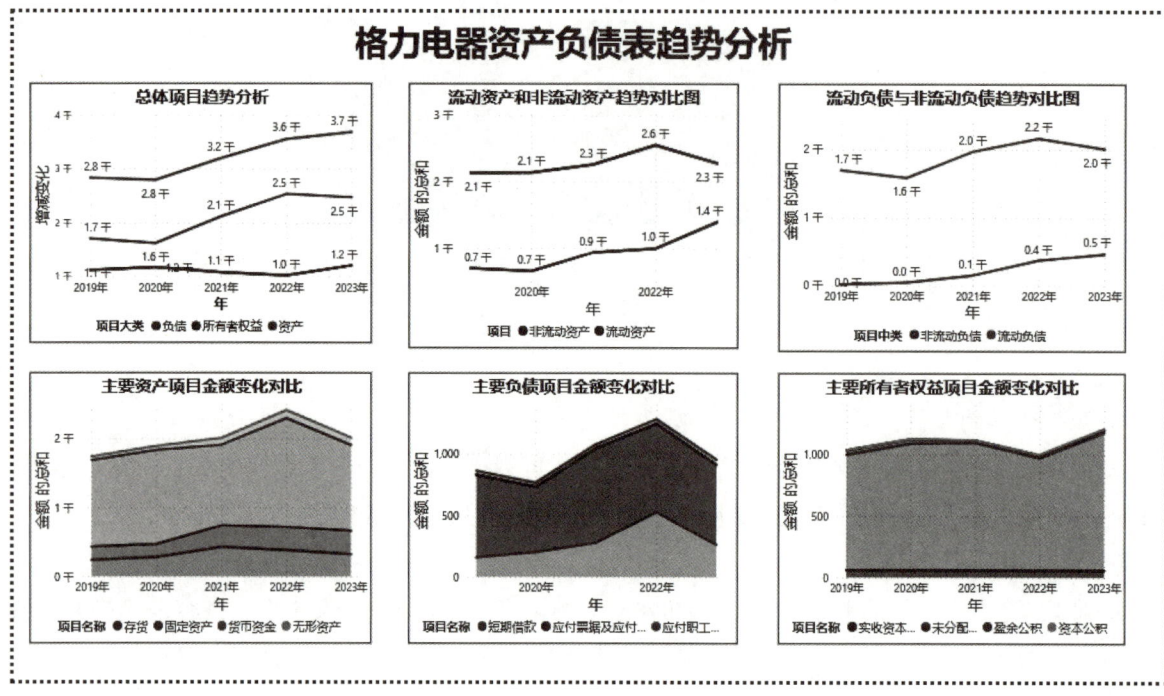

图 8-39 趋势分析

步骤3：将格力电器Logo摆放在第三页画布的上方，并添加3个文本框，内容分别为"一、短期偿债能力""二、长期偿债能力""格力电器资产负债表部分关键比率分析"，将短期偿债能力变化图和长期偿债能力变化图拖动到文本框下方。美化后的报表如图8-40所示。

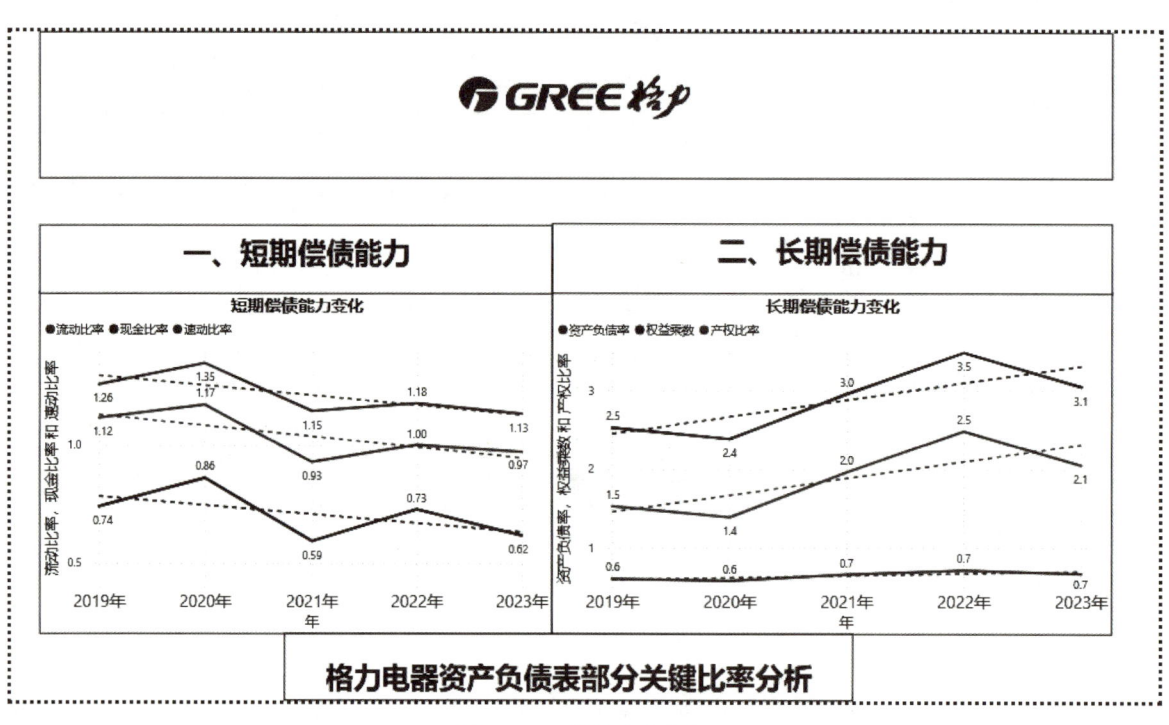

图 8-40 关键比率分析

章节总结

1. 获取数据：需要从网站下载格力电器相关财务数据。这是整个分析过程的基础，确保数据的准确性和完整性至关重要。

2. 报表数据获取与整理：在获取数据后，通过逆透视列、去除重复项、处理缺失值、纠正错误数据等，以确保数据的质量和一致性，并通过整理资产负债表—辅助表辅助数据模型的创建。

3. 建立数据模型及进行报表数据建模：在准备好数据后，创建一个数据模型，并在 Power BI 中，通过创建表、关系度量值等来构建格力电器的数据模型。

4. 报表数据可视化：在完成数据建模后，将使用 Power BI 的可视化工具来展示数据，包括插入图像、文本框、形式，选择适当的图表类型（如卡片图、矩阵、环形图、折线图等）来展示格力电器的资产负债表变化状况，并通过配置颜色、设置标题和轴标签等，以清晰地传达数据的含义和趋势。

5. 报表美化：除了基本的可视化，对格力电器的资产负债报表进行美化处理，以提高其可读性和吸引力，包括调整布局、添加背景图像、使用主题和样式等。

课后练习题

一、单项选择题

1. 将二维表变成一维表，应使用 Power BI 软件中哪一项功能？（　　）
   A. 透视列　　　　　　B. 逆透视列　　　　　C. 合并列　　　　　　D. 拆分列

2. 在本章"格力电器"案例中，哪些属于维度表？（　　）
   A. 资产负债表　　　　B. 资产负债表辅助表　C. 度量值表　　　　　D. 日期表

3. 为了便于数据建模和数据分析，Power BI 将数据表分为（　　）两类。
   A. 一维表和二维表　　B. 一维表和事实表　　C. 二维表和维度表　　D. 维度表和事实表

4. Power BI 数据可视化分析是在集成的（　　）程序中完成的。
   A. Power Map　　　　 B. Power View　　　　C. Power Query　　　 D. Power Pivot

5. 下列不是 Power BI Desktop 可切换选择窗口的是（　　）。
   A. 报表　　　　　　　B. 数据　　　　　　　C. 模型　　　　　　　D. 发布

6. 将已经导入 Power BI 中的几张表纵向合并为一张表，所用到的操作是（　　）。
   A. 追加查询　　　　　B. 合并查询　　　　　C. 分组依据　　　　　D. 逆透视

二、多项选择题

1. 数据清理工作包括（　　）。
   A. 清除冗余数据　　　B. 修改错误值　　　　C. 提升标题　　　　　D. 替换空值

2. 以下哪些是 Power BI Desktop 常用数据源（　　）。
   A. 文本　　　　　　　B. Power BI 数据流　　C. OData 数据源　　　D. Excel 工作簿

三、判断题

1. 计算列和度量值是一样的，两种可视化在选择时没有太大差异。（　　）

2. 计算某资产负债表的资产的总销售额的 DAX 公式为 CALCULATE（SUM（'资产负债表'［金额］），'资产负债表'［项目名称］="资产总计"）。（　　）

四、思考题

1. "格力电器"案例中，期末占比、增长率的度量值分别该如何创建？

2. "新建列"和"新建度量值"有什么区别？

五、实训题

1. 结合本章所学知识，请从东方财富网下载贵州茅台的相关资产负债表数据，对其进行资产负债表分析。

2. 采用切片器和卡片图结合的方式，就下载的贵州茅台数据对其偿债能力指标进行动态分析。

第九章
使用Power BI进行利润表分析

学习目标

知识目标

1. 了解 Power BI 开展利润表分析的一般流程（数据获取与整理、数据建模、报表数据可视化）；
2. 熟悉各种可视化图形的制作。

技能目标

1. 能够结合企业利润表的数据，掌握 Power BI 开展利润表分析的一般流程；
2. 运用整理洗涤所得的案例企业利润表数据，采用合理的可视化元素对其进行可视化分析。

素质目标

1. 培养在市场中不断挖掘视觉对象，不断丰富数据展示知识的习惯；
2. 培养创新意识与自主调整视觉效果的能力；
3. 培养爱岗敬业的职业道德，激发对财务数据可视化技术的信心与兴趣；
4. 培养审美意识，自主合理化布局报表。

案例导入

格力电器成立于1991年，是一家集研发、生产、销售、服务于一体的国际化家电企业，拥有格力、TOSOT、晶弘三大品牌，主营家用空调、中央空调、空气能热水器、手机、生活电器、冰箱等产品。作为家电行业的龙头，企业的利润状况、成本费用受到外界的更多关注，通过使用 Power BI 获取其近五年利润表及辅助分析表，并对其利润表进行分析，希望可以为类似企业的利润表分析提供借鉴思路。

章节导图

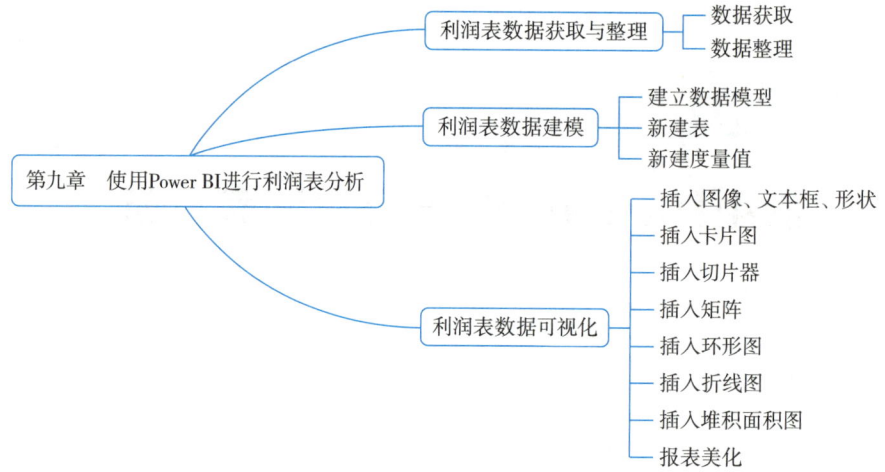

第九章 使用Power BI进行利润表分析
- 利润表数据获取与整理
  - 数据获取
  - 数据整理
- 利润表数据建模
  - 建立数据模型
  - 新建表
  - 新建度量值
- 利润表数据可视化
  - 插入图像、文本框、形状
  - 插入卡片图
  - 插入切片器
  - 插入矩阵
  - 插入环形图
  - 插入折线图
  - 插入堆积面积图
  - 报表美化

过程实施

第一节 利润表数据获取与整理

一、数据获取

（1）打开东方财富网（https：//www.eastmoney.com/），在股票代码中输入"000651"，在出现的新窗口中点击"财务分析"中的"利润表"，下载其2022年3月31日至2024年3月31日的利润表数据，如图9-1所示。

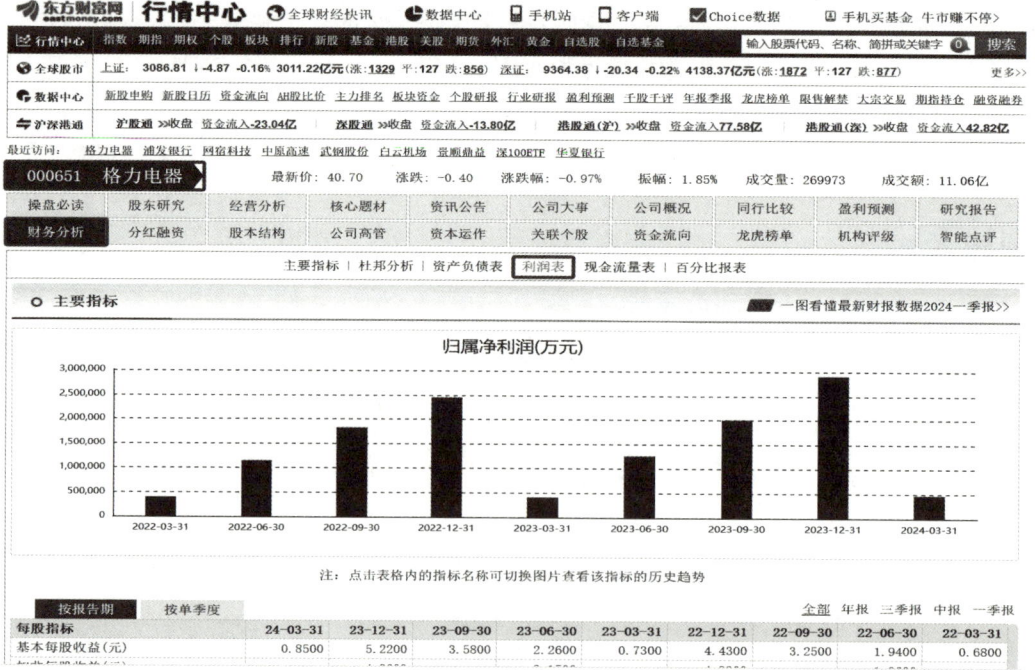

图9-1 网页数据

（2）首先，将下载好的 Excel 文件进行简单的数据处理，如将表中"万元"单位统一成"亿元"。其次，按利润表的结构做一个利润表辅助表，作为 Power BI 分析的维度表。最后，简单处理好数据，启动 Power BI Desktop，如图 9-2 所示。

图 9-2　Power BI Desktop 主界面

（3）在"主页"选项卡下的"数据"组中点击"Excel 工作簿"，如图 9-3 所示，或者点击"获取数据"按钮，在打开的"获取数据"对话框中选择"Excel 工作簿"，如图 9-4 所示。

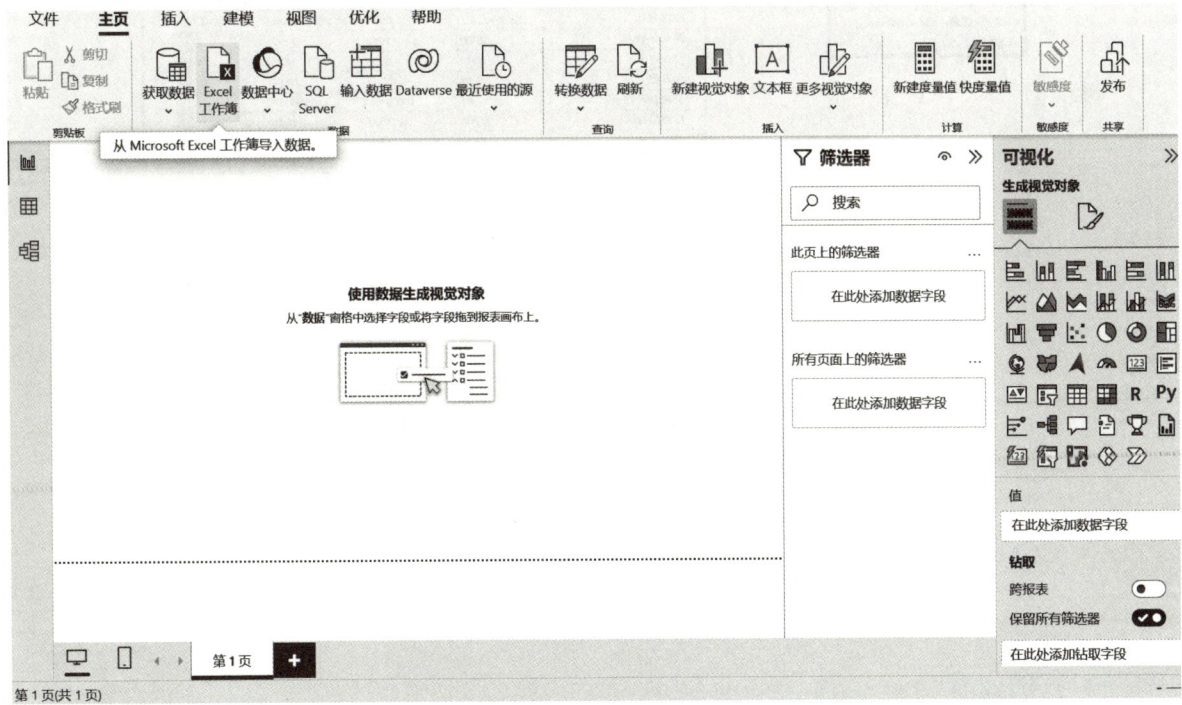

图 9-3　直接从 Excel 工作簿导入数据

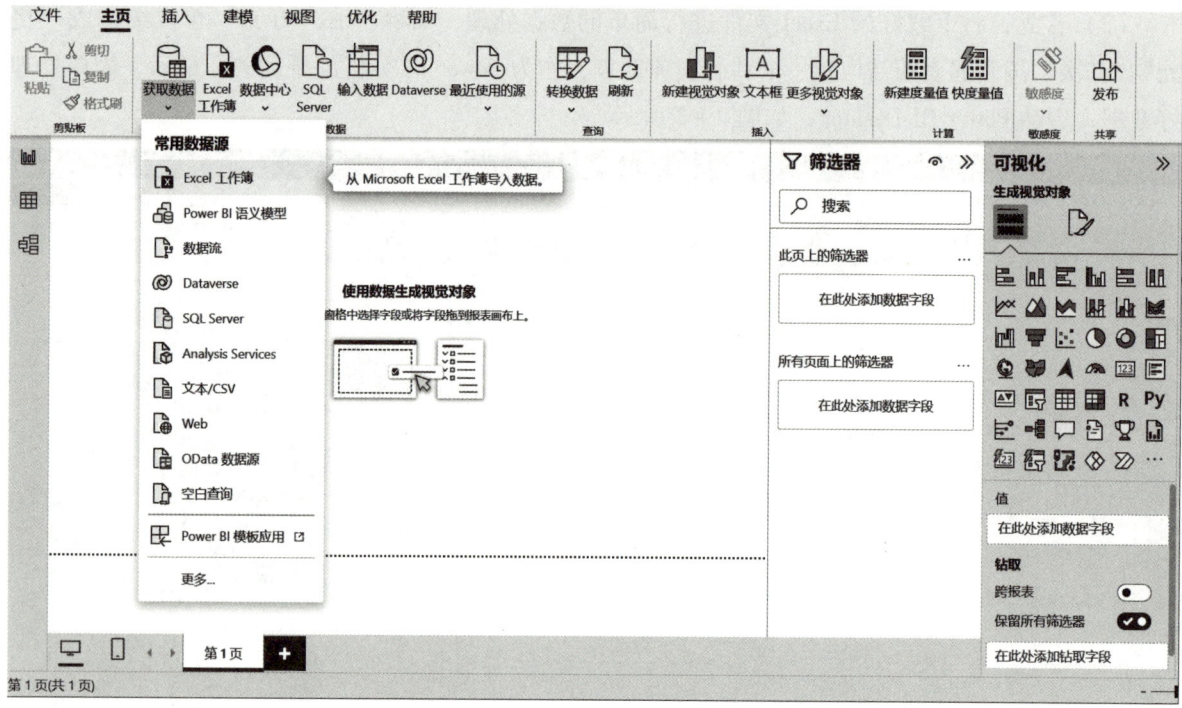

图9-4 "获取数据"对话框(选择"Excel工作簿")

(4)在打开的对话框中选择"利润表""利润表辅助表"Excel文件,由于涉及二次数据处理,要点击"转换数据",如图9-5所示。

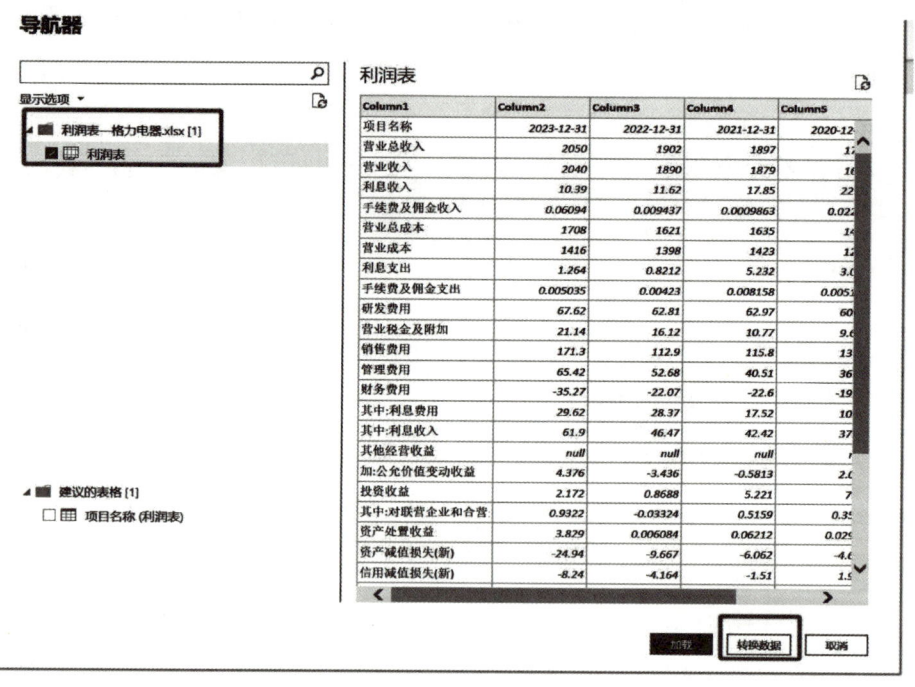

图9-5 转换数据

二、数据整理

导入Power BI中的数据表,原表的数据类型可能会改变,而且表中可能存在空行、空值等情况,因此需要在集成的 Power Query 编辑器中整理数据。整理数据的方法主要有筛选、填充、替换、逆透视等。本任务整理数据的思路如下。

(1) 将第一行用作标题;

(2) 对除第一列之外的其他列进行逆透视处理;

(3) 对其列标题进行重命名,依次命名为项目名称、日期、金额;

(4) 更改日期、金额的数据类型。

【任务实现】

步骤1:在 Power Query 编辑器主页中,选中"将第一行用作标题",如图9-6所示。

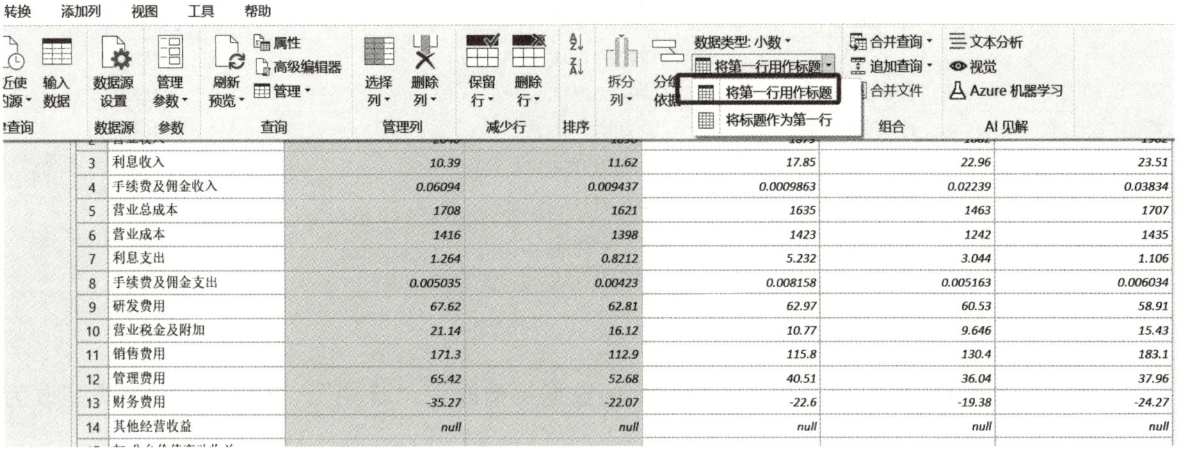

图9-6 提升标题命令

步骤2:数据是二维的不易处理,因此选中第一列,对其他列数据进行逆透视,执行"转换"→"逆透视列"→"逆透视其他列",转换后如图9-7所示。

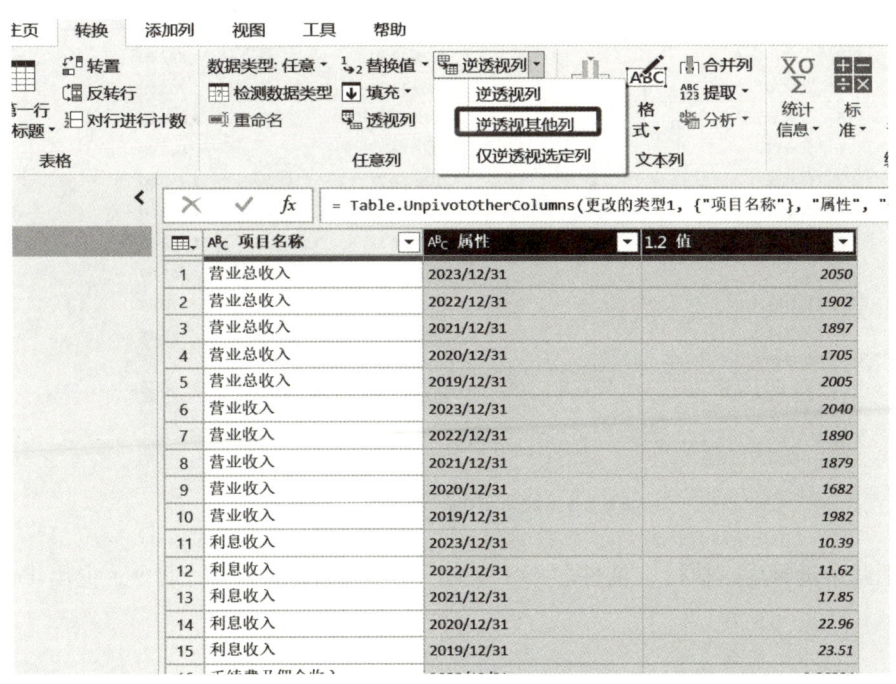

图9-7 "逆透视其他列"命令

步骤3：双击列标题进行重命名，依次命名为项目名称、日期、金额，如图9－8所示。

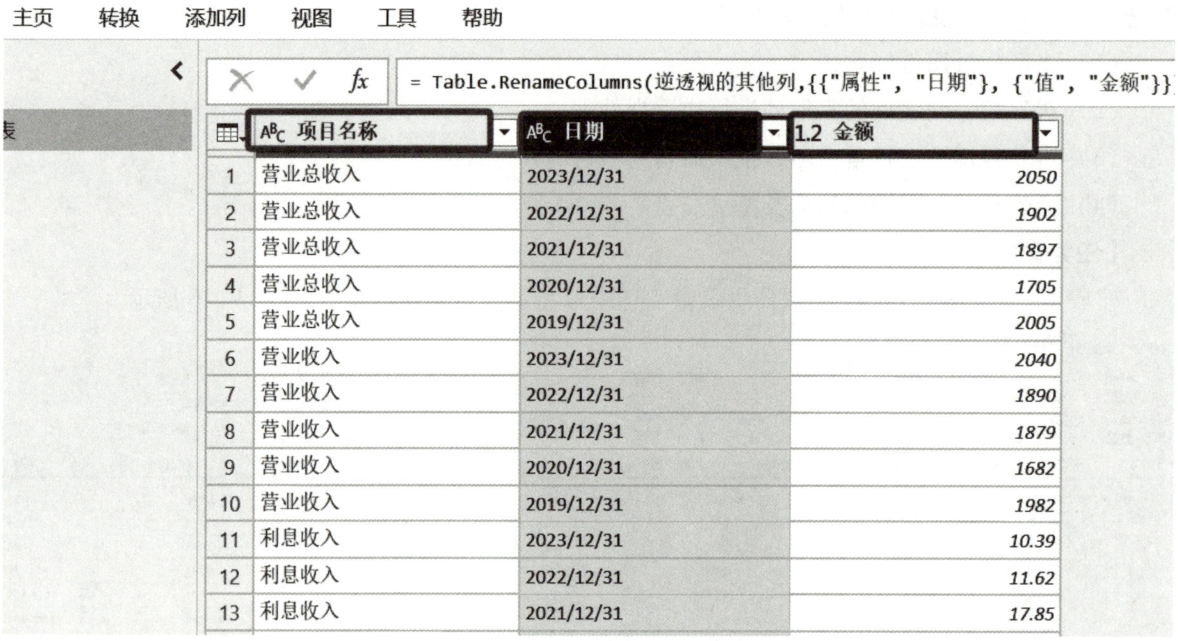
主页
转换
添加列
视图
工具
帮助
= Table.RenameColumns(逆透视的其他列,{{"属性", "日期"}, {"值", "金额"}}
项目名称
日期
1.2 金额
1 营业总收入 2023/12/31 2050
2 营业总收入 2022/12/31 1902
3 营业总收入 2021/12/31 1897
4 营业总收入 2020/12/31 1705
5 营业总收入 2019/12/31 2005
6 营业收入 2023/12/31 2040
7 营业收入 2022/12/31 1890
8 营业收入 2021/12/31 1879
9 营业收入 2020/12/31 1682
10 营业收入 2019/12/31 1982
11 利息收入 2023/12/31 10.39
12 利息收入 2022/12/31 11.62
13 利息收入 2021/12/31 17.85

图9－8　重命名列标题

步骤4：选中主页下数据类型，将日期列的数据类型改为“日期”，金额列的数据类型改为“定点小数”，如图9－9所示。

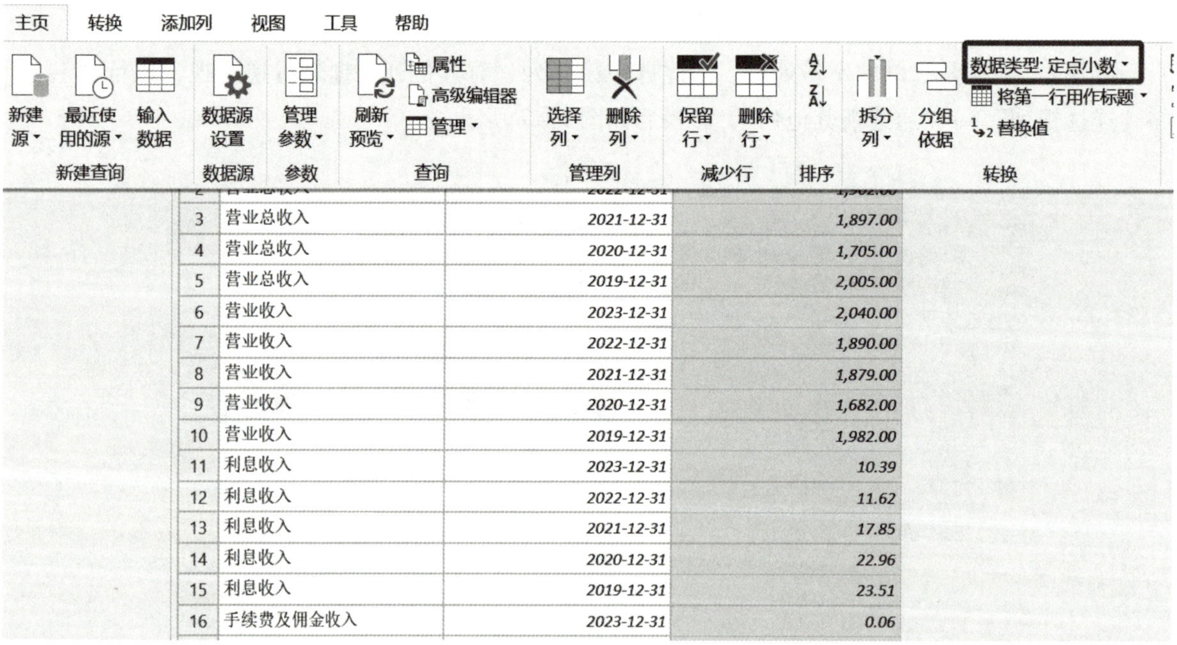
主页
转换
添加列
视图
工具
帮助
新建源
最近使用的源
输入数据
数据源设置
管理参数
刷新预览
属性
高级编辑器
管理
选择列
删除列
保留行
删除行
拆分列
分组依据
数据类型: 定点小数
将第一行用作标题
替换值
新建查询
数据源
参数
查询
管理列
减少行
排序
转换
3 营业总收入 2021-12-31 1,897.00
4 营业总收入 2020-12-31 1,705.00
5 营业总收入 2019-12-31 2,005.00
6 营业收入 2023-12-31 2,040.00
7 营业收入 2022-12-31 1,890.00
8 营业收入 2021-12-31 1,879.00
9 营业收入 2020-12-31 1,682.00
10 营业收入 2019-12-31 1,982.00
11 利息收入 2023-12-31 10.39
12 利息收入 2022-12-31 11.62
13 利息收入 2021-12-31 17.85
14 利息收入 2020-12-31 22.96
15 利息收入 2019-12-31 23.51
16 手续费及佣金收入 2023-12-31 0.06

图9－9　更改日期、金额的数据类型

完成以上几个步骤后，执行“文件”→“关闭”→“关闭并应用”命令，退出Power Query编辑器。

第二节　利润表数据建模

Power BI 突破了单表限制，可以从多个表格、多种来源的数据中，根据不同的维度、不同的逻辑来聚合分析数据；而提取数据的前提是将这些数据表建立关系，建立关系的过程就是数据建模。简单来说，数据建模就是建立维度表和事实表关系的过程。数据建模后，还可以通过新建列、新建度量值等方式建立各类分析数据，用于可视化分析。

一、建立数据模型

本任务我们将建立维度表（利润表辅助表）和事实表（利润表）的关联，有相同字段的两张表会自动建立关联关系。在此之前先将 Power BI 中的 Sheet 重命名为"利润表"，通过"项目名称"将事实表和维度表进行关联。

【任务实现】

单击 Power BI Desktop 窗口左侧的"模型"按钮，即可显示各表之间的关联关系，利润表和利润表辅助表自动建立关系，模型视图如图 9-10 所示。

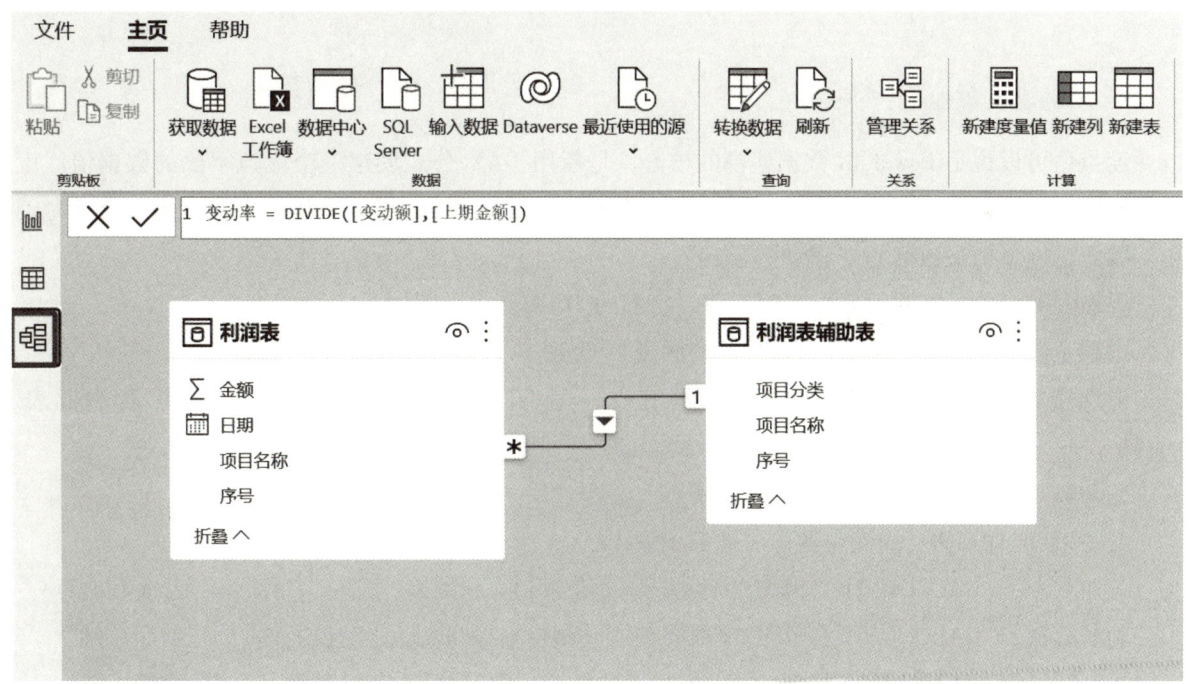

图 9-10　模型视图

二、新建表

关系建立后，由于后续需要用到的度量值较多，分散在各个表中不易进行管理，需要建立一个度量值表进行管理，如图 9-11 所示。

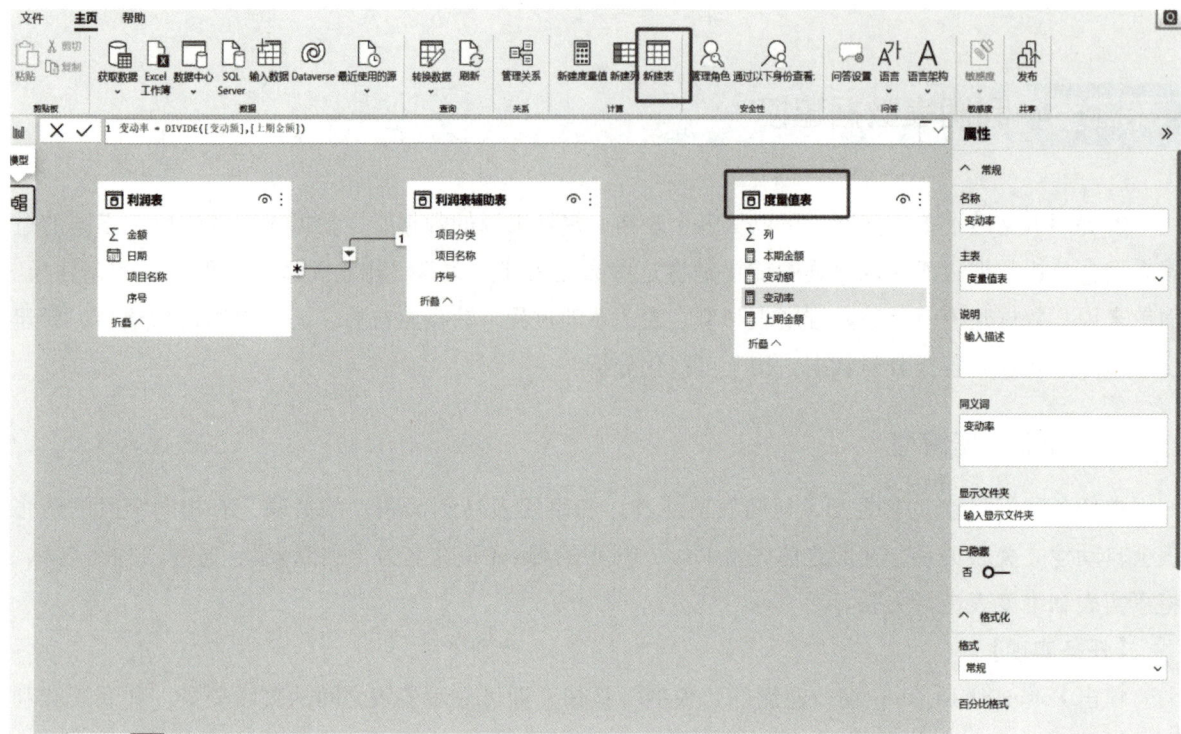

图 9-11　新建度量值表

三、新建度量值

度量值可以说是 Power BI 数据建模的核心，是指用 DAX 公式创建一个虚拟字段的数据值。度量值不改变源数据，也不改变数据模型，它可以随着不同维度的选择而变化，一般在报表交互时使用。因此，度量值又被称为"移动的公式"。

要做利润表分析需要设置以下度量值。它们的 DAX 公式分别如下：

本期金额 = CALCULATE（SUM（'利润表'［金额］））

上期金额 = CALCULATE（SUM（'利润表'［金额］），SAMEPERIODLASTYEAR（'利润表'［日期］））

变动额 =［本期金额］-［上期金额］

变动率 = DIVIDE（［变动额］,［上期金额］）

营业利润 = CALCULATE（SUM（'利润表'［金额］),'利润表'［项目名称］= "营业利润"）

利润总额 = CALCULATE（SUM（'利润表'［金额］),'利润表'［项目名称］= "利润总额"）

净利润 = CALCULATE（SUM（'利润表'［金额］),'利润表'［项目名称］= "净利润"）

销售费用 = CALCULATE（SUM（'利润表'［金额］),'利润表'［项目名称］= "销售费用"）

管理费用 = CALCULATE（SUM（'利润表'［金额］),'利润表'［项目名称］= "管理费用"）

财务费用 = CALCULATE（SUM（'利润表'［金额］),'利润表'［项目名称］= "财务费用"）

营业成本 = CALCULATE（SUM（'利润表'［金额］),'利润表'［项目名称］= "营业成本"）

营业收入 = CALCULATE（SUM（'利润表'［金额］),'利润表'［项目名称］= "营业收入"）

第九章 使用Power BI进行利润表分析 | 09

【任务实现】

步骤1：选择"度量值表"，执行"表工具"→"计算"→"新建度量值"命令。此外，在"主页"选项卡的"计算"组中也可以找到"新建度量值"命令，如图9-12所示。

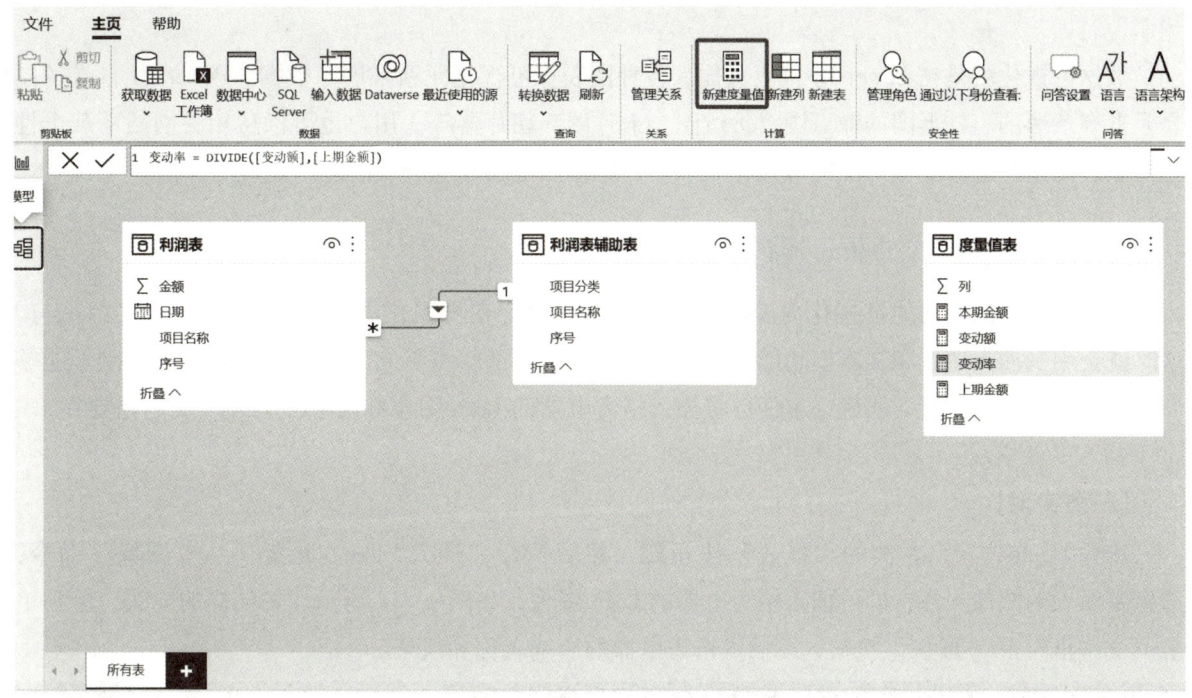

图 9-12 "新建度量值"命令

步骤2：在公式编辑栏输入任务中的12个度量值公式，输入完成后如图9-13所示。

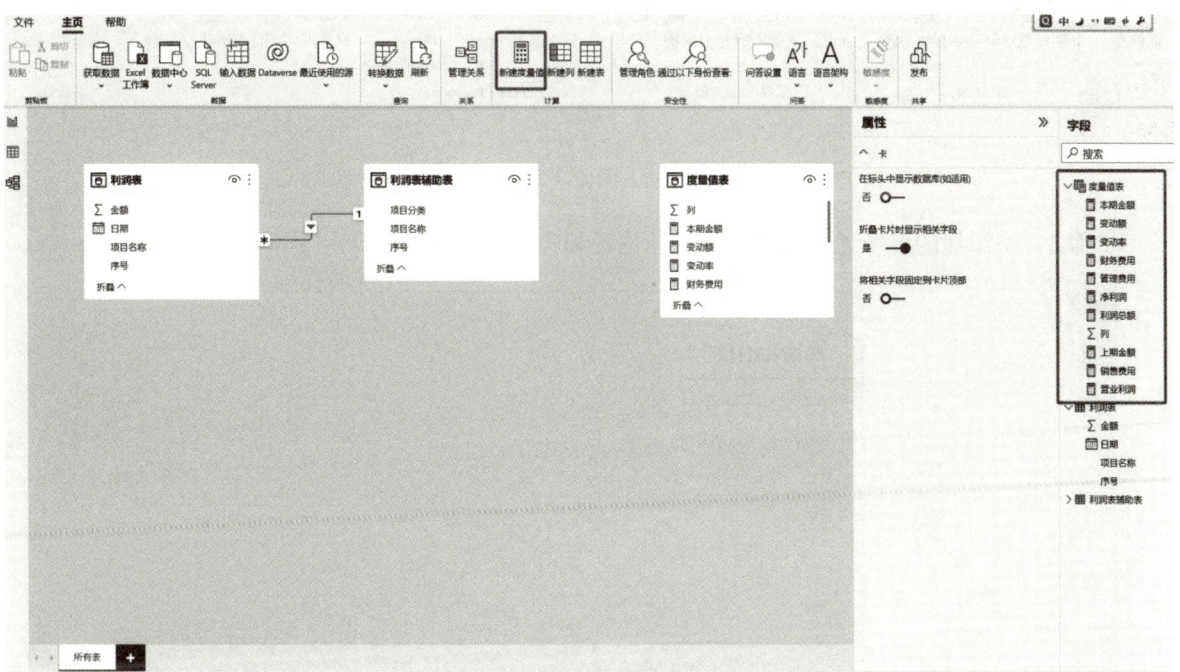

图 9-13 输入度量值公式

第三节 利润表数据可视化

数据可视化就是在 Power BI 报表页插入各种图表等可视化元素来展示数据。Power BI 自带的图表元素有条形图、柱形图、散点图、折线图、卡片图、切片器等。用户也可以从相关网站下载个性化的图表元素，进行更加炫酷的可视化展示。针对格力电器利润表我们将做如下可视化分析。

一、插入图像、文本框、形状

为了体现不同公司的可视化内容和风格，我们通常会在可视化界面加上公司的标识（Logo），这时就会用到插入图像和文本框功能。插入竖线、横线等形状将不同的可视化元素进行分割，能够使可视化界面更加清晰、明确。本任务将插入格力电器的 Logo 图像和文字。另外，我们还要在 Logo 下插入一条横线。

【任务实现】

步骤1：单击窗口左侧的"报表"按钮，然后执行"插入"→"元素"→"图像"命令，选择要插入的图像文件，即可插入格力电器的 Logo 图像，如图9－14 所示。按同样的方法，分别单击"文本框"和"形状"按钮，可插入格力电器的店铺名称和线条。

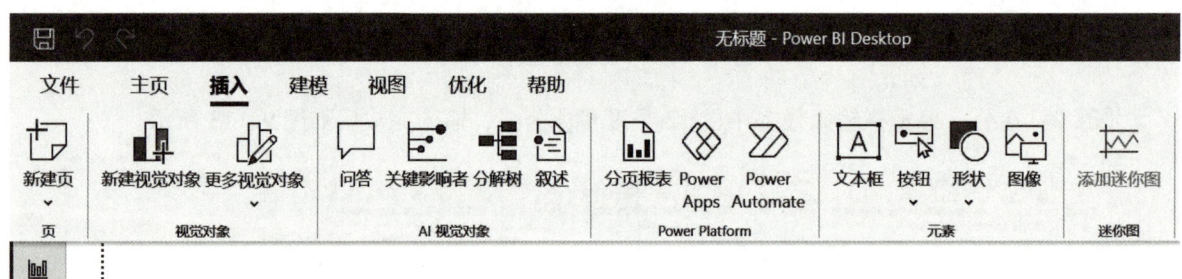

图9－14 插入图像、文本框和形状

步骤2：将添加的各个元素调整到合适的位置和大小，结果如图9－15 所示。

图9－15 图像、文本框、形状结果

二、插入卡片图

卡片图通常用于突出显示可视化分析的关键数据，如收入、利润、完成率等指标。本任务将"营业利润""利润总额""净利润"3 个度量值以卡片图形式呈现。

【任务实现】

步骤 1：单击窗口右侧"可视化"窗格中的"卡片图"按钮，然后将"字段"窗格中"度量值表"的"营业利润"度量值拖拽到卡片图中；再单击"格式"按钮，根据自己的需求调整其大小及合适位置，并添加视觉对象边框，结果如图 9-16 所示。

图 9-16 插入卡片图

步骤 2：同理，设置"利润总额""净利润"2 个度量值的卡片图，调整其大小及合适位置，结果如图 9-17、图 9-18 所示。

图 9-17 插入利润总额的卡片图 　　图 9-18 插入净利润的卡片图

三、插入切片器

切片器是画布中的视觉筛选器，是报表中的一种可视化图形元素。切片器的作用不是展示数据，而是提供展示数据时的各种维度选择。切片器的主要作用是筛选和查找数据，但应用非常灵活，尤其在制作动态图表时，可以创建连接多个图表，切换切片器的选项，图表也会相应地变动，而呈现出"动态"的数据展示。为更好地体现每年的利润表项目的变动情况，需要设置切片器来显示日期中的年份，反映不同年份利润表项目的动态变化。

【任务实现】

步骤 1：单击窗口右侧"可视化"窗格中的"切片器"按钮，将利润表中的日期拖拽到"可视化"的"字段"区。

步骤 2：选择下拉箭头中的"列表"，完成之后返回到报表，操作如图 9-19 所示。

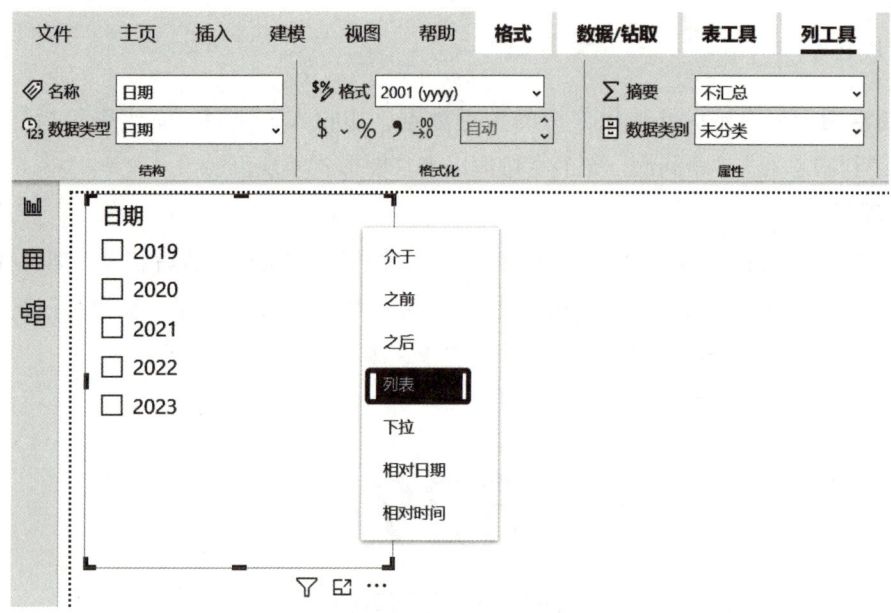

图 9-19 选择下拉箭头中的"列表"

步骤3：单击下拉箭头选择列表，单击"字段"中日期，主页上方将会出现格式，选择如下格式，如图 9-20 所示。

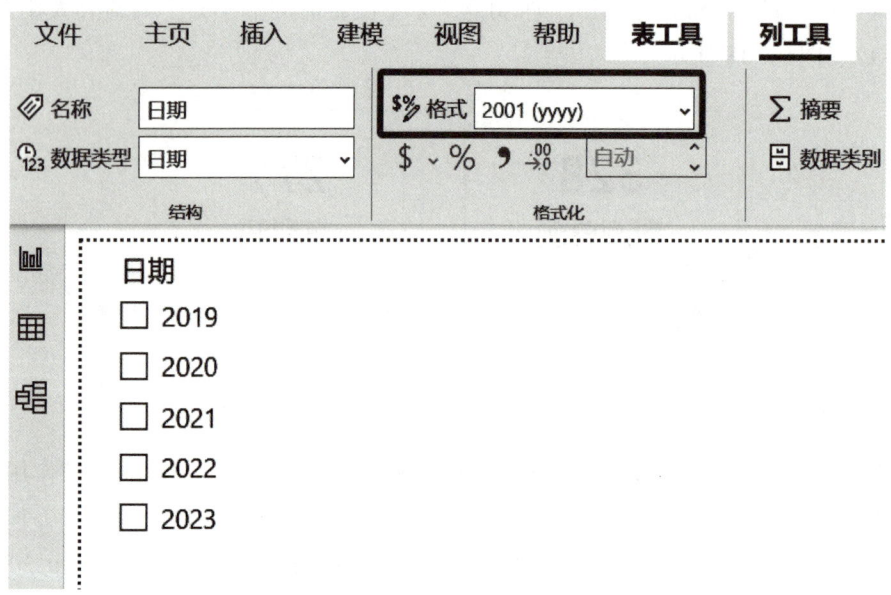

图 9-20 修改日期显示格式

步骤4：在"可视化"中设置视觉对象格式，选择"切片器设置"→"方向"，将垂直方向改为水平方向，并拖拽日期为一排，如图 9-21 所示。随意选择不同的年份就能查看不同年份利润表项目的变动了。

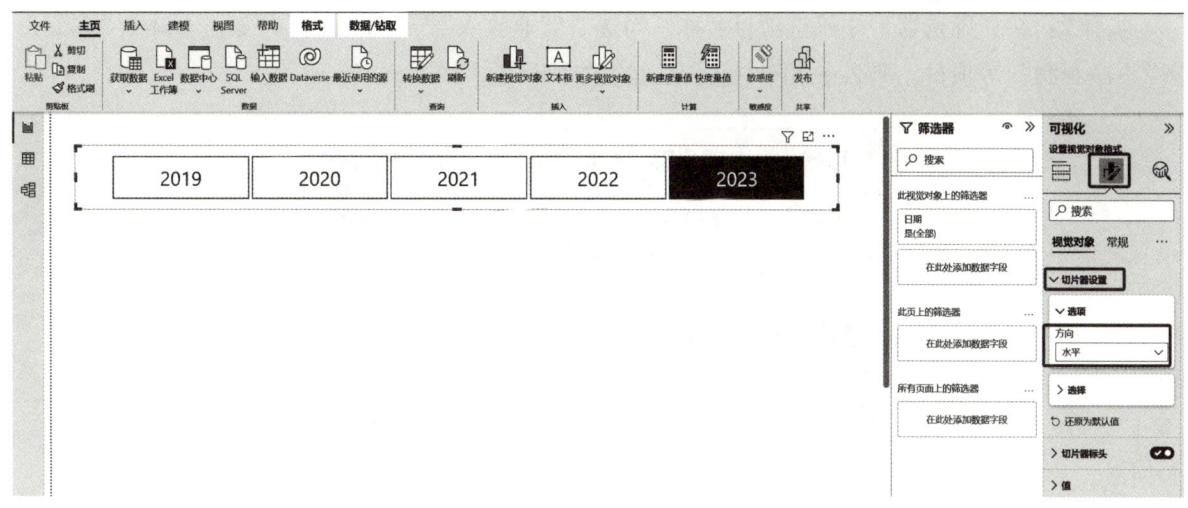

图 9-21　修调切片器位置和布局

四、插入矩阵

矩阵的最大优点在于寻找对应元素的交点很方便，而且不会遗漏，显示对应元素的关系也很清楚。矩阵图可用于分析成对的影响因素；各因素之间的关系清晰明了，便于确定。本任务将通过矩阵动态分析不同年份的期初数、期末数、期末占比、增减变化、同比增长率。

【任务实现】

步骤1：单击窗口右侧"可视化"窗格中的"矩阵"按钮，将度量值表中的本期金额、上期金额、变动额、变动率这些字段拖拽到"可视化"的"值"区，将利润表辅助表中的项目名称拖拽到"可视化"的"行"中，以2023年为例，最终效果如图9-22所示。

项目名称	上期金额	本期金额	变动额	变动率
资产减值损失(新)	¥-6.062	¥-9.667	¥-3.605	0.59
资产处置收益	¥0.0621	¥0.0061	¥-0.056	-0.90
营业总收入	¥1,897	¥1,902	¥5	0.00
营业总成本	¥1,635	¥1,621	¥-14	-0.01
营业税金及附加	¥10.77	¥16.12	¥5.35	0.50
营业收入	¥1,879	¥1,890	¥11	0.01
营业利润	¥266.8	¥272.8	¥6	0.02
营业成本	¥1,423	¥1,398	¥-25	-0.02
研发费用	¥62.97	¥62.81	¥-0.16	0.00
信用减值损失(新)	¥-1.51	¥-4.164	¥-2.654	1.76
销售费用	¥115.8	¥112.9	¥-2.9	-0.03
投资收益	¥5.221	¥0.8688	¥-4.3522	-0.83
手续费及佣金支出	¥0.0082	¥0.0042	¥-0.004	-0.49
手续费及佣金收入	¥0.001	¥0.0094	¥0.0084	8.40
其他收益	¥8.322	¥8.798	¥0.476	0.06
利息支出	¥5.232	¥0.8212	¥-4.4108	-0.84
利息收入	¥17.85	¥11.62	¥-6.23	-0.35
利润总额	¥268	¥272.2	¥4.2	0.02
净利润	¥228.3	¥230.1	¥1.8	0.01
总计	¥7,874.0615	¥7,854.7938	¥-19.2677	0.00

图 9-22　矩阵构建

步骤2：在"筛选器"中筛选项目名称，勾选"营业收入""营业利润""营业成本""利润总额""净利润"等项目，那么在矩阵中就会显示这些项目了，如图9-23所示。

项目名称	上期金额	本期金额	变动额	变动率
营业收入	¥1,890	¥2,040	¥150	0.08
营业利润	¥272.8	¥328.6	¥55.8	0.20
营业成本	¥1,398	¥1,416	¥18	0.01
利润总额	¥272.2	¥328.2	¥56	0.21
净利润	¥230.1	¥277.2	¥47.1	0.20
总计	¥4,063.1	¥4,390	¥326.9	0.08

图9-23　矩阵构建

五、插入环形图

环形图也叫"圆环图"，它形如中间挖空的饼状图，依靠环形的长度来表达比例的大小。本任务将在环形图中显示格力电器利润表中的三大期间费用情况。

【任务实现】

单击窗口右侧"可视化"窗格中的"环形图"按钮，将利润表中的管理费用、销售费用、财务费用3个项目拖动到"可视化"值中。用户可将其调整到合适位置，并设置数据显示格式。在"可视化"中可以设置颜色、标题字体大小、布局位置等，完成后如图9-24所示。需要注意的是格力电器的财务费用为负数，所以此时需要把前期财务费用的度量值改为负数形式，财务费用的比重才会显示出来。

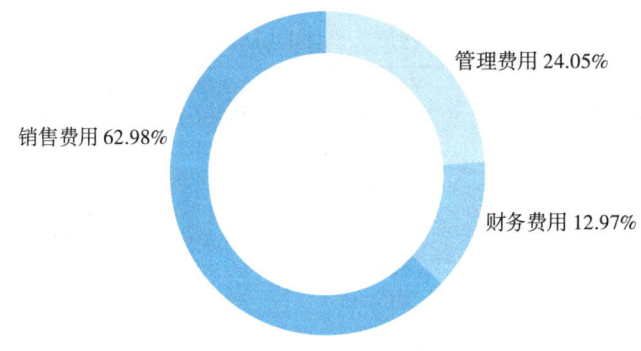

图9-24　三大期间费用占比

六、插入折线图

折线图可以显示随时间变化的连续数据，非常适用于显示在相同时间间隔下的数据变化趋势。本任务将在折线和簇状柱形图中制作营业利润、利润总额、净利润3个项目的趋势对比分析。

【任务实现】

单击窗口右侧"可视化"窗格中的"折线图"，将利润表中的日期，选择按年拖动到"可视化"的X轴中，将利润总额、净利润2个项目拖到辅助Y轴，即可得出如图9-25所示的图形。在

"可视化"中可以设置颜色、标题字体大小、布局位置等。

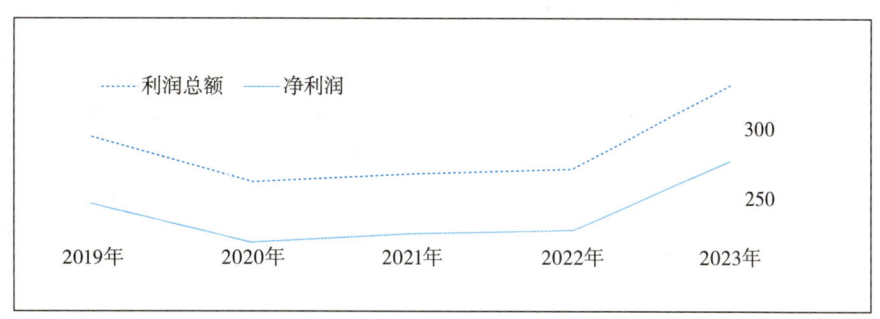

图 9－25　利润总额、净利润项目趋势对比

需要注意的是，必须选中"切片器"对象，执行"格式"→"编辑交互"命令，再单击"折线图"右上角的🚫，使其变为⛔，折线图才不会随切片器"年度"的变化而变化。

七、插入堆积面积图

通过堆积面积图，可以直观地看出每个类别或变量在总量中所占的比例和变化趋势，有利于进行分析和决策，本任务将在堆积面积图中显示利润表重要项目近年来金额变动的趋势。

【任务实现】

单击窗口右侧"可视化"窗格中的"堆积面积图"按钮，将利润表中的日期，按年拖动到"可视化"的 X 轴中，将"营业收入""营业成本" 2 个项目拖到 Y 轴，即可得出如图 9－26 所示的图形。在"可视化"中可以设置颜色、标题字体大小、布局位置等。

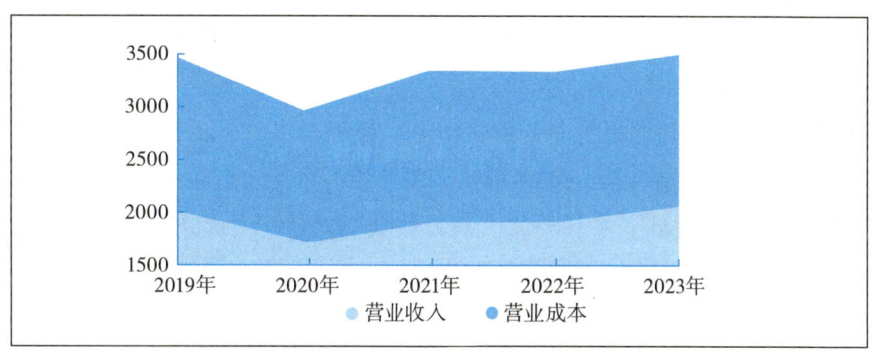

图 9－26　营业收入、营业成本的金额变化

需要注意的是，必须选中"切片器"对象，执行"格式"→"编辑交互"命令，再单击"堆积面积图"右上角的🚫，使其变为⛔，折线图才不会随切片器"年度"的变化而变化。

八、报表美化

设置好报表中的各类可视化元素后，需调整各类可视化元素的位置，以及格式、主题风格等，使其更加美观、醒目。本任务给图形归类，并应用适合的主题风格、调整图形的布局。

【任务实现】

将格力电器的 Logo 移动至画布左上方的位置，并添加一个文本框，内容是"格力电器利润表分析"，设置其字体大小和是否粗体。将前期的图按需整合处理，美化后的报表如图 9－27 所示。

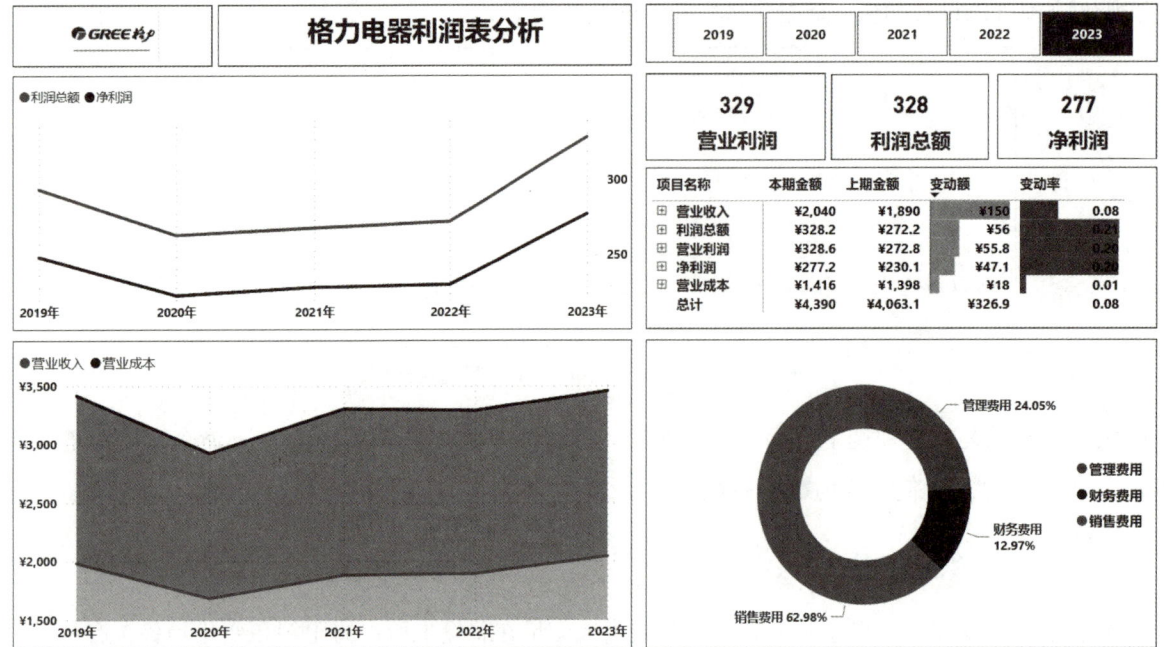

图 9-27 利润表分析

章节总结

1. 利润表数据获取与整理。

（1）打开东方财富网，输入公司的股票代码，点击财务分析中的利润表，下载其 2019—2023 年的利润表数据。

（2）将下载好的 Excel 文件进行简单的数据处理，如将表中"万元"单位统一成"亿元"，再按利润表的结构做一个利润表辅助表，作为 Power BI 分析的维度表。

（3）点击"获取数据"按钮，在打开的"获取数据"对话框中选择"Excel 工作簿"。

（4）在打开的对话框中选择"利润表""利润表辅助表"Excel 文件，由于涉及二次数据处理，要点击"转换数据"。

（5）导入 Power BI 中的数据表，将第一行用作标题；对除第一列之外的其他列进行逆透视处理，对列标题其进行重命名，依次命名为项目名称、日期、金额；更改日期、金额的数据类型。

2. 报表数据建模。

（1）建立数据模型，单击 Power BI Desktop 窗口左侧的"模型"按钮，即可显示各表之间的关联关系，利润表和利润表辅助表自动建立关联。

（2）关系建立后，由于后续需要用到的度量值较多，分散在各个表中不易进行管理，需要建立一个度量值表进行管理。

（3）选择"度量值表"，执行"表工具""计算""新建度量值"命令。此外，在"主页"选项卡的"计算"组中也可以找到"新建度量值"命令。在公式编辑栏输入任务中的 12 个度量值公式。

3. 报表数据可视化。

（1）插入图像、文本框、形状。将插入格力电器的 Logo 图像和文字。另外，还要在 Logo 下插入一条横线。

（2）插入卡片图。将"营业利润""利润总额""净利润"3个度量值以卡片图形式呈现。

（3）插入切片器。为更好地体现每年的利润表项目的变动情况，需要设置切片器来显示日期中的年份，反映不同年份利润表项目的动态变化。

（4）插入矩阵。将通过矩阵动态分析不同年份的期初数、期末数、期末占比、增减变化、同比增长率。

（5）插入环形图。将在环形图中显示格力电器利润表中的三大期间费用情况。

（6）插入折线图。将在折线和簇状柱形图中制作"营业利润""利润总额""净利润"3个项目的趋势对比分析。

（7）插入堆积面积图。将在堆积面积图中显示利润表重要项目金额变动的趋势。

（8）报表美化。设置好报表中的各类可视化元素后，需调整各类可视化元素的位置，以及格式、主题风格等，使其更加美观、醒目。给图形归类，并应用适合的主题风格、调整图形的布局。

课后练习题

一、单项选择题

1. 在 Power BI 中对利润表数据进行可视化，若要直观展示不同产品类别利润占总利润的比例，最佳图表类型是（　　）。

   A. 柱状图　　　　　　B. 折线图　　　　　　C. 饼状图　　　　　　D. 散点图

2. 当利润表数据导入 Power BI 后，发现"净利润"字段数据显示异常，可能原因是（　　）。

   A. 数据在原 Excel 表中被隐藏　　　　　　B. 导入时数据类型设置错误

   C. Power BI 软件故障　　　　　　　　　　D. 电脑内存不足

3. 要在 Power BI 的利润表分析中，突出显示某一特定年度利润大幅增长的月份，可使用（　　）功能。

   A. 排序　　　　　　　B. 筛选　　　　　　　C. 分组依据　　　　　D. 钻取

4. 在 Power BI 中创建利润表相关的度量值时，计算营业利润率（营业利润÷营业收入×100%），以下 DAX 表达式正确的是（　　）。

   A. 营业利润率 = SUM（'利润表'［营业利润］）/ SUM（'利润表'［营业收入］）

   B. 营业利润率 = COUNT（'利润表'［营业利润］）/ COUNT（'利润表'［营业收入］）

   C. 营业利润率 = AVERAGE（'利润表'［营业利润］）/ AVERAGE（'利润表'［营业收入］）

   D. 营业利润率 = MAX（'利润表'［营业利润］）/ MAX（'利润表'［营业收入］）

5. 若想在 Power BI 中查看利润表数据随时间的变化趋势，还能对比不同地区的数据，应使用（　　）可视化对象。

   A. 矩阵　　　　　　　　　　　　　　　　B. 卡片图

   C. 折线图（带多列数据）　　　　　　　　D. 漏斗图

二、多项选择题

1. 在 Power BI 进行利润表分析时，以下哪些操作有助于优化数据模型，提升分析性能？（　　）

A. 删除不必要的列

B. 建立正确的表关系

C. 将所有数据放在一个大表中

D. 对数值型数据进行适当的数据类型转换（如将整数转换为小数）

2. 利用 Power BI 分析利润表，可从哪些维度进行深入分析？（　　）

A. 时间维度（如年度、季度、月度）　　B. 产品维度（如不同产品线、产品类别）

C. 地区维度（如不同销售区域、城市）　　D. 客户维度（如不同客户群体、重要客户）

3. 在 Power BI 中为利润表数据创建可视化报表时，以下哪些元素可以添加交互效果，增强报表的分析能力？（　　）

A. 切片器　　　　B. 筛选器　　　　C. 工具提示　　　　D. 书签

4. 假设利润表数据包含多个子公司的财务信息，在 Power BI 中可以通过以下哪些方式实现对各子公司利润情况的单独分析和汇总分析？（　　）

A. 使用分组依据功能按子公司名称分组　　B. 创建基于子公司名称的切片器

C. 利用 DAX 函数分别计算各子公司的利润指标　　D. 为每个子公司创建单独的数据表

5. 在 Power BI 利润表分析中，以下哪些数据处理步骤可能是必要的？（　　）

A. 数据清洗，去除重复值和错误数据　　B. 数据标准化，使不同指标具有可比性

C. 数据透视，重新组织数据结构　　D. 数据抽样，减少数据量以提高处理速度

三、判断题

1. 在 Power BI 中，一旦利润表数据导入完成，就不能再对数据模型进行修改。（　　）

2. 通过 Power BI 可视化展示利润表数据时，图表类型的选择不会影响数据分析的准确性和有效性。（　　）

3. 在 Power BI 利润表分析中，使用度量值可以根据不同的分析需求灵活计算各种利润相关指标，且度量值会自动更新数据。（　　）

4. 如果利润表数据在 Power BI 中可视化效果不佳，只能重新调整原始数据，无法通过调整可视化设置来改善。（　　）

5. 在 Power BI 中对利润表进行分析，不能同时展示多个不同级别的汇总数据（如同时展示月度、季度和年度汇总）。（　　）

四、实训题

1. 结合本章所学知识，请从东方财富网下载贵州茅台的相关利润表数据，对其进行利润表分析。

2. 采用切片器和卡片图结合的方式，就下载的贵州茅台数据对其盈利能力指标进行动态分析。

第十章
使用Power BI进行现金流量表分析

学习目标

知识目标

1. 掌握现金流量表分析与可视化页面设计的思路；
2. 熟悉各种可视化图形的制作。

技能目标

能结合上市公司的财务数据，通过 Power BI 实现财务数据的现金流量表分析。

素质目标

1. 培养可视化审美意识；
2. 具备数据安全与保密素养。

案例导入

格力电器成立于 1991 年，1996 年 11 月在深交所挂牌上市。公司成立初期，主要依靠组装生产家用空调，现已发展成为多元化、科技型的全球工业制造集团，产业覆盖家用消费品和工业装备两大领域，产品远销 190 多个国家和地区。2023 年，格力电器经营活动产生的净现金流量为 30859691934.60 元，相比上年同期的 13144260367.59 元，增长了 134.78%。那么，这是否说明格力电器现金流状况好呢？本章我们将通过使用 Power BI 获取其 2019—2023 年现金流量表数据表，对其现金流量进行可视化分析。

章节导图

```
数据获取
数据整理 ── 现金流量表数据获取与整理
                                          ┌── 建立数据模型
                 现金流量表数据建模 ──┤
                                          └── 新建度量值
第十章 使用Power BI进行现金流量表分析
                                          ┌── 插入公司Logo
                                          ├── 插入切片器
                                          ├── 插入卡片图
                                          ├── 插入环形图
                 现金流量表数据可视化 ──┤── 插入分区图
                                          ├── 插入折线图
                                          ├── 插入表格
                                          └── 报表美化
```

过程实施

第一节　现金流量表数据获取与整理

一、数据获取

（1）登录东方财富网（https：//www.eastmoney.com/），输入格力电器股票代码"000651"，点击"财务分析"中的"现金流量表"，获取格力电器2019—2023年的现金流量表数据，如图10-1所示。

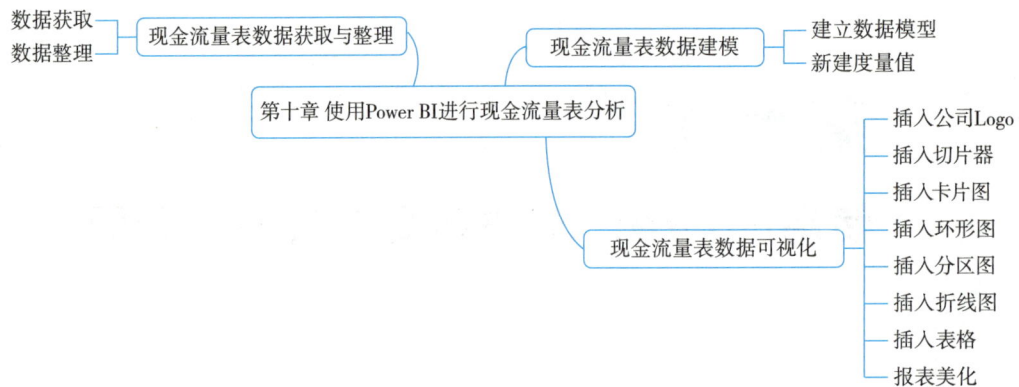

图10-1　东方财富网网页

（2）将格力电器现金流量表相关数据整理到"格力现金流量表分析.xlsx"文件中，除现金流量表外，又补充了年度表、现金流量表分类2个维度表，考虑到需要一个空表来存放、管理所有度量值，还新建了一个"度量值"空表。

（3）启动 Power BI Desktop，点击"获取数据"按钮，在打开的"获取数据"对话框中选择"Excel 工作簿"，如图 10-2 所示。

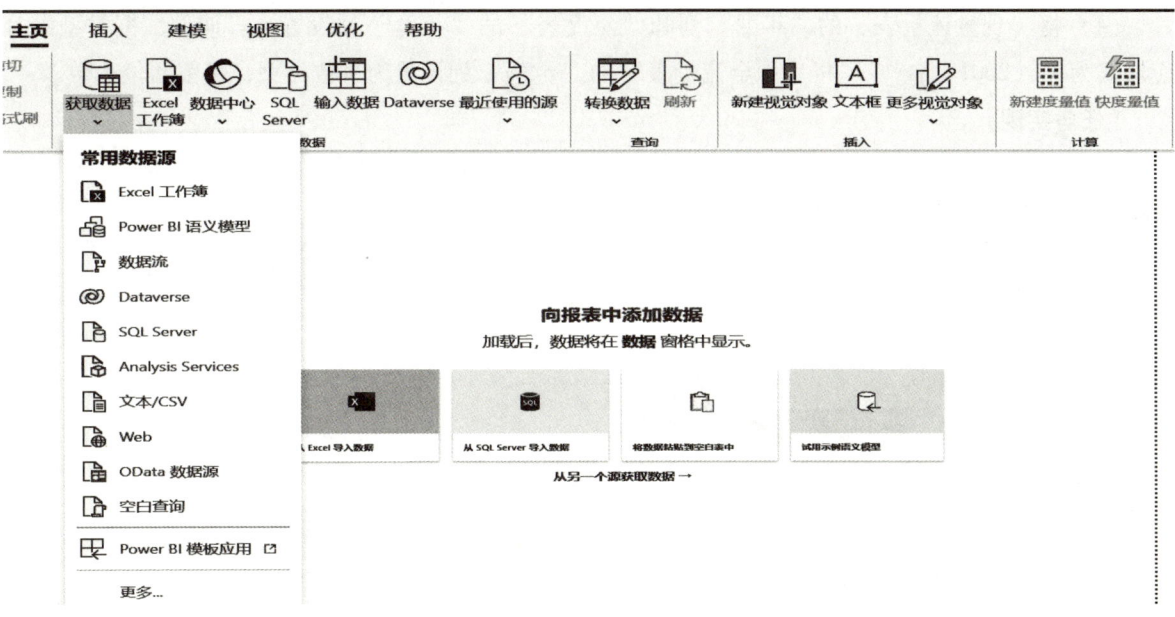

图 10-2　"获取数据"对话框（选择"Excel 工作簿"）

（4）在打开的对话框中选择"格力现金流量表分析.xlsx"文件，勾选所有工作表，点击"转换数据"，如图 10-3 所示。

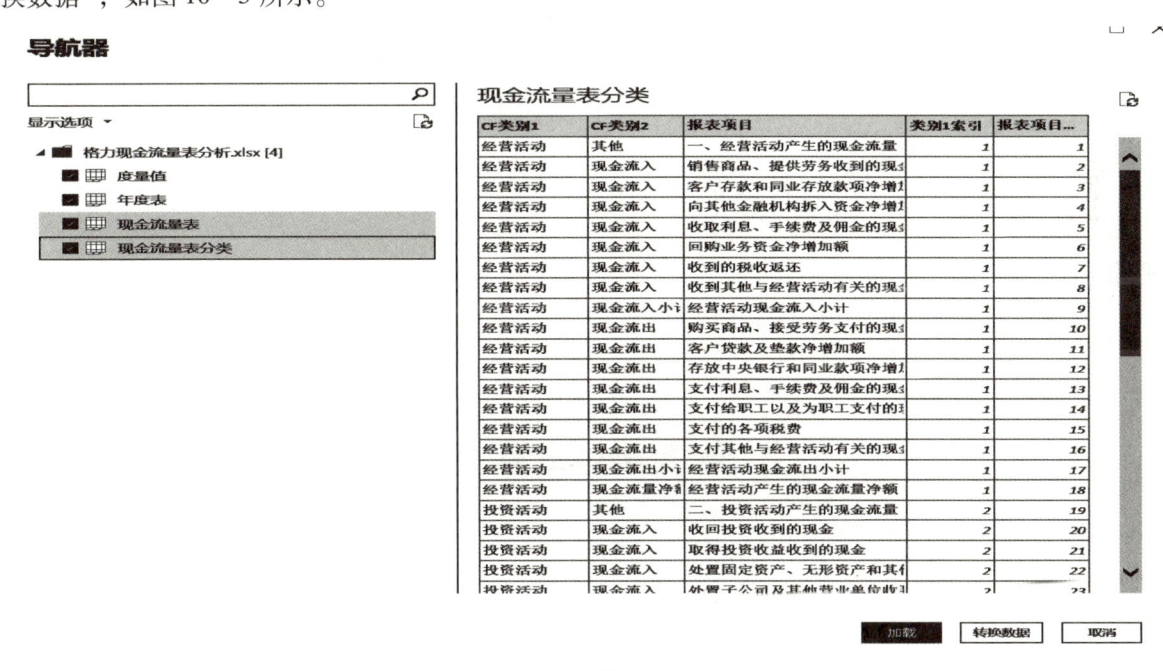

图 10-3　转换数据

二、数据整理

为了便于后续处理，按照以下步骤整理数据。

（1）将"现金流量表"第一行设置为标题。

(2) 对"现金流量表"除第一列的其他列进行逆透视处理。

(3) 对"现金流量表"列标题进行重命名,依次命名为"报表项目""年度""金额"。

(4) 将"现金流量表"的"年度"列和"年度表"的"年度"列设置为日期型数据类型,对应格式为"(2001) yyyy";将"现金流量表"的"金额"列设置为小数类型,保留两位小数。

【任务实现】

步骤 1:在 Power Query 编辑器主页中,选中"将第一行用作标题",如图 10-4 所示。

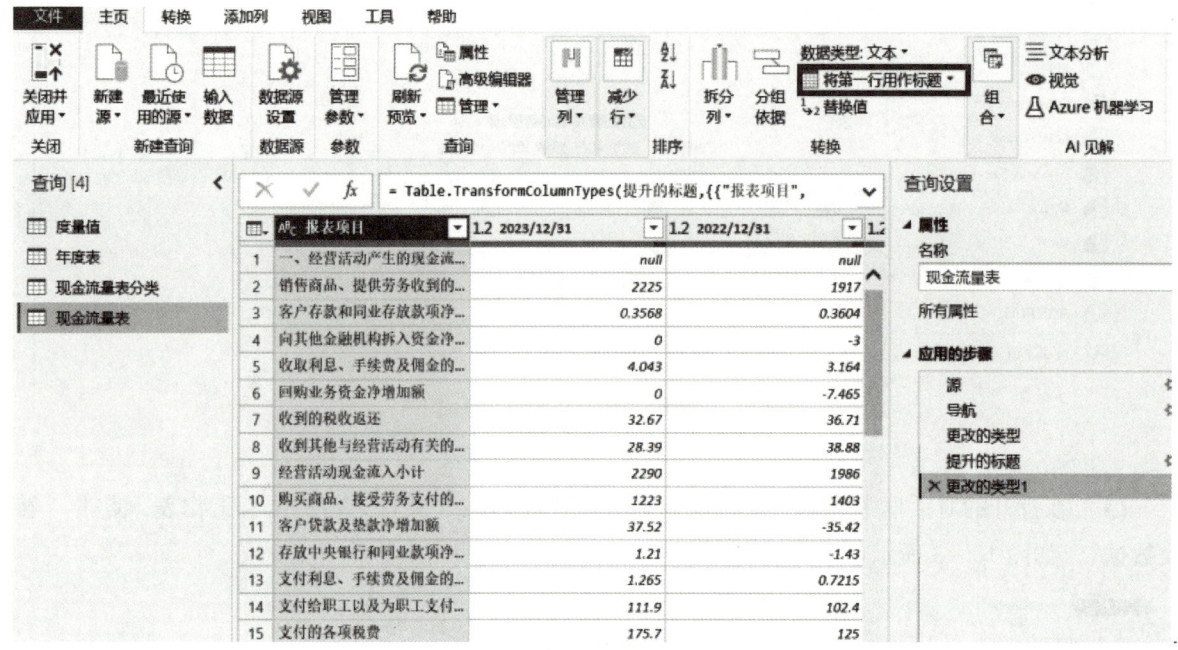

图 10-4 设置首行为列标题

步骤 2:选中"报表项目"列,对其他列数据进行逆透视,执行"转换"→"逆透视列"→"逆透视的其他列",转换后如图 10-5 所示。

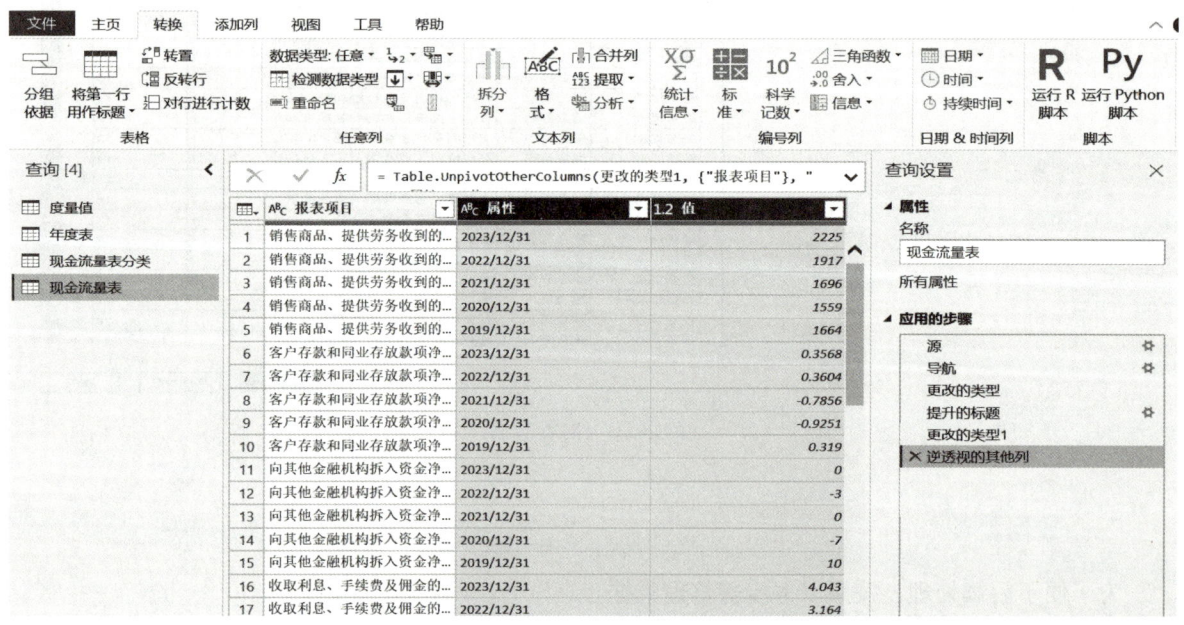

图 10-5 数据的逆透视

步骤3：双击"现金流量表"列标题进行重命名，依次命名为"报表项目""年度""金额"。

步骤4：将"现金流量表"的"年度"列和"年度表"的"年度"列设置为日期型数据类型，对应格式为"（2001）yyyy"；将"现金流量表"的"金额"列设置为小数类型，保留两位小数。设置结果如图10-6、图10-7所示。

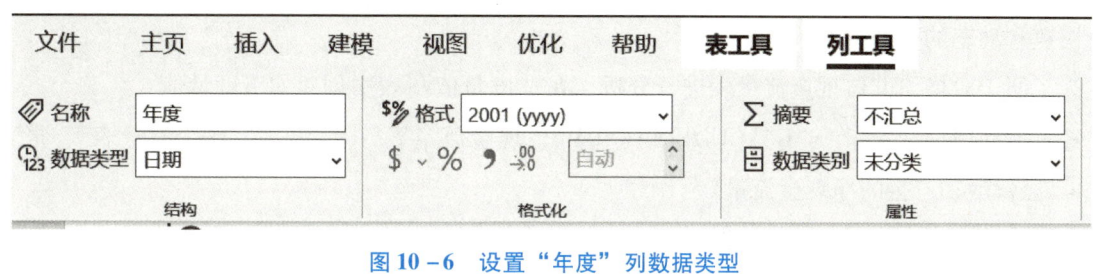

图10-6 设置"年度"列数据类型

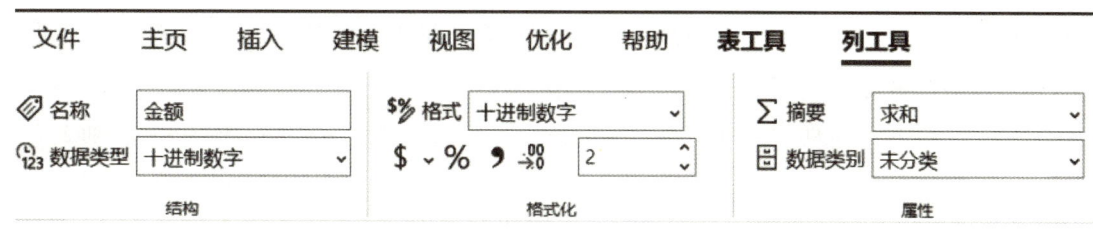

图10-7 设置"金额"列数据类型

完成以上4个步骤后，执行"文件"→"关闭"→"关闭并应用"命令，退出Power Query编辑器。

第二节 现金流量表数据建模

一、建立数据模型

【任务实现】

单击Power BI Desktop窗口左侧的"模型视图"，即可显示各表之间的关联关系，年度表、现金流量表分类表和现金流量表自动建立关联，关系模型如图10-8所示。

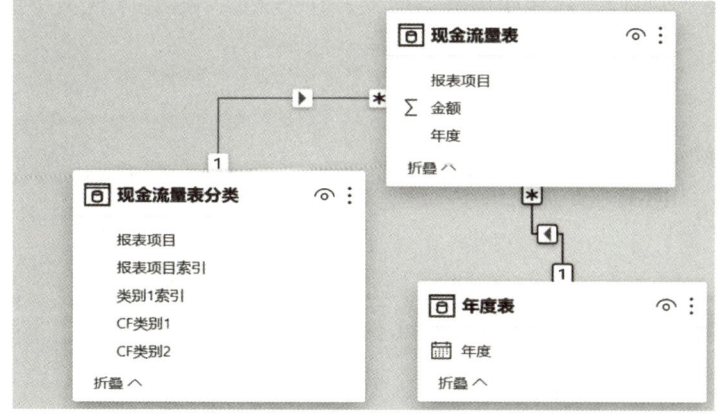

图10-8 关系模型

二、新建度量值

度量值是用 DAX 公式创建一个虚拟字段的数据值，通常可以理解为要分析的数据指标。它不改变源数据，也不改变数据模型，可以随着不同维度的选择而变化，一般在报表交互时使用，以便进行快速和动态的数据浏览。

为了便于对格力电器现金流量表进行分析，在"度量值"表中创建如下度量值。

经营活动净现金流量 = CALCULATE（SUM（'现金流量表'［金额］），'现金流量表'［报表项目］="经营活动产生的净现金流量"）

筹资活动净现金流量 = CALCULATE（SUM（'现金流量表'［金额］），'现金流量表'［报表项目］="筹资活动产生的净现金流量"）

投资活动净现金流量 = CALCULATE（SUM（'现金流量表'［金额］），'现金流量表'［报表项目］="投资活动产生的净现金流量"）

现金流入 = CALCULATE（SUM（'现金流量表'［金额］），'现金流量表分类'［CF 类别 2］="现金流入"）

现金流出 = CALCULATE（SUM（'现金流量表'［金额］），'现金流量表分类'［CF 类别 2］="现金流出"）

净现金流量 = CALCULATE（SUM（'现金流量表'［金额］），'现金流量表分类'［CF 类别 2］="净现金流量"）

净现金流量 = CALCULATE（SUM（'现金流量表'［金额］），'现金流量表'［报表项目］="现金及现金等价物净增加额"）

本期金额 = SUM（'现金流量表'［金额］）

上期金额 = CALCULATE（SUM（'现金流量表'［金额］），SAMEPERIODLASTYEAR（'年度表'［年度］））

同比 = DIVIDE（［本期金额］ - ［上期金额］，［上期金额］）

【任务实现】

选择"度量值表"，执行"新建度量值"命令，在公式编辑栏输入任务中度量值公式，输入完成后如图 10 - 9 所示。

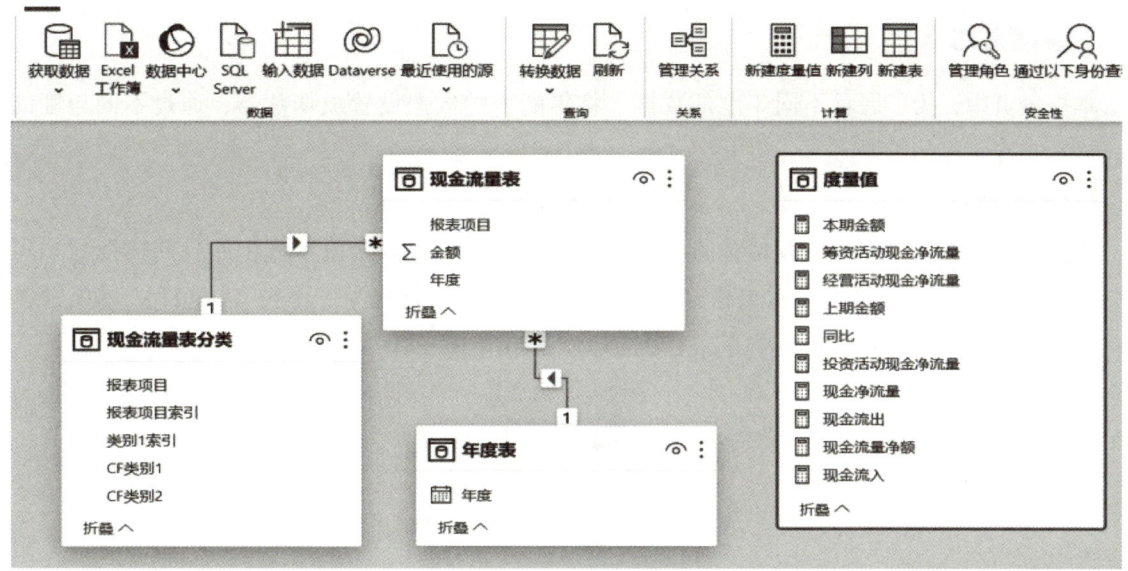

图 10 – 9　创建度量值

第三节　现金流量表数据可视化

现金流量表可以反映一定时期内（如月度、季度或年度）企业经营活动、投资活动和筹资活动对其现金及现金等价物的影响。本节主要通过以下 8 个子任务详细介绍格力电器的现金流量表可视化实现过程。

一、插入公司 Logo

公司 Logo 通常代表了企业的品牌形象。在本任务中，在报表左上角放置格力电器的公司 Logo，以增加可视化图表的辨识度。

【任务实现】

单击窗口左侧的"报表视图"按钮，执行"插入"→"元素"→"图像"命令，选择格力电器的 Logo 图像，为了美观，在格力电器 Logo 下方插入一条横线，结果如图 10 – 10 所示。

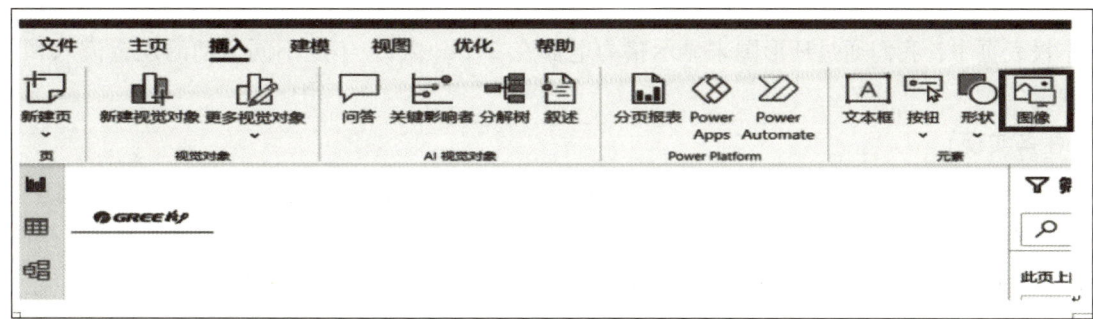

图 10 – 10　插入格力电器 Logo

二、插入切片器

本报表页中，为了展示不同年度的数据，将年度表的数据设置成切片器，通过不同年度的筛选，显示相应年度的数据。

【任务实现】

单击窗口右侧"可视化"窗格中的"切片器"按钮 ，将现金流量表中的日期拖拽到"可视化"的"字段"区，设置视觉对象格式，选择切片器的显示方式为"下拉"，选择"单项选择"，优化切片器的背景颜色和文本大小等，生成的切片器如图10-11所示。

图 10-11　插入"年度"切片器

三、插入卡片图

本报表页中，我们用卡片图来显示格力电器不同年度的经营活动净现金流量、筹资活动净现金流量和投资活动净现金流量3个关键数据。

【任务实现】

步骤1：单击窗口右侧"可视化"窗格中的"卡片图"按钮 ，然后将"数据"窗格中"度量值表"的"经营活动净现金流量"度量值拖拽到卡片图中；在"可视化"窗格中单击"设置视觉对象格式"，设置卡片图格式，优化卡片图。

步骤2：用同样的方法，设置"筹资活动净现金流量"和"投资活动净现金流量"卡片图。生成的卡片图如图10-12所示。

图 10-12　卡片图

四、插入环形图

本报表页中，我们通过环形图来显示格力电器在2019—2023年度不同活动的现金流入和现金流出状况。

【任务实现】

步骤1：单击窗口右侧"可视化"窗格中的"环形图"按钮 ，然后将"数据"窗格中"度量值表"的"现金流入"度量值拖拽到环形图"可视化"窗格的"值"中，将"数据"窗格中"现金流量表分类"的"CF类别1"度量值拖拽到环形图"可视化"窗格的"图例"中。在"可视化"窗格中单击"设置视觉对象格式"，设置环形图格式，优化环形图，生成的"现金流入"环形图如图10-13所示。

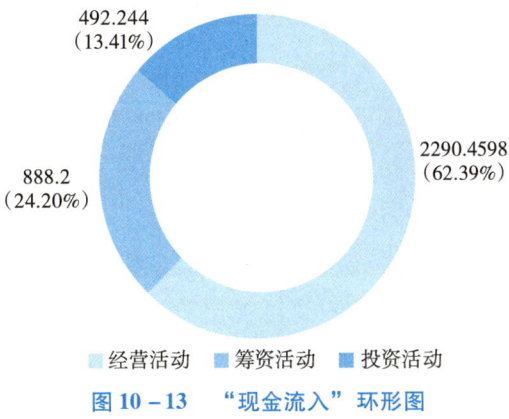

图 10-13 "现金流入"环形图

步骤2：用同样的方法，设置"现金流出"环形图，生成的"现金流出"环形图如图10-14所示。

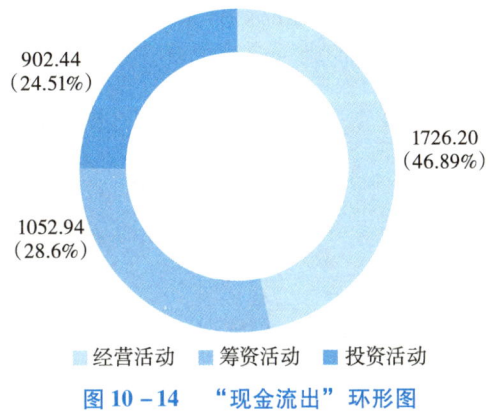

图 10-14 "现金流出"环形图

五、插入分区图

本报表页中，我们通过分区图来显示格力电器在2019—2023年度净现金流量的变化趋势。

【任务实现】

步骤1：单击窗口右侧"可视化"窗格中的"分区图"按钮 ，然后将"数据"窗格中"年度表"的"年度"度量值拖拽到分区图"可视化"窗格的X轴中，将"数据"窗格中"度量值表"的"净现金流量"度量值拖拽到分区图"可视化"窗格的Y轴中。

步骤2：选中"切片器"对象，执行"格式"→"编辑交互"命令，再单击"分区图"右上角的 ，使其变为 ，分区图才不会随切片器"年度"的变化而变化。

步骤3：在"可视化"窗格中单击"设置视觉对象格式"，设置分区图格式，优化分区图，生成的"净现金流量"分区图如图10-15所示。

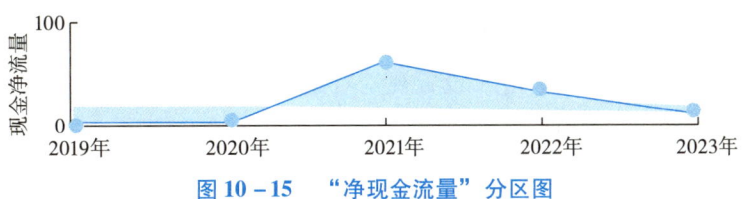

图 10-15 "净现金流量"分区图

六、插入折线图

本报表页中，我们通过折线图来显示格力电器在 2019—2023 年度的经营活动、筹资活动、投资活动净现金流量的增减变动趋势。

【任务实现】

步骤 1：单击窗口右侧"可视化"窗格中的"折线图"按钮，然后将"数据"窗格中"年度表"的"年度"度量值拖拽到折线图"可视化"窗格的 X 轴中，将"数据"窗格中"度量值表"的"净现金流量"度量值拖拽到折线图"可视化"窗格的 Y 轴中，将"数据"窗格中"现金流量表分类"的"CF 类别 1"度量值拖拽到折线图"可视化"窗格的"图例"中。

步骤 2：选中"切片器"对象，执行"格式"→"编辑交互"命令，再单击"折线图"右上角的，使其变为，折线图才不会随切片器"年度"的变化而变化。

步骤 3：在"可视化"窗格中单击"设置视觉对象格式"，设置折线图格式，优化折线图，生成的"净现金流量"折线图如图 10 – 16 所示。

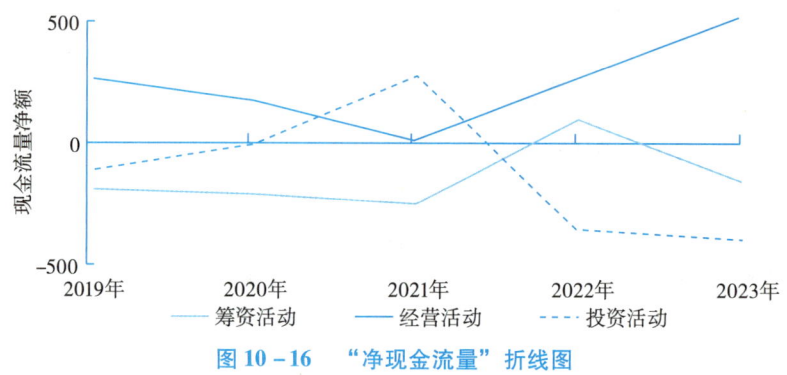

图 10 – 16 "净现金流量"折线图

七、插入表格

本报表页中，我们希望通过"表"这种最直接的可视化对象来展现格力电器不同年度现金流量表的本期金额、上期金额、本期及上期的变动率（同比）。通过这些信息我们可以发现现金流量表的具体变化情况。

【任务实现】

步骤 1：单击窗口右侧"可视化"窗格中的"表"按钮，然后将"数据"窗格中"现金流量表分类"的"CF 类别 1"度量值拖拽到表"可视化"窗格的"列"中，将"现金流量表"的"报表项目"度量值拖拽到表"可视化"窗格的"列"中，将"度量值表"的"本期金额"度量值、"上期金额"度量值、"同比"度量值拖拽到表"可视化"窗格的"列"中。

步骤 2：单击"列"下面的同比，选择"条件格式"→"图标"，如图 10 – 17 所示。

步骤 3：在"图标 – 同比"对话框中设置"同比"字段的条件格式，结果如图 10 – 18 所示。

步骤 4：在"可视化"窗格中单击"设置视觉对象格式"，设置表格格式，优化表的格式，生成的"现金流量表"如图 10 – 19 所示。

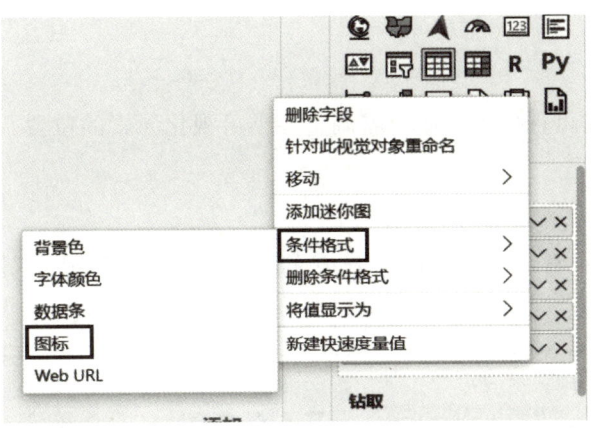

图 10-17 条件格式

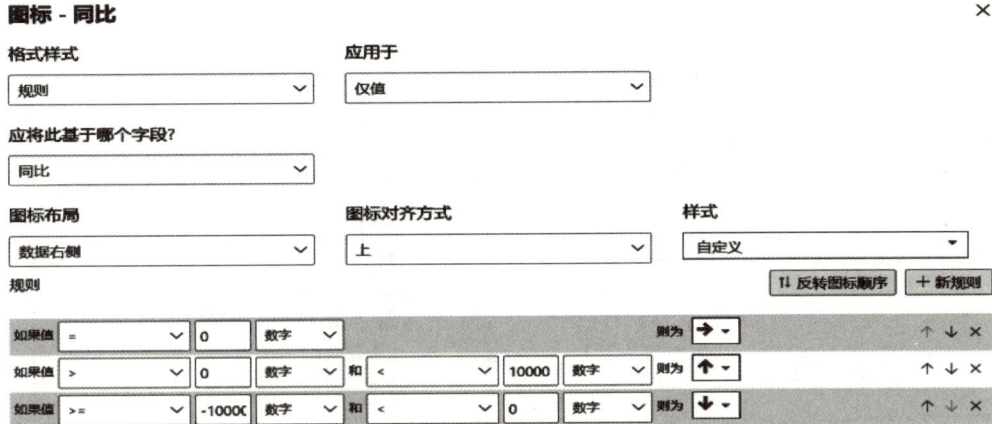

图 10-18 设置"同比"字段的条件格式

CF类别1	报表项目	本期金额	上期金额	同比
经营活动	经营活动现金流入小计	2,290.00	1,986.00	15.31% ↑
经营活动	销售商品、提供劳务收到的现金	2,225.00	1,917.00	16.07% ↑
经营活动	经营活动现金流出小计	1,726.00	1,699.00	1.59% ↑
经营活动	购买商品、接受劳务支付的现金	1,223.00	1,403.00	-12.83% ↓
筹资活动	筹资活动现金流出小计	1,052.00	930.60	13.05% ↑
投资活动	投资活动现金流出小计	902.40	475.80	89.66% ↑
筹资活动	筹资活动现金流入小计	888.30	1,030.00	-13.76% ↓
筹资活动	偿还债务所支付的现金	870.10	609.10	42.85% ↑
投资活动	投资支付的现金	842.70	134.70	525.61% ↑
筹资活动	取得借款收到的现金	686.20	1,029.00	-33.31% ↓
经营活动	经营活动产生的现金流量净额	564.00	286.70	96.72% ↑
投资活动	投资活动现金流入小计	492.20	105.30	367.43% ↑
现金及现金等价物	加:期初现金及现金等价物余额	317.50	299.50	6.01% ↑
现金及现金等价物	六、期末现金及现金等价物余额	309.10	317.50	-2.65% ↓
投资活动	收到的其他与投资活动有关的现金	247.20	34.44	617.77% ↑
投资活动	收回投资收到的现金	218.50	68.98	216.76% ↑
筹资活动	收到的其他与筹资活动有关的现金	202.00	0.20	100900.00% ↑
经营活动	支付的各项税费	175.70	125.00	40.56% ↑
经营活动	支付其他与经营活动有关的现金	175.60	104.90	67.40% ↑
筹资活动	分配股利、利润或偿付利息支付的现金	138.10	184.70	-25.23% ↓
经营活动	支付给职工以及为职工支付的现金	111.90	102.40	9.28% ↑
投资活动	购建固定资产、无形资产和其他长期资产支付的现金	54.26	60.36	-10.11% ↓

图 10-19 现金流量表

八、报表美化

设置好报表中的各类可视化元素后,需调整各类可视化元素的位置,以及格式、主题风格等,使其更加美观、醒目。

【任务实现】

将格力电器的 Logo 移动至画布左上方的位置,调整可视化元素。美化后的报表如图 10-20 所示。

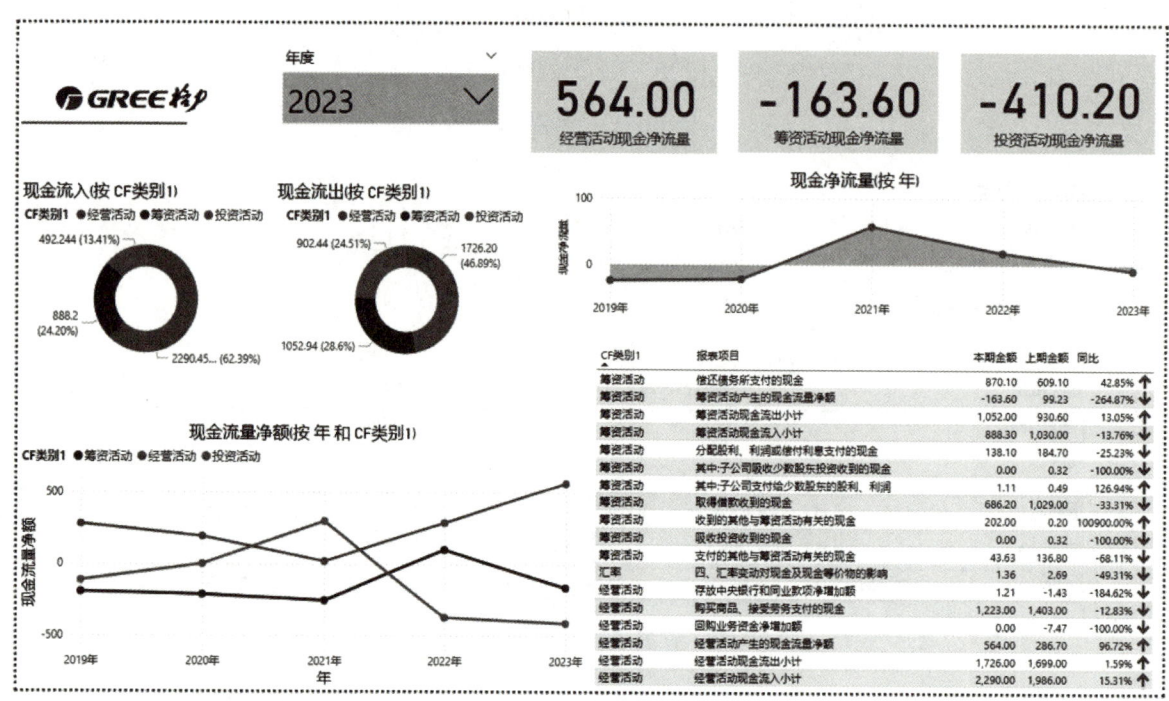

图 10-20 格力电器现金流量表分析

章节总结

1. 现金流量表数据获取与整理:从各种数据源(网页、数据库、Excel 等)中获取企业的现金流量表,获取数据后,对现金流量表相关数据进行整理和清洗,以便后续对数据进行分析和整理。

2. 现金流量表数据建模:通过 Power BI 建立关系模型,把年度表、现金流量表分类表和现金流量表建立关联,用 DAX 公式创建数据模型度量值,作为要分析的数据指标。让其随着不同维度的选择而变化,以便快速和动态地浏览数据。

3. 现金流量表数据可视化:完成数据建模后,通过 Power BI 的可视化工具来展示数据。具体包括插入公司 logo,插入切片器,插入各种图片类型(卡片图、环形图、分区图、折线图、表格等),最后对报表进行美化,调整各类可视化元素的位置,以及颜色、格式、主题风格等,使其更加美观、醒目。

课后练习题

一、单项选择题

1. （　　）能够清晰地反映数据的变化趋势。
   A. 折线图　　B. 卡片图　　C. 散点图　　D. 饼状图

2. 单击（　　）按钮，表示当前图表不受编辑交互控制。
   A. ▲　　B. ➤　　C. R　　D. ⊘

3. 数据的透视和逆透视是 Power Query 中非常重要的功能，可以实现（　　）。
   A. 行变列
   B. 列变行
   C. 二维表和一维表转换
   D. 首行和尾行互换

4. 在可视化元素中，▦ 代表的是（　　）。
   A. 切片器　　B. 筛选器　　C. 漏斗图　　D. 卡片图

5. 能够设置可视化元素格式的按钮是（　　）。
   A. ⌬　　B. ▦　　C. ◉　　D. ▦

二、多项选择题

1. Power BI Desktop 可导入的文件格式包括（　　）。
   A. Excel　　B. CSV　　C. PPT　　D. 文本

2. Power Query 编辑器中的行操作包括（　　）。
   A. 删除最前面几行　　B. 删除最后几行　　C. 删除空行　　D. 删除重复项

3. Power BI 的数据类型有（　　）。
   A. 小数　　B. 整数　　C. 文本　　D. 日期

三、判断题

1. 在 Power BI Desktop 中，不能从文件夹中获取数据。（　　）
2. 度量值是用 DAX 公式创建一个虚拟字段的数据值。（　　）
3. 数据建模就是建立维度表和事实表之间关系的过程。（　　）

四、实训题

请选择一家上市公司，使用 Power BI 对其进行现金流量表分析。